汽车维修钣金喷漆入门与技巧

QICHE WEIXIU BANJIN PENQI RUMEN YU JIQIAO

杨智勇　主编

化学工业出版社

·北京·

图书在版编目（CIP）数据

汽车维修钣金喷漆入门与技巧/杨智勇主编．—北京：化学工业出版社，2017.8
ISBN 978-7-122-30011-9

Ⅰ.①汽… Ⅱ.①杨… Ⅲ.①汽车-车辆修理②汽车-钣金工③汽车-喷漆 Ⅳ.①U472.4

中国版本图书馆CIP数据核字（2017）第147644号

责任编辑：周　红　　　　　　　文字编辑：陈　喆
责任校对：宋　夏　　　　　　　装帧设计：王晓宇

出版发行：化学工业出版社
　　　　　（北京市东城区青年湖南街13号　邮政编码100011）
印　　装：三河市延风印装有限公司
850mm×1168mm　1/32　印张16　字数480千字
2018年1月北京第1版第1次印刷

购书咨询：010-64518888（传真：010-64519686）
售后服务：010-64518899
网　　址：http://www.cip.com.cn
凡购买本书，如有缺损质量问题，本社销售中心负责调换。

定　价：69.00元　　　　　　　　　　　　版权所有　违者必究

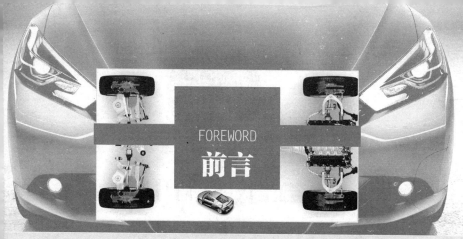

随着机动车数量的增多,汽车服务前景广阔。汽车使用与维修技术人员尤其是初学汽车修理人员迫切需要学习汽车专业知识。为了使广大初学汽车修理人员全面系统地了解汽车钣金与喷漆的基础知识,尽快提高实际能力,掌握维修技巧等知识,特编写此书。

本书以通俗易懂的语言,围绕初学汽车钣金和喷漆维修人员所关心的问题,从初学者的角度,以图解的形式讲述了车身修复钣金工安全操作规程、常用工具与设备认知、车身结构、车身维修设备及基本操作、车身修复的焊接粘接工艺、车身碰撞损伤诊断、评估及修复工艺的制定,以及钣金件的更换、整形与修复等方面的知识。按照汽车涂装修复的实际工艺过程,对应于实际工作中的主要工序,即涂装车身表面的预处理、底漆的喷涂、腻子的施工、二道浆的喷涂、面漆的调色、面漆的喷涂与修整等内容进行讲解,同时也对喷漆作业安全知识、漆面的质量检查与涂膜缺陷的防治进行了讲解。

本书内容丰富,可读性强,实用性强,既可作为初学汽车钣金和喷漆维修人员的入门指导,也可供广大汽车爱好者、驾驶员以及大中专院校相关专业的师生阅读和参考。

本书由杨智勇主编,金艳秋、许光君副主编。参加编写的还有王海、徐维东、侯伟、田立加、边伟、刘柱、韩伟、季成久、张磊、刘波、王丽梅、马军、方晓辉、程相宽、段连信。

在编写过程中,我们参考并引用国内外一些汽车厂家的技术资料和有关出版物,在此对参考文献的作者和为本书编写提供帮助的同志表示衷心的感谢。

由于水平所限,不足之处在所难免,敬请读者批评指正。

编者

目录

第一篇 钣金入门与技巧

第一章 钣金基础知识入门 …… 002

第一节 岗位安全知识 …………………………………… 002
一、钣金修复安全操作规程　　002
二、工具与设备的安全使用　　010

第二节 车身结构认知 …………………………………… 014
一、汽车车身零部件组成　　014
二、轿车车身结构与分类　　016
三、承载式车身的结构　　019

第二章 常用工具与设备认知 …… 035

第一节 常用工具和量具 ………………………………… 035
一、电动和风动工具　　035
二、常用量具　　039

第二节 焊接设备 ………………………………………… 048
一、电焊设备　　048

二、气焊设备 ... 050

第三节　车身校正设备 ... 060

一、校正用液压千斤顶　060
二、轿车车身校正机　061
三、辊子式整平机　066
四、车架大梁修理设备　068
五、手推式校正设备　069
六、手提式校正设备　072
七、地锚式车身固定设备　073
八、台架式车身校正装置　075
九、液压校正设备　076

第四节　手动校正设备 ... 080

一、钣金锤　080
二、顶铁　085
三、撬棒（镐）和冲头　090
四、修平刀、嵌缝凿及锉刀　094

第三章　车身损伤的确定
Page 101

第一节　车身测量的基本要素及方法 ... 101

一、车身测量的基本要素　101
二、车身测量的方法　106

第二节　车身损伤的形式与分析 ... 117

一、车身和车架损坏的基本形式　117
二、承载式车身的损坏特点及表现形式　120

第三节 车身损伤诊断与评估 124

一、车身损伤的判别内容　　　　　　　　124
二、损伤范围的确定　　　　　　　　　　124
三、车身构件损伤程度和类型的确定　　　125
四、车身结构整体变形的检查　　　　　　128

第四节 车身修复工艺方案的制定 129

一、车身修复工艺方案的确定　　　　　　129
二、车身损伤的检查与调整　　　　　　　130

第四章　车身修复工艺
Page 151

第一节 车身修复的焊接 151

一、电弧焊与气焊　　　　　　　　　　　151
二、车身焊接的分类　　　　　　　　　　152
三、焊接工艺　　　　　　　　　　　　　153

第二节 车身修复的粘接 174

一、常用的粘接剂　　　　　　　　　　　174
二、粘接技术　　　　　　　　　　　　　176
三、粘接方法　　　　　　　　　　　　　176

第三节 钣金手工成形工艺 181

一、钣金手工成形工艺特点与分类　　　　181
二、钣金手工成形工艺　　　　　　　　　182

第四节 车身表面的防腐处理 197

一、基本知识　　　　　　　　　　　　　197

二、车身表面防腐蚀处理方法　　　　　　　　198

第五章　钣金件的更换与修复　　　Page 203

第一节　钣金件的更换与调整 203

一、钣金件的拆卸方法　　　　　　　　203
二、钣金件的更换　　　　　　　　　　206
三、钣金件的调整　　　　　　　　　　217

第二节　钣金件的切割与修复 221

一、切割部位的选择与切割方法　　　　221
二、钣金件的修复　　　　　　　　　　223

第三节　钣金件的整形与校正 234

一、钣金件的整形　　　　　　　　　　234
二、钣金件的校正　　　　　　　　　　243

第二篇　喷漆入门与技巧

第六章　岗位安全知识　　　　　Page 254

第一节　安全操作规程与设备使用 254

一、安全操作规程　　　　　　　　　　254
二、设备的使用　　　　　　　　　　　259

第二节　人身安全与防护 262

一、呼吸系统的保护　　　　　　　　　262
二、人体其他部位的保护　　　　　　　264

第三节　防火与防毒 266

一、防火安全措施　　　　　　　　　266
二、防毒措施　　　　　　　　　　　268

第七章　车身表面的预处理
Page 271

第一节　车身的清洗 271

一、车身清洗的目的　　　　　　　　271
二、车身的清洗　　　　　　　　　　272

第二节　涂层损坏程度的评估 275

一、涂层的结构　　　　　　　　　　275
二、鉴别涂层的方法　　　　　　　　276
三、评估涂膜损伤程度　　　　　　　279

第三节　旧漆膜的清除 281

一、手工打磨　　　　　　　　　　　282
二、用打磨机打磨　　　　　　　　　289

第四节　锈蚀的清除 298

一、刷光法除锈　　　　　　　　　　298
二、打磨法除锈　　　　　　　　　　299
三、其他方法除锈　　　　　　　　　300

第五节 油污的清除 303
一、劳动保护 　　　　　　　　　　303
二、擦拭法除油 　　　　　　　　　303
三、喷擦结合法 　　　　　　　　　304

第六节 非金属表面的处理 305
一、木材的表面处理 　　　　　　　305
二、塑料的表面处理 　　　　　　　309
三、在用已涂装塑料件的表面处理 　311

第八章
底漆的喷涂　　　　　　　　　Page
　　　　　　　　　　　　　　　　314

第一节 涂料的准备 314
一、涂料入门 　　　　　　　　　　314
二、常用底漆的选配 　　　　　　　318
三、涂料的准备 　　　　　　　　　323
四、涂料的调制 　　　　　　　　　326

第二节 车身的遮盖 329
一、整板或整车涂装的遮盖 　　　　329
二、局部涂装的遮盖 　　　　　　　334

第三节 底漆的喷涂 337
一、空气喷涂的基本原理 　　　　　337
二、喷枪的使用与调整 　　　　　　338
三、喷涂施工方法 　　　　　　　　349
四、喷枪的维护 　　　　　　　　　360

第九章
腻子的施工
Page 371

第一节 腻子的刮涂 371

一、腻子的刮涂入门　　371
二、刮腻子流程入门　　374

第二节 腻子刮涂后的打磨与修整 384

一、腻子的干燥　　385
二、腻子的打磨　　385
三、腻子的修整　　390

第十章
二道浆的施工
Page 392

第一节 二道浆的喷涂 392

一、二道浆的功用　　392
二、喷涂二道浆前的准备工作　　393
三、二道浆的喷涂　　393
四、二道浆喷涂注意事项　　397

第二节 二道浆的干燥与修整 399

一、二道浆的干燥　　399
二、二道浆涂层的修整　　399

第三节 二道浆的打磨 402

一、二道浆的干打磨　　402
二、二道浆的湿打磨　　403

| 三、麻眼灰修补部位的打磨 | 404 |
| 四、二道浆打磨的收尾工作 | 405 |

第十一章 面漆的调色
Page 406

第一节 色卡调色 406

一、色卡调色工艺流程 　　406
二、查找汽车涂层颜色资料 　　406
三、有涂层颜色代码（原厂编号）时的调色 　　411
四、没有涂层颜色代码（原厂编号）时的调色 　　418

第二节 胶片调色 420

一、胶片内容 　　420
二、胶片阅读机的使用 　　421
三、胶片调色方法 　　421

第三节 电脑调色 422

一、电脑调色简介 　　422
二、电脑调色流程 　　424

第十二章 面漆的施工
Page 427

第一节 面漆的喷涂 427

一、素色面漆喷涂 　　427
二、金属色面漆喷涂 　　435

第二节 面漆的局部修补涂装 440

一、素色面漆的局部修补涂装　　440
二、金属色面漆的局部修补涂装　　443

第三节 塑料件的涂装 446

一、汽车用塑料件的涂装特点　　446
二、塑料件涂装用材料与鉴别　　446
三、塑料件的喷涂　　449

第四节 面漆层的干燥 454

一、清除贴护　　454
二、干燥　　455

第五节 面漆喷涂后涂膜的修整 467

一、流挂和涂膜颗粒的处理　　468
二、涂膜凹陷的修理　　470

第十三章 漆面质量检查与修复   Page 472

第一节 漆面质量检查 472

一、漆面质量检验项目　　472
二、漆面的质量检查　　473

第二节 漆面的修复 481

参考文献 500

第一篇
钣金入门与技巧

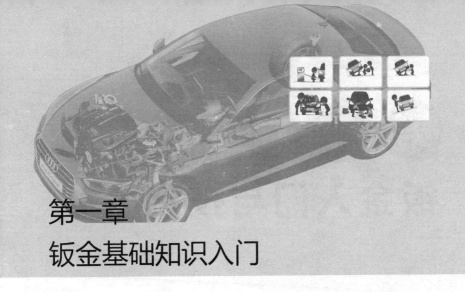

第一章
钣金基础知识入门

第一节 岗位安全知识

一、钣金修复安全操作规程

各项钣金修复作业都有具体的安全操作规程,必须在掌握安全操作规程的前提下,才能进行汽车钣金施工。

1 清洗作业安全操作规程

汽车表面清洗中所使用的清洗剂多数都带有一定的毒性或腐蚀性,施工现场的水、电、气等都有一定的危险性。为确保施工安全、人员和设备无损伤,施工人员必须遵守以下安全施工规则。

① 施工人员必须从思想上重视安全工作,以高度的责任感和严肃的态度认真施工。施工中要树立安全第一、客户至上、精心服务的观念,严格遵守操作规程,杜绝事故的发生。

② 施工人员必须熟悉施工现场及周围环境,了解水、电、气等开关的位置及救护器材的位置,以备应急之用。

③ 施工人员必须熟悉施工安全技术、清洗剂的使用方法和急救方法。

④ 注意用电安全。地线必须搭铁,防止漏电,使用电器时要严防

触电，不要用湿手和湿物接触开关。施工结束后，要及时把电源切断。

⑤ 现场施工人员直接接触酸、碱液时，应穿工作服、胶靴、戴防腐蚀手套，必要时应戴防毒口罩。

⑥ 清洗作业现场必须整洁有序，严禁烟火。

⑦ 清洗现场应有消防设备、管路，要有充足的水源和电源，确保施工安全需要。

⑧ 清洗设备在使用前应进行试运转，使用后应用清水冲净。按要求维护，如有故障应及时排除并妥善保管。

⑨ 施工中排放的清洗废液应符合排放要求，不许随地乱排放。

⑩ 施工安全工作要有专人负责，定期检查，并不断总结安全施工的经验，确保安全施工。

2 钣金作业安全操作规程

钣金施工条件较差，不安全因素较多，操作者应熟知本工种作业特点和所使用设备的合理操作方法，保证安全施工。

① 工作前要先将工作场地清理干净，以免妨碍工作或引发火灾，并认真检查所使用的工具、机具状况是否良好，连接是否牢固。

② 进行校正作业或使用车身校正台时应正确夹持、固定、牵制，选用适合的顶杆、拉具、夹具，并选择安全的站立位置，谨防物件弹跳伤人。

③ 使用折床、点焊机、电焊机时，必须事前检查各种设备线路接地情况，确认无异常情况后，方可按操作程序开动使用。

④ 电焊条要干燥、防潮，工作时应根据工件大小选择适当的电流及焊条，电焊作业时，操作者要戴面罩及劳动防护用品。

⑤ 焊补油箱、油管时，必须放净燃油，并用高压蒸气彻底清洗，确认无残留油气后，拆除螺栓，打开通气孔才能谨慎施焊。如无清洗条件不得焊补油箱。焊补密封容器应预先开好通气孔。

⑥ 氧气瓶、乙炔气瓶要放在离火源较远的地方，不得在太阳下曝晒，不得撞击，所有氧焊工具不得沾上油污、油漆，并要定期检查焊枪、气瓶、表头、气管是否漏气。

⑦ 搬运氧气瓶及乙炔气瓶时必须使用专门搬运小车（图1-1），切忌在地上拖拉。

图1-1 氧气瓶车

⑧ 进行氧焊点火时,先开乙炔气阀、后开氧气阀,熄火时先关乙炔气阀,再关氧气阀。

⑨ 经常检查、保持水封回火防止器的水位。发生回火(回燃)现象时,应迅速卡紧胶管。

3 工具设备安全操作规程

(1) 电动、气动工具安全操作规程

小提示

◆ 操作人员应熟悉所使用的工具。使用前应检查各零部件是否安装牢固,各紧固件连接是否牢靠,电缆及插头有无损坏,开关是否灵活及观察内部有无杂物。

◆ 使用前应该检查所用电压是否符合规定,电源应尽量使用220V,如电源电压为380V时应检查搭铁是否良好,并注意地线标记。

◆ 使用电动工具操作时,应检查是否搭铁,电线要有胶管保护。

◆ 经检查后可接通电源空运转,检查声音是否正常。

◆使用中如发现有大火花、异响、过热、冒烟或转速不足等现象,应停止使用,修复后再继续使用。

◆各电气元件应保持清洁,接触良好。轴承及变速器内的润滑油每半年更换1次。

◆工具不用时应存放在干燥处,以防受潮与锈蚀。

◆使用风动工具时必须防止由于连接不牢而造成人身事故。

◆工具在转动中不得随处放置,需要放置时应关机,停稳后再放下。

◆使用砂轮机时,开机后砂轮应轻轻接触工件。

【2】空气压缩机安全操作规程

小提示

◆空气压缩机应设专人开动和管理。

◆开动前认真检查空气压缩机、电动机和电气控制部分是否良好,一切正常无误后,开动试转片刻,再正式使用。

◆气泵要按规定顺序启动,设备运转时要认真注意运转状况,观察气压表读数,发现异常现象要及时排除,再正式使用。

◆在工作中严禁工作人员和其他人闲谈或随意离开机房,必要时应停机后再走,以防事故发生。

◆任何人不经操作者同意,不准开动机器。

【3】钣金车间通风机安全操作规程

小提示

◆风机设备必须由专人负责开动和管理,其他人不得随意开动。

◆操作人员在启动风机前必须检查电气设备正常后再启动。

◆操作人员必须每天清除电动机及输气管道内的灰尘污垢以防通道堵塞。

◆风机在运转过程中如果发现不正常现象应立即停机,将故障排除后再工作。

(4) 照明装置安全操作规程

小提示

◆施工场地的照明设备应有防爆装置。
◆涂料仓库照明开关应设在库外。
◆各种电气开关均应为密封式,并操作方便。
◆如果使用手灯,必须使用36V安全电压。

4 手工电弧焊人员作业安全操作守则

① 电焊机要正确接入有单独开关控制的电源,并按电工操作规范连接,决不能以裸露线端随意松挂在闸刀开关或插座上施焊。

② 电焊机不要放置在潮湿,有酸、碱液体存在或有易燃气体存在的环境中,也不能与氧-乙炔焊接的气瓶靠得太近(一般要求相距10m以上)。

③ 施焊操作人员要有专业技能岗位证书,并穿戴必要的防护用品,如耐火服、护鞋盖、劳保皮鞋、手套、电焊面罩(图1-2)等。

④ 敲击、清除焊渣时,严禁裸眼直视,并应适当对眼部进行遮挡保护。

⑤ 任何时候不得裸眼施焊。

⑥ 保持工作间通风,在封闭环境或密封容器内施焊,必须采取相应送风措施,并有专人负责监护。

⑦ 对危险货物运输车辆的压力容器施焊,必须经动火批准,并对储罐按要求进行

图1-2 自动遮光电焊面罩

蒸煮、清洗和置换等处置，经检验确认可以作业，方可在有专人监护的前提下作业。

⑧ 随时清理作业现场，工件搁放要有规律，焊渣堆放在安全位置，以防烫伤和引发火险。

5 气体保护焊人员作业安全操作守则

气体保护焊是通过焊枪内喷出的锥形保护气体取代电焊条上的焊药来保护电弧焊的熔池，使焊池免与大气接触的一种焊接方法。常用的保护气体有氩、氦、二氧化碳及其混合气，气体保护焊目前常用于铝、镁、铜及其合金不锈钢和高强度合金钢的焊接。随着汽车车身用材的改进，这种焊接方法已被越来越广泛用于汽车维修作业之中。在进行气体保护焊作业时必须注意以下几点。

① 作业场地必须有良好的通风环境，围墙（围屏）应涂有蓝色或灰色，以防紫外线反射。

② 作业者应戴防护面罩，穿防护服，如图1-3所示。

③ 严禁在有水的地面上作业，作业者的立脚地面应铺3～5mm的胶皮垫加强绝缘，以防高频电击伤。

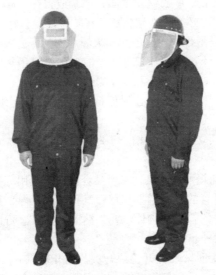

图1-3　气焊作业者的防护

④ 作业前应检查气瓶装置是否稳固，气压及气流是否正常，检查高频电的屏蔽或降频措施是否有效，焊枪应绝缘良好不漏电。

⑤ 焊接时应选择合理的焊接电流、焊丝（焊棒）、焊速、进给量、气流量等。

⑥ 焊接设备的电缆以不超过 2～3m 为宜，如作业需要加长时，接头数不超过 2 个，对长的电缆应安在离地 2.5m 以上的沿墙布设的瓷瓶上。

⑦ 焊枪除有良好的绝缘外，其气路（可能的冷却水路）要畅通，严禁将热的焊枪浸入水中。

6　气焊、气割人员作业安全操作守则

① 作业前，穿好工作服，扎紧袖口，戴好工作帽。女工应将长发罩于工作帽中。

② 作业前，应对气焊的设备和工具，如氧气瓶、乙炔气瓶的减压阀、压力表（或乙炔发生器、水封安全器）、焊炬、胶管等进行检查，发现问题及时修好。

③ 氧（乙炔）气瓶要轻装轻卸，防止震动，使用或存放须有固定地方，严禁曝晒或靠近高温工作场所，更不准放置于易沾油污场所。氧气瓶与乙炔气瓶（或乙炔发生器）严禁放置在一起，应保持一定的安全距离。搬运时必须将铁帽旋紧，将防护胶圈套好。

④ 施焊现场附近不得有电闸和火源。安装压力表时，操作人员头部应转向侧面，不准面对瓶口。冬季瓶口冻结可用热水烫，不准用明火烤。

⑤ 水封回火安全器内必须保持一定水位，无水或缺水时禁止使用。

⑥ 气瓶必须立放，不准横卧于地面使用。流动作业时，应将气瓶置于专用小车。

⑦ 焊、割油箱油桶及其他易燃品容器前，应用苏打水、蒸汽等清洗干净，并将所有的螺塞拆下和打开气孔，方可焊、割。焊接密封容器或两端不通气的管子等物体，要先钻出排气口，防止焊接时容器内气体膨胀发生意外。

⑧ 点燃焊炬时，应先开乙炔开关，后开氧气开关；施焊中熄火，应先关乙炔开关，后关氧气开关；当焊嘴温度过高，发出"噼啪"声

时，应及时关闭乙炔开关、氧气开关，将焊炬头部放入净水中冷却后再点燃施焊。

⑨ 氧气胶管和乙炔胶管严禁互相换用。胶管因冻而不通时，应取下放置温室内或用开水烫开，严禁用火烤。乙炔管不通畅时，严禁用氧气吹。氧、乙炔气管老化、龟裂应及时更换。

⑩ 作业完毕，应及时将焊炬卸下，将管、表、氧气瓶、乙炔气瓶（或乙炔发生器）分离，盖好气瓶盖。胶管盘好挂起。

7 易燃物品的储存注意事项

① 按可燃性不同参照有关法规分类储存。如按闪点不同，分为一、二、三级火灾危险品；有的国家以涂料的燃点分类，燃点低于20℃为高度可燃性（如汽油）；燃点范围22～32℃为可燃性；燃点大于32℃已不属于高度可燃性液体，有的规定燃点在55℃以上的产品标有"可燃物"的警示。

② 储存地（漆库）应备有完善的防火及灭火设备，并应考虑在此区域内装设自动喷水系统，以提高对火灾的防护；漆库应具有良好的排风通风，换气每小时不应小于20次，可监视及连通空气的出入气流。

③ 在涂装现场存放的漆料数量以足供一工作日的需求为限。厂房内最多可存放50L的漆料和稀释剂，且需放置于防护材料箱柜内，并储放在合宜的地点。

④ 所有存放漆料和稀释剂的容器，除正在使用中外，均需保持紧盖。

⑤ 作为聚酯涂料固化剂的过氧化合物不可与其他物料共同存放。特别是硝基漆必须避免与抹布、硝基漆的干打磨灰屑及有机物质接触。

8 废弃物的处理注意事项

① 用过的脏抹布、棉纱、废纸或其他可燃物必须抛弃时应投入隔开的有盖的金属容器内，并于每日工作完后或换班时清理出喷漆工场，或送往厂房外面的安全区，以避免其自燃。

② 严禁向下水道倒易燃溶剂或涂料，应收集回收处理或送往锅炉房当燃料处理。

③ 喷漆室的废漆渣绝不可与其他产品混合并储存、深埋或当燃料处理。

④ 过氧化物的抛弃应绝对小心,以防引起火警。

⑤ 异氰酸硬化物的残渣需以砂、土或其他无化学变化的物质吸取后,置于密封的容器中。含异氰酸基的涂料和固化剂要废弃时,应先中和。用90%的水稀释,再用8%尿酸溶液及2%的洗衣粉中和。中和后,应放置24h以上,瓶盖应打开,如此产生物质变化,才不会污染环境。

⑥ 空的漆桶比装满油漆的桶更具爆炸的危险,绝不允许堆积在工厂内,必须每天处理。

⑦ 在搬运或涂装过程中应尽量避免敲打、碰撞和摩擦等动作,开桶应使用非铁质的工具,不穿带钉子的工作鞋,以免发生火花或静电放电,而引起着火燃烧。

9 汽车在厂内的安全事项

① 在汽车上作业时,汽车的制动装置必须处于有效的制动位置,防止自动溜车。

② 在汽车下面作业时,必须先将汽车支离地面。

③ 刚进厂的车辆,不宜马上进行作业,以免被排气管、散热器、尾管等灼热物烧伤。

④ 在车间内移动汽车,一定要察看四周。

二、工具与设备的安全使用

钣金修复施工车间使用的工具和设备有手动的、气动的和电动的三类。使用工具和设备基本的安全要求如下。

1 动力工具的安全使用

① 对气源、电源等动力源的管线使用前应检查,不得渗漏、破损,压力要达到规定值方可使用动力源工具,应定期检查导线绝缘程度和各种电源设施的接地保护可靠性。如作业中发现导线受到砸、压、挤的情况,应及时检查其可靠性。

② 动力源工具使用前应检查其安装的防护罩或防护装置是否齐全，不得对原装防护措施随意更改、拆卸。若安装成套工具需要拆卸后应及时复位。

③ 使用动力源工具前，个人必须佩戴适当的防护用品。

④ 使用动力源工具应按制造商推荐的操作程序作业，不得过载。

⑤ 使用动力源工具作业时应选择安全场地，考虑安全的作业环境。如不在展不开手脚的地方作业，不在明显有油迹的地方作业，不在危险品尚未测压、清除、洗净的地方作业等。作业时站立应着力，能保持身体的可靠平衡。

⑥ 不允许将动力源工具对着人开玩笑，尤其不允许将气动工具的发气部位对着人体任何部位作业，空气穿透皮肤进入血液会引起严重的健康问题，甚至死亡。

⑦ 装在动力工具上的安全防护装置一定要齐全、牢靠。

⑧ 对电动工具的电缆如是三线的，在未确定接地保护脚可靠前不接插电源，插头若有破损和老化，绝不凑合使用。

⑨ 对气动工具使用有鼓胀、破皮等不可靠迹象的气管、工具的作业端头或有压缩气的开口气管不对准人。

⑩ 对液动工具不允许管路及接头有渗漏，注意管路油压应符合作业工作压力。

⑪ 动力工具作业前应试开动确认有效，对需调整的工具待调整好后再开动，动力工具必须用时开，不用时关，绝不能将运转着的动力工具随意摆放无人操作。

⑫ 使用动力工具时不与人聊天，工具用完后应及时收管，对存在故障、缺陷的工具应及时交有关人员保存处理，同时反映工具存在的问题。

⑬ 作业后应清点、整理手动工具、管线，关闭动力源，清理作业现场。

2　手动工具的安全使用

① 工具用前应检查使其处于良好状态并保持清洁。

② 应选用合格工具，不可在工具上随意以加接力臂等方法增加不合适的力矩。

③ 严禁使用代用工具。
④ 严禁不合理的敲打、锤击工具。
⑤ 工具手柄应干燥，严禁沾有油等润滑剂。
⑥ 凡是出屑的方向如有可能要装安全防护网或者该方向不得站人。
⑦ 不得用大锤打击小錾子。
⑧ 对出屑、出灰严禁用嘴吹、用手抹。
⑨ 不可将扳手当锤击工具使用。
⑩ 应随时消除套筒里面的污垢、油污。
⑪ 随身携带的工具应放置在专用的工具袋中，工具不得随意放置，尤其不能放在高处和置于高振动易下滑的地方。

3 压缩空气的安全使用

① 压缩空气除供气动工具和设备使用外，维修企业常用其吹净零件、仪器、设备上的尘垢和残液污物。

② 在进行压缩空气吹净作业时，操作人员要戴防护眼镜，应使用合格的安全喷嘴，不允许一只手抓安全喷嘴，另一只手抓零件、仪器的吹净作业方法。

③ 在进行吹净作业时严禁安全喷嘴喷出口和喷出方向上站人，严禁用喷嘴随身穿的衣服、鞋帽。

④ 应及时清放压缩空气管路中的油、水，对管路中的油水分离器的渗漏和失效应及时维修。

4 车辆举升机的安全操作

① 在使用举升机之前一定要先阅读说明书。参阅具体车辆的维修信息，找出推荐的车辆举升点位置，如图1-4所示。

车辆举升点是为安全升起车辆设计的，举升机举升垫和移动式千斤顶应准确放置在举升点位置。车辆的中心应靠近举升机的中心，以免车辆失衡落下。

② 慢慢升起举升机，车辆升高大约150mm时停止举升，晃动车辆，确认车辆在举升机上是平衡的。如果听到异响，则表明车辆可能没有正确支撑，应降下车辆并重新对正车辆和举升垫。

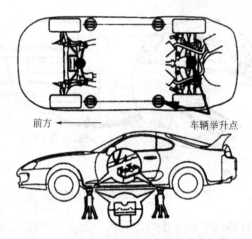

图1-4 举升车辆时要找到车辆的举升位置

③ 车辆完全举起后,举升机的安全钩锁住后,才能在车底作业,即使举升机液压系统失效了,安全钩也能保证举升机和车辆不会落下。

④ 车辆举升时车内不能有人员乘坐。

5 移动式千斤顶和支撑架的安全操作

① 修理人员在工作中经常用移动式千斤顶抬起车辆的前部、侧面或后部。为了避免车辆损坏,千斤顶的支座应放置在建议的举升点处(纵梁、夹紧焊缝、悬架臂或后桥),如图1-5、图1-6所示。如果支座位置摆放不正确,可能会使车底的部件凹陷或损坏。

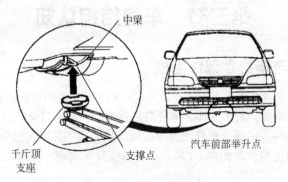

图1-5 正确举升车辆的前部

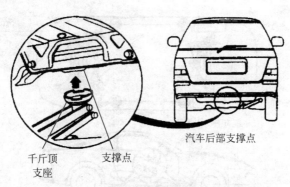

图1-6 正确举升车辆的前部和后部

② 顺时针转动千斤顶手柄时关闭升起支座的液压阀,然后上下泵动手柄,缓慢升起车辆。车辆升到足够高度后,用支撑架进行支撑固定。

③ 车辆升起后,将车辆落到支撑架上。车辆置于驻车位,然后拉紧紧急制动器并用木块塞住车轮。在用支撑架支撑车辆时,不要摇晃车辆。

④ 将车辆从千斤顶上放下来时,应逆时针慢慢转动手柄将车辆缓慢降下,防止车辆猛然降落,造成损伤。

⑤ 在车底作业时,要用支撑架将车辆支撑住,而不能单靠液压千斤顶支撑,它们是用来升起车辆,而不是用来支撑车辆的。

第二节 车身结构认知

一、汽车车身零部件组成

汽车车身是驾驶员的工作场所,也是容纳乘客和货物的场所。

汽车车身一般由壳体、车身前后板制零件、车门及其附件、车身内外装饰件、座椅及车身附件等构成。按照功能可以大致分为两种:覆盖件和结构件,如图1-7所示。为保证行车安全,在车上还装置有安全带、安全气囊及座椅头枕等。

第一章 钣金基础知识入门

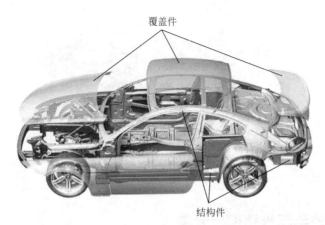

图1-7 汽车车身

小提示

◆所谓覆盖件,就是覆盖在车身表面的部件,基本上从车外看到的部分都属于覆盖件,例如车门、车顶、翼子板等,它们通常起到美观和遮风挡雨的作用,一般都用厚度不超过1mm的钢板冲压而成。

◆车身结构件隐藏在车身覆盖件之下,对车身起到支撑和抗冲击的作用,分布在车身各处的钢梁是车身结构件的一种。钢梁不一定是闭合断面结构,它们在尽量轻量化的原则下被设计成各种不同形状以承受特定方向上的力。车身结构件(如钢板)的厚度和材质规格都要比车身覆盖件高很多,而且为了在碰撞时有效吸收撞击能量,这些钢梁还会将不同强度的钢材焊接在一起,形成有效的溃缩吸能区。

车身结构件如图1-8所示。

随着新技术、新工艺、新材料的开发与研究,汽车车身正以安全、节油、舒适、耐用等技术为主导,以适应世界经济发展为潮流,以精致的艺术品获得美的感受而点缀着人们的生活环境。

图1-8 车身结构件

二、轿车车身结构与分类

轿车车身结构与分类如表1-1所示。

表1-1 轿车车身结构与分类

分类形式	车身结构特点	结构简图
按车身承载方式分类	非承载式车身(也称车架式车身)	图1-9为典型的车架式车身结构示意图,轿车的壳体与车架是可分离的两个部分。车架承受汽车运行所受到的荷载;车厢通过减振装置与车架相连接,基本上不承受荷载	图1-9 典型非承载式车身结构
	承载式车身(又称为整体式车身)	图1-10为典型的承载式车身结构示意图。整体车身不再依靠车架承受荷载,而是将汽车的动力系统、行驶系统等主要部件直接安装在车身的指定位置上。这样做,可以大大减轻汽车自身质量,降低整车重心高度,是现代轿车设计的主导结构	图1-10 典型的承载式车身结构

续表

分类形式	车身结构特点	结构简图
按车身背部结构分类	有折背式车身、直背式车身、舱背式车身、短背式车身	
按车身厢体结构分类	根据车身厢体结构可分为三厢式和两厢式轿车两种，如图1-11所示。由于发动机室、乘客室、后备厢分段隔开形成相互独立的三段布置，故称之为三厢式轿车。两厢式轿车后部形状按较大的内部空间设计，将乘客室与后备厢布置于同一段，故称之为两厢式轿车	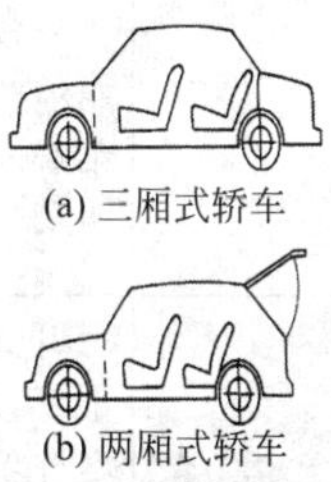 (a) 三厢式轿车 (b) 两厢式轿车 图1-11 三厢式与两厢式轿车
按车身外形分类 / 按用途及车门数分类	按用途及车门数分为二门轿车、四门轿车、二门旅行车、四门旅行车等，如图1-12所示	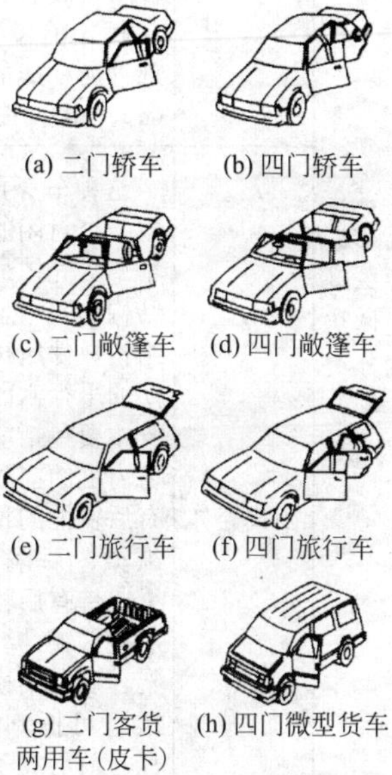 (a) 二门轿车 (b) 四门轿车 (c) 二门敞篷车 (d) 四门敞篷车 (e) 二门旅行车 (f) 四门旅行车 (g) 二门客货两用车(皮卡) (h) 四门微型货车 图1-12 按车身外形分类的典型车身

续表

分类形式		车身结构特点	结构简图
按车身外形分类	变形车身	轿车有很多种变形车，主要是指车身部分的改变。例如，使折背式车身顶盖向后延到车尾的二厢式旅行车，以及使驾驶员座椅前移的一厢式多用途车等，如图1-13和图1-14所示	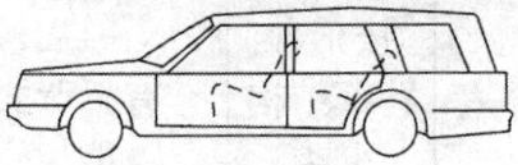 图1-13 二厢式旅行车 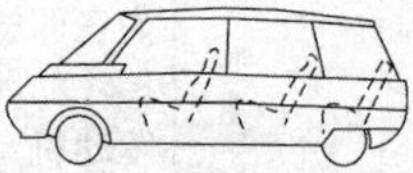 图1-14 一厢式多用途车
按车身壳体结构分类	开式壳体	开式壳体即通常所说的不带顶盖的敞篷式车身。这种车身壳体还可分为两种结构：一种是由底板、侧壁、前壁和后壁四大部件所构成的；另一种是由底板、前壁和侧壁三大部件所构成的，如图1-12（c）、（d），图1-15所示	 图1-15 开式壳体
	闭式壳体	这种车身壳体由板件构成一个封闭的系统，是轿车车身壳体最普遍的一种结构形式，呈现为由基本结构板件所构成的一个封闭的平行六面体。这种车身主要包括前壁、带有前窗内框的前隔板总成、带有后窗框的顶盖、内部的纵梁、后隔板、门框下梁、带有后轮罩的侧壁和后壁、底板、前悬架支架、后悬架横梁等，另外还有可拆卸的前后保险杠、前后翼子板、后备厢盖和发动机罩等，如图1-16所示	 图1-16 封闭式车身结构

三、承载式车身的结构

1 典型承载式车身零部件的组成

图1-17所示为典型承载式车身,整个车身没有单独的车架,采用飞机机身设计理念设计而成。

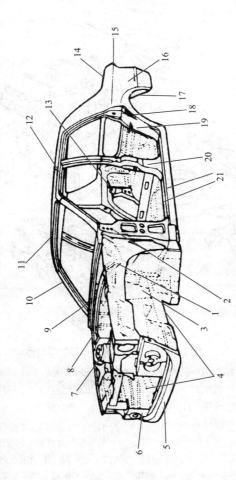

图1-17 典型承载式车身的零部件名称

1—挡泥板加强件;2—前车身铰柱;3—挡泥板;4—内外前梁;5—前横梁;6—散热器支架;7—支柱支承;8—防火板;9—前围上盖板;10—风扇立柱(A柱);11—顶盖梁;12—顶盖侧梁;13—保险杠支承;14—后备厢盖;15—折线;16—后顶盖侧板;17—车轮罩;18—止动销;19—后车门锁定立柱(C柱);20—中部立柱(B柱);21—门槛板

2 承载式车身壳体结构特点

轿车普遍采用承载式车身结构,图1-18所示为承载式车身上典型零部件。

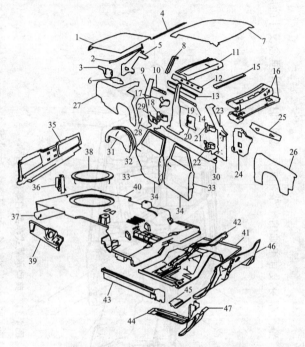

图1-18 承载式车身上典型的零部件

1—后备厢盖;2—扭力杆;3—铰链;4—后窗压条;5—后顶盖轨条;
6—后角窗加强件;7—顶盖;8—后顶盖轨条延伸杆;9—后侧上端锁柱;
10—后侧板加强件;11—后车身上板;12—顶盖内侧板;13—顶盖外侧板;
14—顶盖中侧板;15—前风挡集水板;16—集水板;17—前门上铰链;
18—后门下铰链;19—车身中柱;20—车身中柱延伸板;21—前门上铰链;
22—前门下铰链;23—铰链与风挡支柱;24—发动机盖内侧板;
25—前翼子板加强件;26—前翼子板;27—后侧板;28—后侧板下锁柱;
29—锁柱加强件;30—车门槛板;31—外轮罩;32—内轮罩;33—门组合件;
34—门外板;35—后车身板;36—后车身板支架;37—后地板横梁;38—轮胎槽;
39—后侧板与地板的连接板;40—后地板;41—前地板;42—前地板支架;
43—内门槛板;44—后纵梁;45—前纵梁加强件;46—围板;47—围板角撑件

通常整个车身壳体按强度载分为三段，如图1-19所示，图中 A、B、C 分别代表车身前部、中部及后部。当汽车发生正面碰撞或追尾等事故时，所产生的冲击能量可以在 A 段或 C 段得以迅速吸收，以前车身或后车身的局部首先变形成 A' 或 C'，来保证中部乘客室 B 段有足够的活动范围与安全空间。

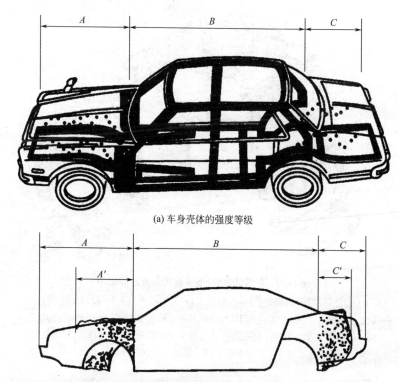

(a) 车身壳体的强度等级

(b) 车身受冲击时的变形情况

图1-19 承载式车身壳体风度分级及受损变形情况

A—车身前部；B—车身中部；C—车身后部；A'，C'—车身变形后的前、后部

3 承载式车身的前车身部件组成

承载式车身的前车身主要由前翼子板、前段纵梁、前围板及发动机罩、前轮罩（又称翼子板内补、翼子板骨架、前悬架支撑板、大包

等)、发动机安装支撑架(又称副车架、元宝梁)以及保险杠等构件组成。大多数轿车的前部装有前悬挂及转向装置和发动机总成。发动机的安装位置不同,前车身形式也不同,图1-20所示为桑塔纳2000型承载式车身前部结构,其发动机为前置式。

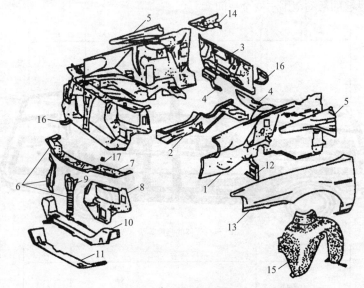

图1-20　桑塔纳2000型承载式车身前部结构

1—前轮罩；2—前纵梁；3—前围板；4—前围板下板；5—轮罩加强板；
6—散热器支架；7—散热器支架上板；8—前照灯底板；9—散热器支架中间支架；
10—散热器支架下横梁；11—散热器支架下横梁托板；12—前保险杠支架；
13—前翼子板；14—蓄电池支架；15—轮罩壳；16—托板；17—撑杆支架

(1) 发动机罩　发动机罩多用高强度钢板冲压成网状骨架和蒙皮组焊而成。发动机罩通过铰链固定到盖板上,如图1-21所示。

(2) 前围板　前围板位于乘客室前部,通过前围板使发动机室与乘客室分开。前围板的两端与壳体前立柱和前纵梁组焊成一体,使整体刚性更好。

(3) 前悬架　轿车前悬架多采用独立悬架方式,悬架的安装方式及受力情况如图1-22所示。

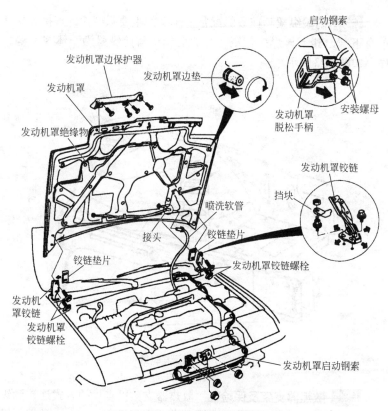

图1-21 发动机罩及其与车身的铰接

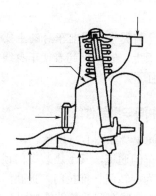

图1-22 前悬架与车身的装配及受力情况

（4）前段纵梁 前段纵梁是前车身的主要强度件,直接焊接在车身下部,其上再焊接轮罩(有的前轮罩与前纵梁为一体式)等构件,如图1-23所示。

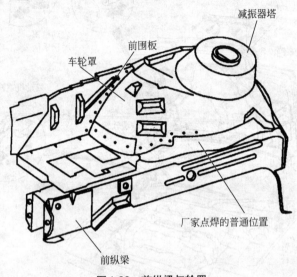

图1-23 前纵梁与轮罩

（5）散热器支架及保险杠 散热器支架以点焊的方式连接到纵梁上,以便于安装散热器等;保险杠总成用螺栓连接到车身前端,以抵抗小的撞击。

（6）前翼子板 前翼子板属前车身的主要覆盖件,多数通过螺栓固定在前悬架支持板上。它不仅起着使车身线条流畅的作用,而且使前车身的整体性更强了。

4 承载式车身的中间车身部件组成

承载式车身的中间车身如图1-24所示。

车门是乘员上下车的通道,其上还装有门锁、玻璃、玻璃升降器等附属设施。车门分为旋转门、推拉门、折叠门和上掀式翼形门等多种形式。轿车上常用旋转式车门,其结构如图1-25所示。

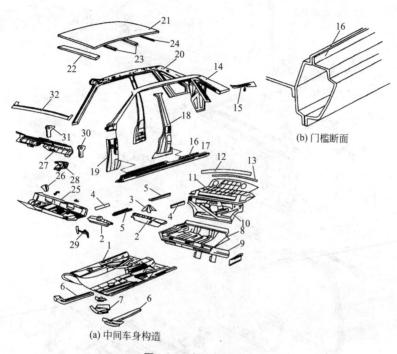

图1-24 中间车身构造

1—前地板；2—前座支架横梁；3—前座导向支架；4—前座滑槽；5—前座导轨；
6—纵梁；7—变速器托架；8—后地板前部；9—后地板加强板；10—后隔板；
11—后隔板上板；12—后隔板支撑板；13—后风挡下板；14—顶框外侧板；
15—水槽密封板；16—内门槛；17—外门槛；18—B柱（中柱）；19—A柱（前柱）；
20—顶框内侧板；21—车顶；22—车顶前横梁；23—车顶加强板；
24—车顶后横梁；25—前围上板；26—前围上板支架；27—转向器支架横梁；
28—转向管柱支架；29—中央电器板支架；30—仪表板左支架；
31—仪表板右支架；32—前风挡下板

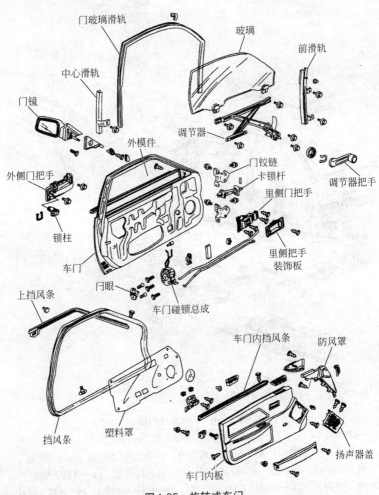

图 1-25 旋转式车门

5 承载式车身的后车身部件组成

承载式车身的后车身是用于放置物品的部分,可以说是中间车身侧体的延长部分。三厢式车的乘客室与后备厢是分开的,如图 1-26 (a) 所示;而两厢车的后备厢则与乘客室合二为一,如图 1-26(b) 所示。

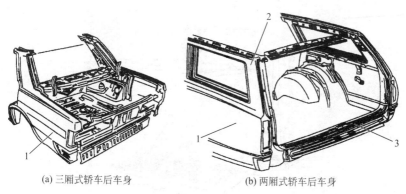

(a) 三厢式轿车后车身　　　　　(b) 两厢式轿车后车身

图 1-26　轿车后车身类型

1—后翼子板；2—窗柱；3—后门槛

后车身的板件如图 1-27 所示，主要载荷来自于汽车后悬挂，尤其是对于后轮驱动的车辆，驱动力通过车桥、悬挂直接作用于后车身上。

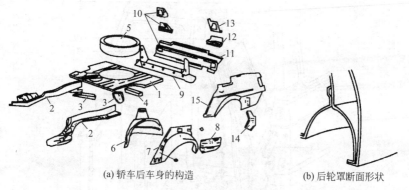

(a) 轿车后车身的构造　　　　　(b) 后轮罩断面形状

图 1-27　轿车后车身的板件

1—后地板；2—后纵梁；3—后座支撑板；4—排气管支架；5—备胎座；
6—后轮罩内板；7—后轮罩外板；8—连接板；9—后围板横梁；10—后围板；
11—后围板下板；12—后围板边板；13—尾灯底板；14—后门锁加强板；
15—后翼子板（侧围外板）

有些轿车（或旅行车）装有背门，常见的背门有举升式和外摆式两种，分别如图 1-28 和图 1-29 所示。

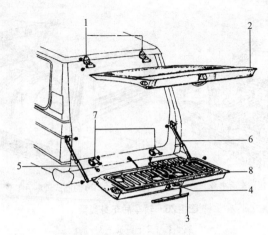

图1-28 举升式背门结构

1,7—铰链;2—门板;3—牌照灯;4—内手柄;5,6—车门撑条;8—车门板

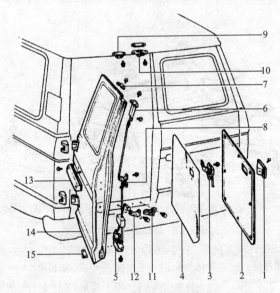

图1-29 外摆式背门结构

1—车门内手柄盒;2—车门装饰板;3—车门内手柄及连杆;4—车门维修孔盖板;5—下部车门锁;6—上部车门锁;7,9,12,15—滑块;8—连杆转动块;10—上部锁冲击扣和衬垫;11—下部锁冲击扣;13—牌照灯;14—左边门

6 车身硬件与饰件

车身硬件和饰件的功能是用来隐蔽粗糙的未加工的边缘，有些则兼有功能性作用。硬件又称为车身附件，饰件又称为镶边或饰边。车身的门、窗开口以及其他开口或板件边缘都很有装饰作用，外部的装饰条和车内的一些软饰均称为饰件。饰件通过连接件、扣件和压件安装在车身内外。承载式车身上常见的连接件和扣件的类型如图1-30所示。

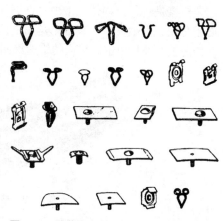

图1-30 承载式车身上常见的连接件和扣件

7 汽车装饰件

车身维修中的每一项作业，都会与车身内外装饰件发生关系。汽车装饰件主要有保险杠、前隔栅、防擦条、导流板、座椅等。汽车内部装饰件如图1-31所示。

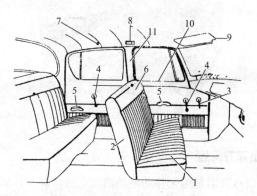

图1-31 承载式车身内部装饰件

1—座椅；2—座椅边框；3—门柄；4—窗柄和护片；5—臂托；6—座椅背；
7—衣架；8—厢板灯；9—遮阳板；10—门饰条；11—中柱饰件

8 格栅

格栅是一件大饰件,常由几件钢件焊合或用螺栓拧合起来。有些格栅是用铝合金铸成,有些则是用钢板冲压而成。格栅常用螺栓装在前挡泥板和前护板上。格栅的构造如图1-32所示。

图1-32 格栅

9 嵌条

嵌条是车身内外的装饰件,除装饰功能外,有些还具有功能性作用。嵌条有各种形式和款式,图1-33所示为风挡玻璃装置嵌条的两种形式。用于窗门开口的嵌条称为门饰嵌条,有的由金属螺钉拧紧。

图1-33 风挡玻璃嵌条

10 车门玻璃升降器

车门玻璃升降器是用来移动玻璃的一个齿轮和支撑臂机构,当按下车窗按钮时,调节器将玻璃上下移动,车辆侧窗上多用交叉臂式电动玻璃升降器,如图1-34所示,主要由电动机、驱动齿轮、调整杆、支架与导轨等组成。有的轿车车门玻璃升降器采用钢丝滚筒式电动玻璃升降器,如图1-35所示,适用于曲面玻璃,主要由电动机、减速器、导向套、钢丝绳、支架与导轨等组成。

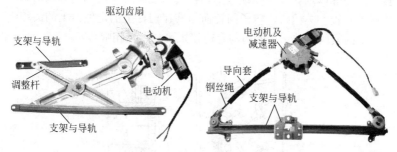

图1-34 交叉臂式电动玻璃升降器　　图1-35 钢丝滚筒式电动玻璃升降器

11 汽车车门锁

(1) 车门门锁的安装情况　轿车前、后车门门锁的安装情况如图1-36所示。

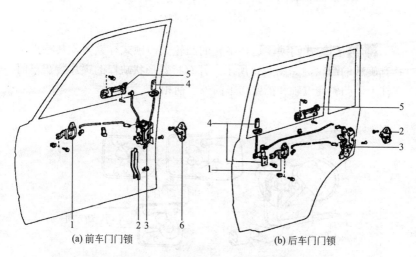

(a) 前车门门锁　　　　　　　　　(b) 后车门门锁

图1-36 轿车前、后车门门锁安装结构

1—车门内手抠式手柄;2—车门窗玻璃导轨;3—车门锁;
4—车门内安全锁止按钮;5—车门外手柄;6—门锁冲击扣

（2）**转子式门锁** 转子式门锁一般为小客车所采用，如图1-37所示。装在车门上的锁体为"Γ"形冲压外壳，锁体的圆孔中嵌入衬套，其凸缘以点焊焊接在锁体上。衬套内压入转子的滑动轴承，棘轮和转子同轴。关门时，转子回转而与装在门柱上的定位器上的齿相啮合；车门紧闭，转子上的齿与定位器上第二个齿相啮合。

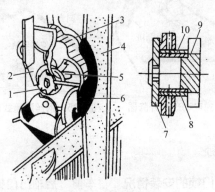

图1-37 转子式门锁

1—棘轮；2—掣子；3—锁体；4，10—衬套；5，9—转子；6—定位器；7—棘轮；8—滑动轴承

（3）**凸轮式门锁** 这种结构的凸轮式门锁式样繁多，其特点是具有旋转的凸轮，如图1-38所示。开有特殊形状缺口的锁片装在车门支柱上，凸轮通过轴和摇臂与车门外手柄相连。

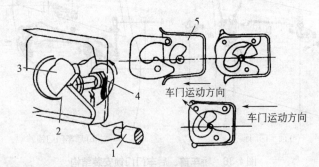

图1-38 凸轮式门锁

1—门手柄；2—锁片；3—凸轮；4—弹簧；5—定位器

12 车门铰链

车门铰链是车门连接车身的重要支撑件,安装位置如图1-39所示。

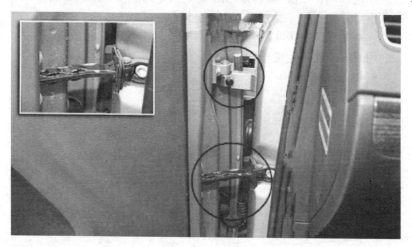

图1-39 车门铰链

> **小提示**
>
> ◆旋转式车门的支撑铰链由厚钢板冲压而成,使用螺栓作为连接件,将车身与车门牢固地组装在一起。
>
> ◆使用专用工具可以拆装车门铰链,也可向上、下、前、后四个方向调整车门与车身的相对位置。

为了限制车门铰链因开启角度过大造成与车身发生干涉,在固定车门铰链的门框上,还装有用以限制车门开启角度的限位器。

> **小提示**
>
> ◆限位器的一端用销钉与车身连接,另一端嵌入车门体内并与之固定。车门开启至半开位置时限位器便开始起作用。

◆当车门的角度进一步开大时,由于限位器弹片被压缩而产生阻尼作用,不仅可以有效抵抗车门开启时的惯性力,还能使车门在半开至全开行程中任一位置上停留。

◆车门定位缓冲器在车锁上附加了定位器的功能,车门关闭时可减轻冲击并定位准确,还可以防止行驶中因车门振动对车锁形成额外的冲击载荷。

第二章
常用工具与设备认知

第一节 常用工具和量具

一、电动和风动工具

1 手电钻

〖1〗用途 手电钻是以电为动力的手持式钻孔工具,电源电压一般为220V和360V两种,其尺寸规格有3.6～13mm若干种。手提式手电钻可钻厚度较大的金属板料,而手枪式手电钻常用于钻较薄的板料,如图2-1所示。使用手电钻时,应注意用电安全,同时在钻孔过程中,应持牢手电钻。

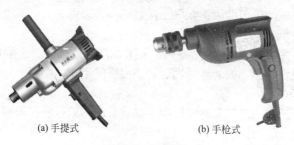

(a) 手提式　　　　(b) 手枪式

图2-1　手电钻

〔2〕使用手电钻的注意事项

小提示

◆使用前要确认手电钻开关处于关闭状态,防止手电钻插头插入电源插座时手电钻突然转动。

◆使用前检查电源线有无破损。若有,必须包缠好绝缘胶带,使用中切勿受水浸及乱拖乱踏,也不能触及热源和腐蚀性介质。

◆在操作前要仔细检查钻头是否有裂纹或损伤,若发现此情形,则要立即更换。

◆对于金属外壳的手电钻必须采取保护接地(接零)措施。

◆手电钻在使用前应先空转0.5~1min,检查传动部分是否灵活,有无异常杂音,螺钉等有无松动等,观察工作是否正常。

◆为了避免切伤手指,在操作时要确保所有手指撤离工件或钻头(丝攻)。

◆停止工作后,要先关上手电钻电源开关,等钻头完全停止转动后,再把手电钻与工件分开。

◆打孔时要双手紧握电钻,尽量不要单手操作,应掌握正确操作姿势。

◆不能使用有缺口的钻头,钻孔时向下压的力不要太大,防止钻头打断。

◆对于小工件必须借助夹具来夹紧,再使用手电钻。

◆操作时进钻的力度不能太大,以防钻头或丝攻飞出伤人。

◆要注意钻头的旋转方向和进给方向。

◆在加工工件后不要马上接触钻头,以免钻头可能过热而灼伤皮肤。

◆使用中若发现整流子上火花大,电钻过热,必须停止使用,进行检查,如清除污垢、更换磨损的电刷、调整电刷架弹簧压力等。

◆不使用时应及时拔掉电源插头。电钻应存放在干燥、清洁的环境。

2 手提砂轮机

(1) 用途　手提砂轮机主要用来磨削不易在固定砂轮机上磨削的零件，如发动机罩、驾驶室、翼子板及车身蒙皮等经过焊修的焊缝，可用手提砂轮机磨削平整。手提砂轮机有电动和风动两种类型。按砂轮直径分，常用的规格有150mm、80mm、40mm三种，图2-2所示为手提电动砂轮机的基本结构。

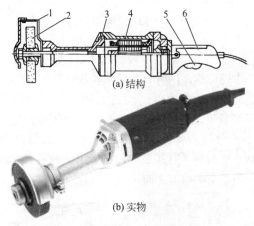

(a) 结构

(b) 实物

图2-2　手提电动砂轮机结构

1—护罩；2—砂轮；3—长端盖；4—电动机；5—开关；6—手柄

(2) 使用砂轮机的注意事项

> **小提示**
>
> ◆使用砂轮机前，首先应检查砂轮片有无裂纹和破碎，护罩是否完好。
>
> ◆风动砂轮所用的压缩空气压力一般为0.3～0.5MPa。风管内的脏物应先用压缩空气吹净后，才能和砂轮相连接。
>
> ◆磨削过程中，人不要站在出屑的方向，以防切屑飞出伤人眼。

◆磨削薄板制件时，砂轮应轻轻接触工件，不能用力过猛，并密切注意磨削部位，以防磨穿。

◆使用手提砂轮机应轻拿轻放。用后应及时切断电源或气源，妥善放置，清理好工作场地。

3 圆盘抛光机

圆盘抛光机有电动（图2-3）和风动两种，其主要用于轿车、大客车钣金件修理后的抛光。使用圆盘抛光机比徒手抛光效率高得多，而且简便易行。但由于用研磨材料制成的抛光盘圆周速度极高，故要求抛光盘安装牢固可靠，同时要求操作者戴好安全眼镜和防护面罩。

正确的抛光方法如图2-4所示。应使抛光盘的1/3表面与被加工表面接触进行研磨效果最好。因为抛光盘与研磨面接触角度过大时，则抛光盘仅有小部分与金属板发生强力研削，从而将留下粗糙的加工面；当抛光盘与研磨面平行接触时，又将因研磨阻力大而造成动作不稳，并将留下凹凸不平的加工面。

图2-3 电动圆盘抛光机　　图2-4 抛光盘与研磨面的正确接触方法

> **小提示**
>
> ◆抛光盘经研磨作业而使其外侧磨料逐渐脱落，脱落后可采用适当方法去掉外侧磨损部分，减小抛光盘的尺寸后继续使用。
> ◆在研磨小的凹坑处或带孔部位时，可使抛光盘沿8字形轨迹运动。

4 风动手提式振动剪

风动手提式振动剪的结构如图2-5所示。风动手提式振动剪简称风剪，其特点是体积小，重量轻，操作灵活轻便。

使用风动手提式振动剪剪板时，要将铁板略微垫起，使风动手提式振动剪前进时不受阻碍即可。其最大剪切厚度，普通热轧钢板可达2mm；铝板可达2.5mm；最小剪切曲率半径为50mm，功率为0.21kW，使用气压为490kPa。

图2-5 风动手提式振动剪

二、常用量具

1 游标卡尺

（1）用途 游标卡尺是一种能直接测量工件内外直径、宽度、长度或深度的量具。

（2）种类 按照测量功能可以分为普通游标卡尺、深度游标卡尺、带表卡尺等；按照读数值可以分为0.01mm、0.02mm、0.10mm等几种，如图2-6所示。

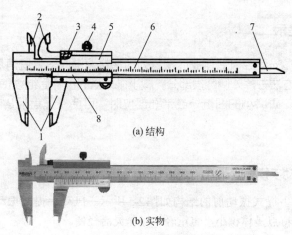

图2-6 游标卡尺

1—外量爪；2—内量爪；3—弹簧片；4—紧固螺钉；5—尺框；6—尺身（主尺）；
7—深度尺；8—游标

(3) 使用方法

① 使用前，先将工件被测表面和卡脚接触表面擦干净。

② 测量工件外径时，将活动量爪向外移动，使两量爪间距大于工件外径，然后再慢慢地移动游标，使两量爪与工件接触，切忌硬卡硬拉，以免影响游标卡尺的精度和读数的准确性。

③ 测量工件内径时，将活动量爪内移动，使两量爪间距小于工件内径，然后再缓慢地向外移动游标，使两量爪与工件接触，如图2-7所示。

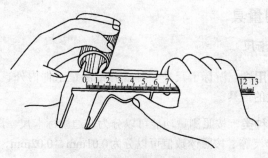

图2-7 测量工件内径

④ 测量时，应使游标卡尺与工件垂直，固定锁紧螺钉。测外径时，记下最小尺寸，测内径时，记下最大尺寸。

⑤ 用深度游标卡尺测量工件深度时，将固定量爪与工件被测表面平整接触，然后缓慢地移动游标，使量爪与工件接触。移动力不宜过大，以免硬压游标而影响测量精度和读数的准确性，如图2-8所示。

⑥ 用毕，应将游标卡尺擦拭干净，并涂一薄层工业凡士林，放入盒内存放，切忌折、重压。

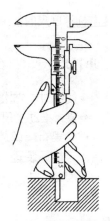

图2-8 测量工件深度

（4） 读数方法

① 读出游标零刻线所指示尺身上左边刻线的毫米数。

② 观察游标上零刻线右边第几条刻线与尺身某一刻线对准，将游标上的读数乘以游标的精度，即为毫米小数值。

③ 将尺身上整数和游标上的小数值相加即得被测工件的尺寸。计算公式如下：

工件尺寸＝尺身整数＋游标读数值×游标精度

例如，图2-9中的（精确度为0.10mm）读数值为27mm+5×0.10mm=27.50mm。

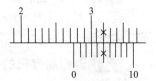

图2-9 读数方法

2 游标深度尺

游标深度尺是用来测量工件的凹槽或不通孔深度的专用量具，构造如图2-10所示。其刻度原理同游标卡尺。精度亦有0.1mm、0.05mm和0.02mm之分。

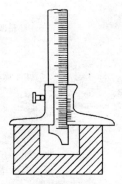

图2-10 游标深度尺

游标深度尺的使用方法如下。

> **小技巧**
>
> ◆使用时，先松开固定螺钉，使底座正直贴靠槽或孔的表面。
> ◆慢慢推动主尺使量面接近槽或孔底，读出尺寸。
> ◆如果有精调装置时，则先使主尺量面大致接近槽或孔底，然后固定精调装置，拧动调整螺母使主尺微微移动，达到精确接触，再读出尺寸。

3 游标高度尺

（1）用途 游标高度尺可作测量工件高度尺寸和划线之用。

（2）结构 游标高度尺构造原理与读数方法同游标卡尺。它是由底座、主尺、框架、游标、精调装置、划线脚、测高脚和圆杆等组成，如图2-11所示。

（3）游标高度尺的使用方法 其精调装置的使用法同游标卡尺。

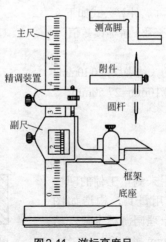

图2-11 游标高度尺

小技巧

◆划线。先按基准面或基准线定好划线脚的高度，然后依图纸尺寸，调整划线脚进行划线。

◆测量高度。以基准面或基准线为准，将划线脚或测高脚准确地调整到需要测量的部位，读出尺寸。

◆测量底厚或孔的深度。测量时将圆杆和附件固定在框架内，使圆杆尖端接触平台记下第一次尺寸数字，然后移动游标使圆杆伸入孔底，读出第二次尺寸数字，两次数字相减即为底厚或孔的深度。

4 万能角度尺

（2）万能角度尺的结构特点　万能角度尺是用来测量精密零件内外角度或进行角度划线的角度量具。万能角度尺的读数机构如图2-12所示。它是由刻有基本角度刻线的尺座（由直尺、基尺和角尺组成）、固定在扇形板上的游标等组成。扇形板可在尺座上回转移动（有制动器），形成了和游标卡尺相似的游标读数机构。

万能角度尺可以由基尺、主尺、直尺、角尺各工作面进行组合，可测量0°～320°之间4个角度段内的任意度值。

万能角度尺尺座上的刻度线每格1°。由于游标上刻有30格，所占的

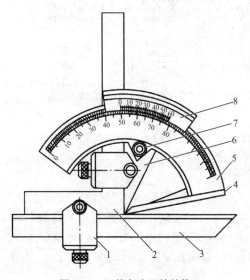

图2-12　万能角度尺的结构

1—卡块；2—角尺；3—直尺；4—基尺；5—主尺；
6—扇形板；7—制动器；8—游标

总角度为29°，因此，两者每格刻线的度数差是：

$$1° - \frac{29°}{30} = \frac{1°}{30} = 2'$$

即万能角度尺的精度为 $2'$。

〔2〕**万能角度尺的读数方法**　万能角度尺的读数方法和游标卡尺相同，先读出游标零线前的角度是几度，再从游标上读出角度"分"的数值，两者相加就是被测零件的角度数值。图2-13所示的读数为21°46′。

应用万能角度尺测量工件时，要根据所测角度适当组合量尺，其应用举例如图2-14所示。

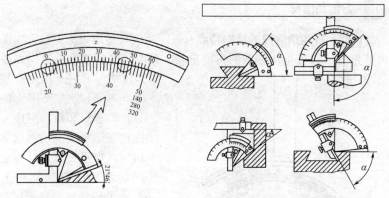

图2-13　万能角度尺的读数　　　图2-14　万能角度尺的应用

〔3〕**万能角度尺的使用方法**

① 使用前应先将角度尺各组合件擦净。测量时应先校准零位。万能角度尺的零位，是当角尺与直尺均装上，而角尺的底边及基尺与直尺无间隙接触，此时主尺与游标的"0"线对准。调整好零位后，通过改变基尺、角尺、直尺的相互位置可测试0°～320°范围内的任意角。

② 使用过程中，常会出现以下几种情况。

小技巧

◆当测量0°～50°的角度时，把基尺加以组合，将工件直接放入基尺与直尺两个工作面之间测量。

◆当测量50°～140°的角度时，把直尺连同直尺的卡块同时卸下，并紧固住卡块，将工件放置在角尺长工作面与基尺之间测量。

◆当测量140°～230°的角度时，把角度尺上移，移至长短边交点，位于基尺旋转中心为止，将工件放在基尺与角尺短边工作面之间测量。

◆当测量230°～320°时，把角尺连同卡块全部卸下，将工件放在扇形板与基尺工作面之间测量。

③ 使用后将角度尺擦净，放入包装盒内储存。

小技巧

用万能角度尺测量零件角度时，应使基尺与零件角度的母线方向一致，且零件应与量角尺的两个测量面的全长上接触良好，以免产生测量误差。

5 水平仪

（1）水平仪的用途与分类

① 水平仪的用途。水平仪是一种测量小角度的常用量具。水平仪主要用于检验各种机床、相关设备导轨及平面的直线度、平面度和设备安装的水平性、垂直性。在机械行业和仪表制造中，用于测量相对于水平位置的倾斜角、机床类设备导轨的平面度和直线度、设备安装的水平位置和垂直位置等。在汽车车身修复过程中，用来检验钣金零件的平面度等。

② 水平仪的分类。按水平仪的外形不同可分为框式水平仪和尺

式水平仪；按水平器的固定方式又可分为可调式水平仪和不可调式水平仪。

（2）水平仪的结构和工作原理

① 水平仪的结构。水平仪的结构根据分类不同而有所区别。框式水平仪一般由水平仪主体、横向水准器、绝热手把、主水准器、盖板和零位调整装置等零部件组成，如图2-15所示。

尺式水平仪一般由水平仪主体、盖板、主水准器和零位调整装置等零部件构成，如图2-16所示。

 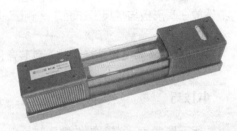

图2-15　框式水平仪　　　　　图2-16　尺式水平仪

② 水平仪的工作原理。水平仪是以水准器作为测量和读数元件的一种量具。水准器是一个密封的玻璃管，内表面的纵断面为具有一定曲率半径的圆弧面。水准器的玻璃管内装有黏滞系数较小的液体，如酒精、乙醚及其混合体等，没有液体的部分通常叫作水准气泡。玻璃管内表面纵断面的曲率半径与分度值之间存在着一定的关系，根据这一关系即可测出被测平面的倾斜度。

（3）水平仪的使用方法与调校

① 水平仪的使用方法。测量时使水平仪工作面紧贴在被测表面，待气泡完全静止后方可进行读数。

水平仪的分度值是以1m为基长的倾斜值，如需测量长度为L的实际倾斜则可通过下式进行计算。

实际倾斜值=分度值×L×偏差格数

第二章　常用工具与设备认知

② 水平仪的调校。为避免由于水平仪零位不准引起的测量误差，因此在使用前必须对水平仪的零位进行校对或调整，水平仪零位校对及调整方法如下。

小提示

◆将水平仪放在基础稳固、大致水平的平板（或机床导轨）上，待气泡稳定后，在一端如左端读数，且定为零。

◆再将水平仪调转180°，仍放在平板原来的位置上，待气泡稳定后，仍在原来一端（左端）读数A格，则水平仪零位误差为二分之A格。

◆如果零位误差超过许可范围，则需调整水平仪零位调整机构（调整螺钉或螺母），使零位误差减小至许可值以内。

◆对于非规定调整的螺钉，螺母不得随意拧动。

◆调整前水平仪工作面与平板必须要擦拭干净。调整后螺钉或螺母等件必须固紧。

（4）水平仪使用注意事项

小提示

◆水平仪使用前用无腐蚀性汽油将工作面上的防锈油洗净，并用脱脂棉纱擦拭干净方可使用。

◆温度变化会使测量产生误差，使用时必须与热源和风源隔绝。如使用环境温度与保存环境温度不同，则需在使用环境中将水平仪置于平板上稳定2h后方可使用。

◆测量时必须待气泡完全静止后方可读数。

◆水平仪使用完毕，必须将工作面擦拭干净，并涂以无水，无酸的防锈油，覆盖防潮纸装入盒中置于清洁干燥处保管。

第二节 焊接设备

一、电焊设备

1 电焊机

(1) 分类 电焊机是电焊的主要设备。按提供电流的种类,电焊机又分为交流电焊机和直流电焊机两类。

(2) 结构特点

① 交流电焊机。交流电焊机实际上是一种特殊的降压变压器。它结构简单、价格便宜、使用可靠、维护方便,所以使用范围广泛,目前交流电焊机的型号很多,但基本原理一样。图2-17是交流电焊机的外形和实物。交流电焊机的缺点是在电弧稳定性方面有些不足。

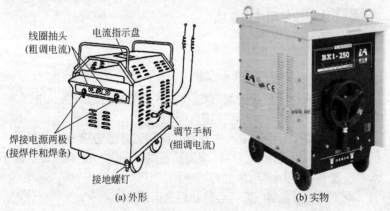

图2-17 交流电焊机

② 直流电焊机。直流电焊机由一台三相感应电动机和一台直流电发电机组成,它的特点是能够得到稳定的直流电。因此,引弧容易,电弧稳定,焊接质量较好。但这类电焊机结构复杂,维修较困难,使

用时噪声大,并且价格较贵。图2-18是旋转式直流电焊机外形。

图2-18 旋转式直流电焊机

2 电焊机的附件

电焊机的附件有电焊软线、焊钳、防护面罩和手套等。

① 电焊软线。电焊软线用于连接电焊机与焊件、电焊机与焊钳。它由紫铜线扭成芯线,外包胶皮绝缘,一般长20～30m,依据焊接电流的大小选择芯线的截面积(表2-1)。

表2-1 电焊软线截面积选用

芯线截面积/mm²	25	35	50	70
最大允许电流/A	140	175	225	280

② 焊钳。焊钳的作用是夹持电焊条和传导电流,如图2-19所示。因此,必须有良好的导电性,并要求绝缘性好,重量轻,长期使用不发热。常用的焊钳规格有300A和500A两种。

图2-19 焊钳

③ 防护面罩。防护面罩用于遮挡飞溅的金属和电弧中有害的光线，保护焊工的眼睛和面部，如图2-20所示。防护面罩常用的有两种，即手握式和头戴式。面罩上的护目玻璃片用于减少电弧光的强度，过滤红外线和紫外线。为了防止护目玻璃片被飞溅金属损坏，必须在护目玻璃片前另装普通玻璃片。

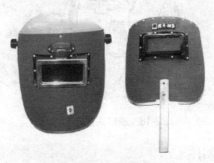

图2-20　防护面罩

表2-2示出了常用护目玻璃的牌号及性能。

表2-2　护目玻璃的牌号及性能

牌号	颜色深浅	用途
11	最暗	供电流大于300A焊接用
10	中等	供电流在100～300A焊接用
9	较浅	供电流小于100A焊接用

④ 手套。手套用皮革制成，用于保护焊工双手不受飞溅物及弧光的损害，并有绝缘电和隔热作用。

二、气焊设备

常用的气焊是利用乙炔和氧混合燃烧产生的高温火焰焊接金属的工艺方法。这种气焊由于设备简单、搬运方便，适宜焊接较薄的钣金件，在汽车修理中应用广泛。

气焊设备及其管路系统如图2-21所示。其中氧气瓶主要供给焊炬火焰燃烧所需的氧气;乙炔发生器供给乙炔;减压器和回火保险器为保障焊炬火焰正常燃烧,防止回火气体蔓延乙炔发生器,引起事故。

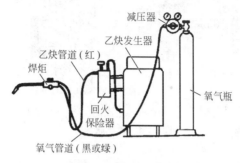

图2-21 气焊设备及其连接

1 氧气瓶

氧气瓶是专为储存和运输氧气用的钢瓶。它由瓶体、气瓶开关、保护罩等部分组成。氧气瓶的外形如图2-22所示,氧气瓶开关结构如图2-23所示。

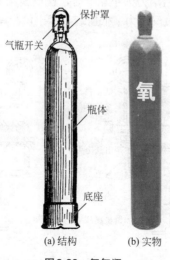

图2-22 氧气瓶

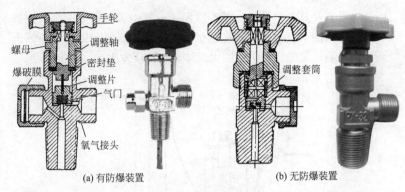

图 2-23 氧气瓶开关

2 减压器

减压器的构造如图 2-24 所示,从图中可见,这是一种反作用式压力调节器。工作时,以顺时针方向旋转调整螺钉,使主弹簧压缩,并将橡皮膜向上推,这样使橡皮膜上的传动杆上移,把气门顶开,由进气接头来的氧气,就从高压室经过气门进入低压室,且体积增大而压力变小后,从出气接头的出口流出。此时橡皮膜受到上下两个相反方向力的作用,当这两个力大小相等时,橡皮膜就不动了;这时高压表显示出氧气瓶内的氧气压力;低压表显示出供给焊炬的氧气压力。

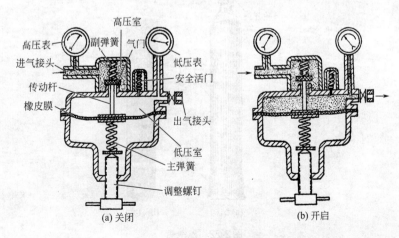

(c) 实物

图 2-24　减压器

3　乙炔发生器

(1) 乙炔发生器的分类、性能及结构　乙炔发生器是制成和储存乙炔的设备。乙炔发生器的种类很多，通常将工作压力在 10kPa 以下的乙炔发生器称为低压乙炔发生器；工作压力在 10～100kPa 的称为中压发生器；工作压力在 100～150kPa 的称为高压发生器。汽车修理中常用的是中压乙炔发生器。

(2) 乙炔发生器的使用和维护　乙炔是极易燃烧和爆炸的气体。因此，乙炔发生器的使用和维护，重点要做好防火防爆工作。

① 乙炔发生器放置地点必须距离气焊工作（或明火）地点 10m 以上，若气焊工作间狭窄，发生器必须放置在室外或另一无明火的工作室内。

② 发生器内的水温不得超过 60℃，当水的温度超过上述规定时，应减少乙炔产气量；当发气室温度达到 80℃ 以上时，用冷水喷射进行降温；加入发生器的水必须清洁，无油脂和杂质。

③ 每天工作开始前，检查 1 次回火防止器、储气室与发气室的水位，若工作中发生过回火现象的，每次工作前均应检查。图 2-25 是回火防止器的构造示意图。

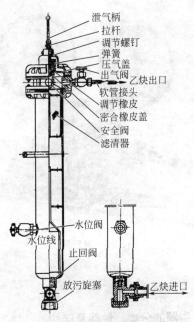

图2-25 回火防止器

④ 禁止使用没有回火防止器的发生器设备。

⑤ 电石一次加入量和电石允许粒度必须符合发生器说明书的规定。

⑥ 发气室必须根据工作情况经常清洗换水,连续工作最好每天清洗1次;回火防止器、储气室每月至少清洗1次。如发生器使用后需要搁置一定时期再行使用者,应将各部位所有存水全部放掉,加以清洗并擦干,以防腐蚀。

⑦ 冬季应做好防冻工作,常用的方法有以下几种。

小技巧

◆ 在发生器外部包以保温棉套,水阀和输气管上用石棉绳缠绕保温。

◆ 发生器工作完毕后将各部位水放出,若在室外较长时间停止工作时,也应放水。

◆使用时在发生器（包括回火防止器）内加入温水。

◆在回火防止器与储气室内加入防冻液，在发气室内加入少量食盐（氯化钠），以降低冰点。

⑧ 乙炔发生器内部如已结冰，只准用热水、蒸汽加温，或放在温暖的室内逐渐融解；绝对禁止用明火或烧红的金属加温，也不许用铁棒敲打冰块，以免爆炸。

⑨ 防爆膜的更换。防爆膜供乙炔发生器压力超高或爆炸时泄压用，其截面积应保证设备在最大负荷时的全部气体得以排出。防爆膜必须选用与乙炔不起作用，且破裂时不发生火花的材料制造，如锡、铝、铅、橡胶等，严禁采用铁皮、铜皮。

防爆膜损坏时必须选用与原膜同牌号、同厚度的材料制作。

⑩ 乙炔管道的安装。由乙炔发生器至气焊工作间的乙炔管道采用无缝钢管（或不锈钢管）制作，禁止使用铜导管。管道连接采用焊缝连接，仅在连接乙炔发生设备时可以使用螺纹连接。

小技巧

◆乙炔管道的安装必须可靠地接地，不允许敷设在火炉或表面炽热的器具旁。

◆管道可用石棉灰保温，保温层厚度一般为25～30mm，当其干燥后再抹上一层白灰，用纸带或粗麻布缠起来，表面涂白漆。

◆在焊接工作间，乙炔管道与氧气管道沿同一墙或公用支柱敷设时，必须分别支撑、上下排列，管道间距应不少于250mm，且乙炔管道应在其他管道之上。

4 焊炬

（1）焊炬的结构 焊炬俗称焊枪，按乙炔与氧气混合方式不同可分为吸射式和等压式两类。

① 吸射式焊炬的结构及特点。吸射式焊炬的结构如图2-26所示，

从图中可见氧气经过孔径很小的喷射管,加大流速,进入混合室,从而使乙炔在进入混合室的入口处,压力大大减小;这样凭借氧气和乙炔的压力差,将乙炔吸入混合室,并使乙炔和氧气按比例混合。因此,这类焊炬称为吸射式。

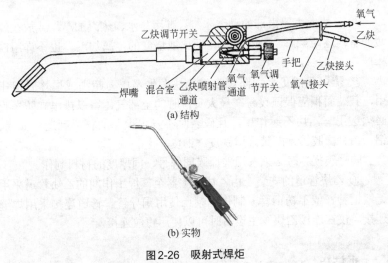

图2-26 吸射式焊炬

吸射式焊炬的优点是可使用高、中、低压乙炔。其缺点是在焊接过程中,乙炔与氧气的混合比例不够稳定。

② 等压式焊炬的结构及特点。等压式焊炬结构比较简单,图2-27是其构造示意图,从图中可见,乙炔与氧气均靠本身压力进入混合室,此时两者压力基本相等。因此,称之为等压式焊炬。

该焊炬的优点是在焊接过程中,乙炔和氧气的混合比例比较稳定;故适于焊接薄壁工件或铝合金工件。缺点是当乙炔压力小于50kPa时,不能使用。

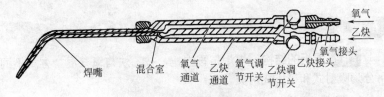

图2-27 等压式焊炬

〔2〕常用焊炬的型号、焊接能力及气体消耗量技术数据 常用焊炬的型号、焊接能力及气体消耗量如表2-3所示。

表2-3 焊炬的型号、焊接能力及气体消耗

型号	焊嘴号码	焊嘴孔径/mm	焊接范围/mm	气体压力/kPa		气体流量	
				氧气	乙炔	氧气/(m^3/h)	乙炔/(L/h)
H01-2	1	0.5	0.5～0.7	100	1～100	0.033	40
	2	0.6	0.7～1.0	125	1～100	0.046	55
	3	0.7	1.0～1.2	150	1～100	0.065	80
	4	0.8	1.2～1.5	175	1～100	0.10	120
	5	0.9	1.5～2.0	200	1～100	0.15	170
H01-6	1	0.9	1.0～2.0	200	1～100	0.15	170
	2	1.0	2.0～3.0	250	1～100	0.20	240
	3	1.1	3.0～4.0	300	1～100	0.24	280
	4	1.2	4.0～5.0	350	1～100	0.28	330
	5	1.3	5.0～6.5	400	1～100	0.37	430
H01-12	1	1.4	6.0～7.0	400	1～100	0.37	430
	2	1.6	7.0～8.0	450	1～100	0.49	580
	3	1.8	8.0～9.0	500	1～100	0.65	780
	4	2.0	9.0～10.0	600	1～100	0.86	1050
	5	2.2	10～12	700	1～100	1.10	1210
H01-20	1	2.4	10～12	600	1～100	1.25	1500
	2	2.6	12～14	650	1～100	1.45	1700
	3	2.8	14～16	700	1～100	1.65	2000
	4	3.0	16～18	750	1～100	1.95	2300
	5	3.2	18～20	800	1～100	2.25	2600

【3】焊炬的使用

① 选择焊嘴。

> **小提示**
>
> ◆ 通常根据工件厚度和材料种类选择焊嘴的号码。
> ◆ 如工件厚度大,就选用号码大的焊嘴。
> ◆ 以铝合金气焊为例,当工件厚度为1.5~3.0mm时,选用1~2号焊嘴。
> 当厚度为3.1~5.0mm时,选用2~3号焊嘴。
> 当厚度小于1.5mm时,选用1号焊嘴。
> 当厚度大于5mm时,选用3~5号焊嘴。

② 检查焊炬的技术状态。

> **小技巧**
>
> ◆ 检查漏气。将焊炬接上乙炔和氧气胶管,当氧气和乙炔开关关闭时,把焊嘴放入水中,然后分别通入氧气和乙炔,看水中有无气泡。若无气泡,则证明密封性良好。
> ◆ 喷射情况观察。接上氧气管并调节氧气压力在1~4kPa位置,打开焊炬上的氧气开关,这时将手指堵在乙炔接管嘴口上,若感到内部吸力很大,则表示焊炬正常。

③ 点火后调节火焰的大小和形状。

> **小技巧**
>
> ◆ 点火时,先微开氧气阀门,再打开乙炔阀门,随后点燃火焰。这时的火焰是碳化焰。然后,逐渐开大氧气阀门,将碳化焰调整成中性焰,并检查调节开关是否灵活。
> ◆ 灭火时,应先关乙炔阀门,后关氧气阀门。

④ 防止回火。回火就是火焰从焊炬的焊嘴向乙炔管内倒回燃烧。它是焊嘴出口混合气体的压力大于焊枪内混合气体压力,或火焰燃烧速度大于混合气体流出速度时,产生的不正常燃烧现象。通常产生回火的主要因素有以下几点。

小技巧

◆乙炔压力过低。当乙炔开关开得过小,乙炔接近用完,乙炔皮管太长、受压或堵塞等,都会使焊炬内混合气体流速减小。

◆焊嘴喷口附近压力增高。焊炬放炮(氧与乙炔比例不当、温度突然升高所致),焊嘴距工件太近都会使焊嘴喷口附近压力突然增高,将火焰压入焊枪内。另外,具有一定压力的气体或水的冲击(如焊接、切割密封容器或自来水管道时),也会造成喷口附近压力增高,引起回火。

◆焊嘴温度太高。焊嘴温度增高时,火焰燃烧速度加速,而混合气体由于流经焊嘴的体积膨胀、压力增高,因此气体流出的阻力增大,混合气体来不及流出就在焊炬内部燃烧。

◆氧气含量。混合气体中氧气含量增多时,将加速火焰燃烧速度。

◆喷口直径。混合气体压力一定时,焊嘴喷口孔径越大,气体流出速度越小则越容易发生回火现象。

◆压力耗损。混合气体流经混合室、混合管及焊嘴时,若管壁有杂质堵塞或变形,喷口有飞溅金属堵塞,都会使混合气体压力损耗增加,减慢气体流出速度。

◆焊炬接合部位有漏气现象。焊炬接合部位尤其是乙炔接头处漏气时,不仅容易使乙炔压力降低,而且焊接过程中若乙炔接头处(或乙炔皮管)漏出的气体着火后,往往由于燃烧速度大于气体流出速度,而产生不易排除的严重回火事故。

◆操作不当。焊接结束后先关氧气,由于气体流出速度减小,而焊嘴此时往往温度较高,因此容易产生回火现象,尤其是在发生器内乙炔压力较低时。

⑤ 检查各气体通道，不得有漏气现象；并确定通道不得沾染油脂。

(4) 焊炬的维护

小技巧

◆焊嘴堵塞后及时用黄铜针穿通，不许用钢丝通。

◆焊接过程应经常把焊嘴放在清水中冷却（此时应稍微打开氧气开关，以免水进入焊炬）。避免由于焊嘴过热产生回火现象或使氧炔焰比例发生变化。

◆焊炬各接合部位若有漏气现象应及时排除。

◆焊接结束时应先关闭乙炔开关，再关闭氧气开关。关闭开关时以不漏气为准，不可拧得过紧，以防开关损坏或失灵。

◆焊炬发生放炮现象影响工作时，应关闭乙炔和氧气，并将焊嘴放在冷水中冷却，然后查明原因并排除。

◆焊炬回火时应立即关闭乙炔，再关闭氧气，稍停一下后再把氧气开关打开，吹灭残留在焊炬内的余焰和除净焊炬中的积炭，并检查乙炔管是否烧坏。若关闭乙炔和氧气后，焊嘴内仍有黑烟冒出，则说明乙炔开关未全部关闭或有漏气现象。

◆焊炬不得受压或摔跌，以免引起混合管管壁变形，致使焊炬经常发生回火现象，不用时应挂起或放置在规定的地方。

◆焊炬工作正常无故障时，不要拆除分解。

◆焊炬各部位严禁与油脂接触。

第三节 车身校正设备

一、校正用液压千斤顶

液压千斤顶是一种较简单实用的车身校正机具，其结构主要由液压油缸、手泵摇柄、延伸套筒、柱塞等组成，图2-28所示为校正用的手动液压千斤顶。

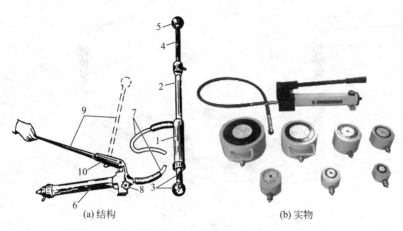

图2-28 手动液压千斤顶

1—液压油缸；2—延伸套筒；3、5—橡胶球头；4—柱塞杆；6—手泵；7—软管；
8—手泵空气阀；9—手柄；10—摇臂

小提示

使用时，液压千斤顶的一个端头支于坚固的基础上，另一柱塞杆端头支撑于变形部位，然后摇动手柄，使柱塞杆在液力的作用下伸长，达到校正歪斜车身部件的目的。

二、轿车车身校正机

轿车车身校正机有移动式和固定式两种，而移动式车身校正机在轿车修复中应用较广。

1 移动式车身校正机的结构及功用

移动式车身校正机是一套能对轿车或轻型车的车架、车身的损坏变形部位进行边拉拔、边测量、边加热，使其恢复原有技术尺寸的设备，如图2-29所示。它的基本结构是由整形床台、拉力校正器、测量装置及附件四部分组成。

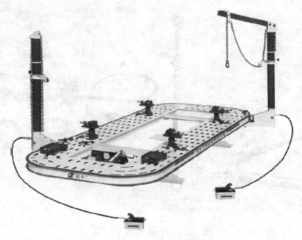

图2-29 移动式车身校正机

① 整形床台。如图2-30所示,它是用来承载和固定进修车辆,安装拉力校正器和测量装置。整个整形床台不需拆装任何零件,不管车辆是否装有车轮,只要将车辆沿着活动式的车道引导板推带上架,把车身夹固钳移至适当位置,慢慢升高整形床,让车身底架边缘凸槛落入车身夹固钳,锁紧四个大螺母,就可进行拉拔整形修复作业。

② 拉力校正器。它的功用是利用一个10t级的液压缸产生的推力推动悬臂梁,进而由悬臂梁带动与车身相关处相接的链条,对车架或车身的变形部位进行拉拔,使车身恢复原有尺寸。其结构如图2-31所示。

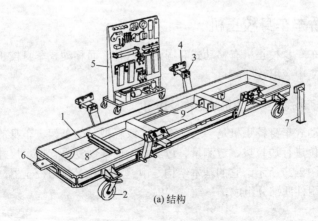

(a) 结构

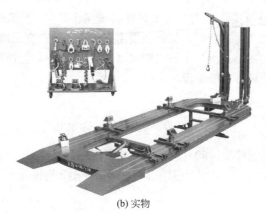

(b) 实物

图2-30　整形床台

1—基架；2—滚轮；3—支架；4—车身夹固钳；5—附件箱；6—支承板；7—支腿；
8—横梁；9—举升连接装置

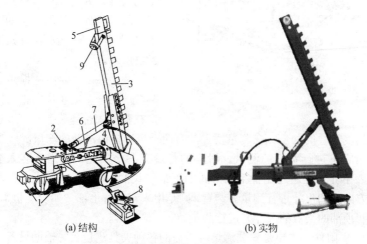

(a) 结构　　　　　　　　　　　　　　(b) 实物

图2-31　拉力校正器

1—锁紧装置；2—枢轴；3—悬臂梁；4—铁栓桩；5—延伸臂；6—保险绳；
7—液压油泵；8—脚踏泵；9—拉拔链条卡环

　　拉力校正器可通过锁紧装置1固定在整形床台基架边框的任一位置上，以适应不同部位整形的需要。液压缸7两端分别与悬臂梁3和法兰盘相连，其枢轴2可沿法兰盘转动并通过铁栓桩4固定在所需的位置上。悬臂梁上部附有一节延伸臂链条卡环9，下部通过铁栓桩4固定在横梁上。工作时，将链条端用支承爪固定在变形部位，另一端拴在延伸臂的链条卡环上启动踏泵直接拉拔，也可通过滑轮铁桩或螺旋顶杆作不同方向的拉拔。

小技巧

为限制悬臂梁向外运动的幅度，在悬臂梁与液压缸柱塞的顶部之间连接有保险绳，以防拉力超限，加重车身损坏。

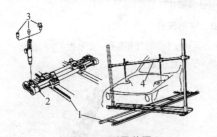

图2-32 测量装置
1—测量桥；2—测量滑座；3—测量接头；
4—车身上部测量装置

③ 测量装置。它是用来测量车身或车架上某两点间的距离，分长、宽、高三个方向上的尺寸，并与原车规格尺寸相比较，以评价被测部位的变形或校正情况。其结构如图2-32所示。

测量桥1主要由两根带有刻度的铝合金梁组成，把它固定在整形床台基架上，可以进行长度尺寸的测量。在测量桥上，有两个可以自由滑动的测量滑座2，利用它可进行宽度的测量。滑座的每端有三个插孔，是用来装入套管，在套管上通过配备不同形式的测量接头3，可对各种窝锥面在垂直方向上的尺寸进行测量。装置4则是用来对车身上部（如发动机盖、车厢顶部的某点的尺寸）进行测量。

④ 附件。主要是安装测量时所需的各种夹具测量头等辅助设备。

此外，还有一套数据卡片，在卡片上，提供了各种车型的车身（车架）的主要结构尺寸；安装定位基准、测量基准的位置；安装此车型所需的特殊夹具和测量时所需的测量接头。

2 移动式车身校正机的使用方法

在操作使用时，按以下步骤进行。

> **小提示**
>
> ◆根据所修车辆的厂牌型号、出厂日期找出相对应的数据卡片，查出车架的结构尺寸，准备好相应的夹具和测量接头，并用粉笔在车上划出安装基准位置。
>
> ◆将车辆冲洗干净后，置于整形床台基架上，用整形床台的夹固钳夹住车身的底梁边缘，紧固螺栓，使之固定在整形床台上。此时应尽可能使车辆的中心线与整形床台中心线保持一致。
>
> ◆目测判断车身（车架）变形的部位及大小，在其未变形的部位，至少选择三个相距较远的点来确定车辆的中心线位置。
>
> ◆将测量桥置于整形床台基架上，使其中心线与车身（车架）中心线对齐。
>
> ◆根据车架的宽度，选择相应量程的测量滑座置于测量桥上，并锁止在变形部位所对应的位置上，再加套管插入滑座的插孔之中，接上相应的测量接头。
>
> ◆将测量接头与变形部位相接，读出此时测量桥滑座、套管上所示的读数，将其与数据卡片上所标注的数值相比，即可确定出测量点在长、宽、高三个方向上的变形大小。
>
> ◆将拉力校正器固定在基架的边框上，用链条将需校正的部位与悬臂梁相连，启动液压缸，通过柱塞推动悬臂梁拉动链条就可将凹陷变形部位拉伸到恢复原有尺寸。

3 使用过程中的注意事项

> **小提示**
>
> ◆整形床台必须安放在坚硬平整的地面上。在工作过程中，工作台的滚轮必须处于锁紧位置。
>
> ◆拉力校正器在工作过程中，液压缸柱塞与悬臂梁、校正部位与悬臂梁之间必须连接有保险绳。保险绳必须完好无损。链条

拉力方向与液压轴轴线方向应保持一致。

◆工作过程中，拉力校正器与整形床台基架边框、车架底梁边缘与整形床台的车身夹固钳必须牢固锁紧。

三、辊子式整平机

1 辊子式整平机的结构

辊子式整平机的结构如图2-33所示，钣金件被夹在两辊子之间，并由辊子带动，使钣金件作连续平行的往复运动，从而达到整平的目的。辊子之间的间隙可通过转动手轮7来调整，辊子的正反旋转往复运动，由液压传动的活塞杆经齿条10和齿轮9、2、1来带动。

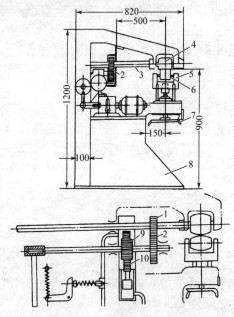

图2-33　辊子式整平机

1、2、9—齿轮；3—轴；4—主动辊子；5—活动支架；6—被动轮子；7—手轮；8—机座；10—齿条

2　辊子式整平机的使用方法

① 辊子压力的调整。

小技巧

欲增加或减少作用于钣金件表面的压力，可用手或脚转动手轮进行操作，但每次只需对手轮施以轻微压力即可，以免在往复加工中使板材延长。

② 液压已预先成形的钣金工件。

小技巧

◆首先应将工件下的辊子换以较工件之上辊子的曲率略小的辊子。

◆利用急松装置将底辊升起，同时将钣金件置于辊子之间。

◆调整底辊的压力，使金属板件在适度的压力下，在辊子间前后滑动。

◆当板料加工出一定的曲面后，再调转90°。重复操作，并与原来的方向交叉。

◆在加工过程中，随时利用内、外标准曲率线的样板核对加工工件的曲率，当曲率不足时，滚压时由边缘向中央逐渐加大压力；曲率超限时，则由内向外逐渐加大压力进行修整，直到产品滚压成形符合要求为止。

3　滚压平波形皱纹板

小技巧

◆较明显的波形皱纹可利用木锤敲平后重新滚压。

◆轻微的波皱可利用辊轮机修理。

◆滚压时金属板移动的方向与原来移动的方向成对角线方向，压力需保持平均，并平稳地移动，以免再度造成波纹。

四、车架大梁修理设备

1 用于车身车架修理的设备

小提示

◆固定钢架式。将车辆用链条或钢夹框锁固在这种牢固的钢架上，然后再用液压千斤顶对需要校正的部位施以所需的推力或拉力。

◆手推（移动）式。把车辆旋转于安全脚架上，将可移动的修理设备推入车底下，以将需要校正的车身凹陷部位拉出。

◆钢轨或地面式。使用钢轨式设备时，将钢轨安装在地面上，然后再将校正设备附装于钢轨上便于作业的位置。若为地面式设备，则要在地面上钻一些洞，埋入钢柱以作为校正设备的固定点。

2 固定钢架式设备

小提示

◆固定钢架式的车身及车架修复设备属于形状损伤的修复设备，通常钢架约高于地面45cm。

◆此种设备还附有精确的基本测量工具，可以测出车架的受损情况。

◆固定钢架式设备通常包括两根坚固的钢架，这样车辆便可用链条或夹框锁固在这两根钢梁上，使其牢牢地固定好，同时它可作为液压千斤顶的依靠，以将受损的车架推回原位置。

图 2-34 所示为利用钢架式设备进行校正变形作业的例子。

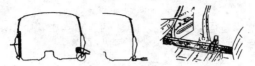

图 2-34　利用钢架式设备进行校正变形作业

小技巧

图示为校正下护板及车门柱时车身的固定情况，应将拉力施加于几个需要校正的正确位置上，才能获得良好的校正效果并节省作业的工时。

图 2-35 为校正前部受到严重碰撞损伤而向后挤缩的车辆在拉出及向下牵引整形的作业情况。

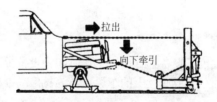

图 2-35　车辆前部撞缩的校正作业情况

小技巧

在作业时必须妥善考虑拉力的施力点及支点。

五、手推式校正设备

1　手推式校正设备结构与特点

手推式校正设备通常又称机动设备，如图 2-36 所示。

小提示

它的优点是可随工作要求而移动,而固定式设备则需要将车辆开到设备上。

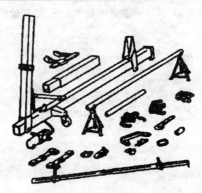

图2-36 手推式校正设备

2 使用方法

使用手推式校正设备进行校正工作时,将设备推入受撞损的车辆下面,而车辆的车架或底盘上的车梁可作为拉出或推出作业时施力的支点。

小技巧

◆将手推式校正设备移入前部受撞凹损的车辆下。
◆用链条将液压千斤顶所顶举的撑杆与车底下的钢管系住。
◆利用千斤顶的顶举将受损部位拉出。

使用方法如图2-37所示。

3 使用举例

① 图2-38所示为车架大梁弯陷的校正方法。

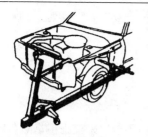

图2-37 用手推式校正设备校正的作业情况

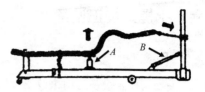

图2-38 车架大梁弯陷的校正方法

A—液压千斤顶;B—校正设备上的千斤顶

小技巧

◆校正设备的主梁应置于车身底下,同时使用链条将其与车架系紧。

◆液压千斤顶A放在主梁与车架之间,并位于弯陷的中心部位。

◆当液压千斤顶A顶起时,手推式校正设备上的千斤顶B也同时顶起,梁杆就被顶举起而拉动车架前端向前。

② 图2-39所示为侧向移位的校正方法,移位损伤是车辆侧面受撞所致。

小提示

按图示的方法将设备上的撑杆与车架系紧,它是校正中央移动损伤时必需的系紧方法。

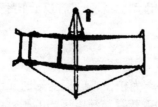

图2-39 侧向移位的校正情况

六、手提式校正设备

1 用途

手提式校正设备可用来校正金属板,但不能用来校正粗重的车架大梁。

2 使用方法

小提示

手提式校正设备可推、可拉,使用时必须配备一些特殊的挂钩、夹框及其他附件等,可对任何损坏的金属板进行校正。

图2-40为手提式校正设备(车身液压顶伸器)的附件。

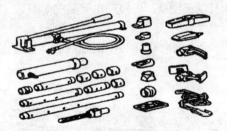

图2-40 手提式设备的附件

3 举例

图2-41所示为使用手提式校正设备校正车身变形的范例。

小技巧

◆图2-41(a)为校正车门框变形时压出作业的情况,要注意其受力部位的形状并装配以适当的附件,以获得圆满的作业效果。

◆图2-41（b）为两侧推扩的作业情况。

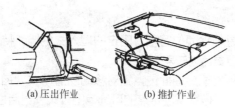

(a) 压出作业　　(b) 推扩作业

图2-41　车身液压千斤顶的使用范例

七、地锚式车身固定设备

1 用途

地锚式车身固定设备是利用地锚固定车身的底板纵梁和车架来校正车身，如图2-42所示。

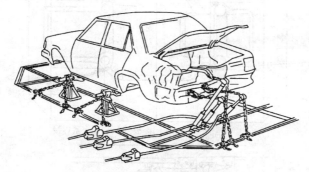

图2-42　地锚式车身固定设备

小提示

这种方式可以防止因校正而造成二次损伤，拉伸力的方向与大小也比较容易控制。

2 固定方式

地锚与地面的固定方式有两种。

> **小提示**
>
> ◆一种是与地面位置相对固定的埋入式地锚，特点是施工简便、易行，但灵活性较差。
> ◆另一种是能与地面位置相对移动的滑动式地锚，特点是虽然施工复杂些，但车身固定点的可选范围较大，灵活性好。

3 使用方法

地锚式车身固定设备使用安装示意图如图2-43所示。

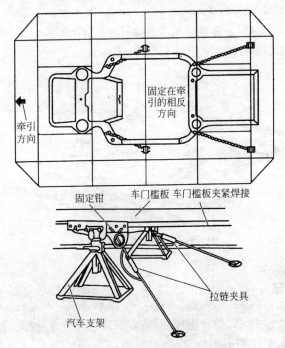

图2-43　地锚式车身固定设备使用安装

小技巧

◆地锚式车身固定设备使用时，用车身固定器来夹持车身某一部位，且其底座又能用螺栓固定在地板导轨上，使整个车身处于固定位置。

◆安装时先用千斤顶将车身支起使轮胎脱离地面，然后在车身特定的位置安装固定支架并将此处夹紧；再将支架底部移动到底架系统适当位置，初步安放地脚螺栓；最后在车身的四个支点均已夹紧且高度调节合适之后，将所有地脚螺栓拧紧。这样，整个车身就被固定夹持住了。

◆汽车固定好后，就可以沿任意方向、绕车身360°进行牵拉。

小技巧

◆应用这种方式固定车身时，应注意分力对校正作业的影响。

◆由于固定点与地面存在着高度差，所以在进行水平方向的校正时，拉链受力后将产生一个向下垂直分力。

◆拉链与地面的夹角越大（拉链短），则垂直分力也越大；反之，拉链与地面的夹角越小（拉链长），则垂直分力变小。

◆因此，除非是较小的车身变形，否则都要拆除汽车底盘的悬挂装置，改用可靠的刚性支撑。

八、台架式车身校正装置

1 用途

台架式车身校正装置可以同时进行任意方向的校正作业，能有效地使变形及其关联损伤一并得到校正。

> **小提示**
>
> ◆台架式车身校正装置不仅可以方便地固定车身,还可以进行激光测量。
> ◆作业前的检测、校正过程中参数的校核、竣工验收的质量评价等测量工作,都可以在台架上依次完成。
> ◆校正与定位都是在同一台架上进行的,故操作过程中一般不会发生位移误差。

2 使用方法

非承载式车身汽车可以通过用适当的锚钩挂到车架纵梁的固定孔里或锚固到车架横梁结合处和交叉处来固定汽车。车身两侧都应该具有对称的锚钩。

对于承载式车身的车辆的典型连接与固定方式如下。

> **小技巧**
>
> ◆在车门槛板上,采用四个车身固定夹具,夹具的下部与台架横梁固定,上端则通过夹板、螺栓与车身门槛下边缘牢固地连接在一起。
> ◆为了适应不同的车身宽度,一般固定架还可以沿车身的宽度方向水平滑动。
> ◆如果车身的宽度与台架的差距较大,也可以借助贯通的中间轴和拉臂将车身固定在台架上。
> ◆承载式车身上必须有至少四个锚固点,每个锚固点有一个夹具。根据不同的车身结构的需要可增加锚固点。

九、液压校正设备

1 用途

液压校正系统可以对固定好的车身进行拉伸、推压、扩张等校正工作。

2 使用举例

图2-44所示是一种轻便液压杆系统。

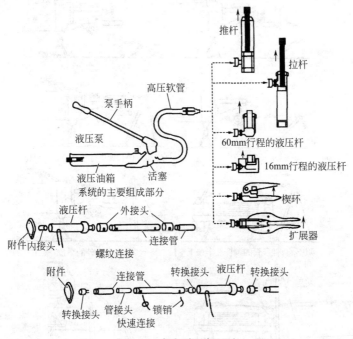

图2-44　轻便液压杆系统

> **小提示**
>
> ◆它利用手摇液压泵提供压力能,通过液压驱动各种用途的液压缸,实现推、拉、顶、扩等动作。
>
> ◆在液杆两端装上适当的端头,可以满足车身内部两点间校正尺寸的需要。
>
> ◆用于推压、展宽、夹紧、拉拔、延伸各种情形的端头形状是不相同的。

3 常用的单一牵拉装置使用方法

图2-45是几种最常用的单一牵拉装置示意情况,可根据实际情况灵活运用。

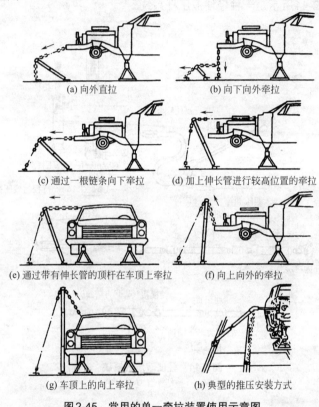

图2-45 常用的单一牵拉装置使用示意图

小技巧

◆图2-45(a)所示为液压缸安置在与地面近似成45°角的位置,并且与固定点的高度相同,就形成一个垂直向外的拉力。

◆图2-45(b)使液压缸低于固定点并且接近地面就形成向下和向外的拉力装置。

◆需要汽车车架前端的向下拉力可以用链条把车架向下拉向基座，如图2-45（c）所示，并且应用千斤顶在前框架上向上施加推力而制成。

◆对于在发动机罩上的水平拉力装置，是在液压缸上安装足够长的加长杆，并置于如图2-45（d）所示的角度，使链条头和发动机罩固定点在同一高度而制成。

◆向下和稍微向前的拉力是由一个牢固的，并且可施加拉力的桥形链条形成，如图2-45（e）所示。

◆当液压缸安装上足够长的加长杆并置于如图2-45（f）所示的垂直位置时，一个向上和稍微向外的拉力就可以使用了。

◆液压缸和加长杆组合，按图2-45（g）所示定位和锁止，并且链条连接在车顶上，就形成一个在修理车顶时的有效的水平拉力。

◆在车顶的任何位置，所需要一个向上和向外的拉力装置，是由一根较长的链条和安装加长杆的液压缸组成，它的高度比车顶部分的固定点要高出很多，如图2-45（h）所示。

4 链条的使用注意事项

当利用链条对车身进行校正过程中，必须特别注意下列事项。

小提示

◆不可使链条绕过尖角拖拉，以免使链条开裂而断开。

◆绝对不可以在链条上用气焊火焰加热，高温会破坏链条原来的热处理特性，严重的情况将会使其强度减弱。

◆不可用螺栓将链条互相锁在一起，因为螺栓的强度通常很难承受这些拉力。

◆链条断裂时，断裂端会飞弹起，很容易引起伤害。为安全起见，需要在链条上包覆一层帆布或其他厚布料，这就可以抑制链条的抽击力，减小损伤。

◆在车身校正系统工作时,一定要将链条和固定支柱系牢,因为只要链条和车辆间的系点上受力,必定会在固定支柱上产生同样大的反作用力。

◆将链条钩挂在固定支柱上时,注意固定支柱、液压缸脚以及车辆系接处要在拉力的方向上成一直线。

◆使用双头挂钩链条时,应钩紧链条松弛的部分。

◆当拖拉的链条要系在车架上时,在链条绕着车梁之间应垫一些短的角铁,以防止受力时损伤车架。

◆使用手推式校正设备时,固定链条和拖拉链条必须系在相同枢点的梁臂上,以防止校正设备在拖拉时翻倒。

第四节 手动校正设备

一、钣金锤

1 用途与类型

车身维修中会使用多种规格和样式的钣金锤(锤子),其示意图如图2-46所示,分别用于金属加工中的校正和粗加工、精加工以及特

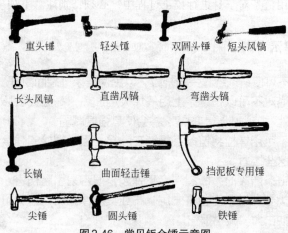

图2-46 常见钣金锤示意图

殊用途。粗加工包括重新定位和校直汽车车身、零部件的内部形状或车身加强件，把车身已经撞瘪的部分重新敲平。精加工一般指敲平粗加工后遗留的小凹坑，使表面平整。

常见钣金锤的作用如表2-4所示。

表2-4 常见钣金锤的作用

序号	名称	作用	实物图
1	重头锤	金属粗加工时，用来平整金属表面，敲平焊点和焊缝，粗平非常皱的金属面，以及初步校直质量较重的金属板	
2	轻头锤	尺寸和形状与重头锤一样，但质量较轻，一般用来进行金属精加工、在车门处折边等	
3	双圆头锤	轻型锤的一种，在车身维修中，一般用来粗加工挡泥板、车门或柱杆顶部等，以及敲平车门的折边和校正定位夹等	
4	短头风镐	风镐用来进行金属表面的精加工，敲平粗加工后遗留的小凹坑，从而使表面平整。风镐一头为圆形，另一头为尖形，用在如前挡泥板等这些操作不方便的部位，进行轻度的凿和金属加工以及收缩金属面	
5	长头风镐	一头为长的圆形尖头，另一头为圆形平头，主要用来进行薄钢板粗加工后的校直工作和精加工时凿平局部的小凹点等工作。长头风镐禁止在金属粗加工中使用	
6	直凿风镐	用来修理挡泥板，复原轮缘、饰条、大灯内框和发动机盖等，特别是在车身板件安装和条形结构件的焊接过程中，手工修整板件的边缘和做凸缘时常用到该工具	

续表

序号	名称	作用	实物图
7	弯凿风镐	用来对车轮轮缘、装饰件、挡泥板凸缘和柱杆顶部外缘等处的有棱角区域进行校直和精加工。还可以用来弄平那些被车身的支撑件或框架构件所遮挡的凹陷	
8	长镐	长镐的尖形头非常长，常用来加工挡泥板、车门的后顶盖侧板上的凸起	
9	曲面轻击锤	用来拉直和校正一些凹陷曲面，如挡泥板、前照灯、车门和后顶盖侧板的凹陷等	
10	挡泥板专用锤	该锤是专门用来粗加工某些高隆起的金属面，如挡泥板，还可以用来加工那些只有长的锤头才能达到的加强件。也可以与重型斧锤和大铁锤配合使用，粗加工车门槛板、轮罩、围板、后顶盖侧板和严重撞伤的保险杠横梁等	
11	尖锤	圆形锤面用在粗加工和校直工作中，大力度锤击修理区。尖头锤面可以用来校直直角的车架元件、保险杠、保险杠托架等直条状结构件	
12	圆头锤（球头锤）	有多种质量和尺寸规格。球形锤头用来敲击和校正金属部件，以及敲平铆钉的头部。圆形平面锤头可以用来进行所有的手工钣金加工	
13	铁锤	铁锤的质量和体积大。常用来进行大强度的钣金加工，如用来校正和拉直质量较大的车身内部结构，以及校正车架、横梁、重型车身和保险杆支撑、支架等	

2 钣金锤的基本使用技能

① 根据被修整部位的变形情况及材质特点，选用不同的钣金作业锤。

小技巧

◆如对薄板件和有色金属工件，应选用铜锤、木锤或硬质橡胶锤进行锤击。

◆对于维修钣金件小凹陷，可用风镐（图2-47）逐个轻微敲击以修平这些微小的凹陷。

② 钣金锤的正确使用方法如图2-48所示。

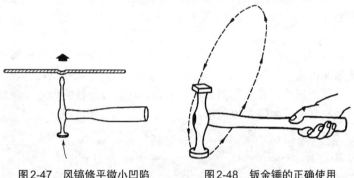

图2-47　风镐修平微小凹陷　　　图2-48　钣金锤的正确使用

小技巧

◆用手轻松握住钣金锤手柄的端部（相当于手柄全长的1/4位置），锤柄下面的食指和中指应适当放松。

◆小指和无名指则应相对紧一些，使之形成一个支点，拇指用于控制锤柄向下运动的力度，通过依靠手腕的动作来挥动锤子，并利用钣金锤敲击零件时产生的回弹力沿一个圆形的运动轨迹来敲击，这样能更好地控制锤子。

◆禁止像钉钉子那样让锤子沿直线轨迹运动，也不可用手臂或肩部的力量。

③ 由于很少的几次猛烈敲击对金属造成的延展比多次轻微敲击对金属造成的延展还要多，因此每分钟以100～120次的频率施行轻微

敲击能够将延展变形控制在最小范围内。

④ 锤击作业质量的关键在于落点的选择，一般应遵循"先大后小、先强后弱"的原则，从变形较大处起按顺序敲打，并保证锤头以平面落在金属表面上。

> **小提示**
>
> 注意分析构件的结构强度，有序排列钣金锤的落点，锤击过程中应保证间隔均匀、排列有序，直至将车身覆盖件的表面损伤修平。

⑤ 大多数锤子端部都有稍微的曲面，所以锤子端部与金属的实际接触面积只有直径为 10～13mm 的面积。因此，应根据构件表面形状、金属板厚度以及变形的大小，来合理选择钣金锤的尺寸和锤顶曲面的隆起高度，如图 2-49 所示。

> **小提示**
>
> ◆一般平面或稍许曲面的钣金锤适合于修复平面或低幅度隆起表面。
> ◆凹形或球形锤适合修复内边曲面板，重锤则适用于粗加工或厚板构件的修复。

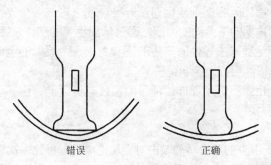

图 2-49 合理选择钣金锤

二、顶铁

1 用途与类型

> **小提示**
>
> ◆顶铁由高强度钢制成，像铁砧一样，用在粗加工和锤击加工中，可以用手握持，顶在被敲击金属板的背面。
> ◆当从板件正面用锤敲击时，顶铁会产生一个反弹力。
> ◆每次敲击后，应重新定位。
> ◆通过锤和顶铁的配合工作使凸起的部位下降，使低凹的部位隆起。

由于板件的结构和形状不同，所以需要采用多种形状的顶铁，如图2-50所示。每一种形状的顶铁只适用于某些特定形状的工作件。常见的顶铁有高隆起、中隆起、低隆起、平凸起以及几种隆起组合在一起的组合顶铁。

常见顶铁的作用如表2-5所示。

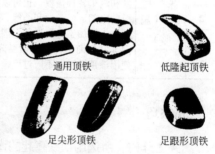

图2-50　常见顶铁

表2-5　常见顶铁的作用

序号	名称	作用	实物图
1	通用顶铁	该顶铁有多种隆起，可以用来粗加工挡泥板的隆起部分和车身的不同曲面；校正挡泥板凸缘、装饰条和轮缘；收缩平的金属面和隆起的金属面；修正焊接区等	

续表

序号	名称	作用	实物图
2	低隆起顶铁（弯形）	因为这种顶铁的质量大，而且很容易控制在平面金属板上，所以，常用来使金属板减薄和使薄的金属板收缩。可以用来对车门内侧、发动机罩、挡泥板的平面和隆起面以及柱杆顶部进行钣金加工	
3	足跟形顶铁（半圆形）	用来在板件上形成较大形状的凸起，校直高隆起或低隆起的金属板、长形结构件和平面板件	
4	足尖形顶铁（扁形）	是一种专门设计的组合平面顶铁，用来收缩车门板、挡泥板裙板、柱杆顶部和汽车各种盖板，也可以用来在挡泥板的底部形成卷边和凸缘。该顶铁特别适合于粗加工金属板件，因为它的一个面非常平而另外一面微微隆起。但是，使用该顶铁时，不应过度锤击	

小技巧

◆工作时，所选用顶铁隆起的直径应比加工件的隆起直径略小，以具有铁锤的3倍重量为适当。

◆顶铁的工作面应保持光滑、干净，不要存在油污、涂料以及毛刺，否则会降低加工质量。

2 顶铁的基本使用技能

顶铁在钣金修平作业中起很大作用。凡是便于放入顶铁的部位，车身壁板表面发生的凹凸变形，均可用钣金顶铁予以修整。

在粗加工过程中，钣金顶铁相当于一个敲击工具，顶铁敲击或压迫损伤的车身覆盖件的内面，顶起金属板的内面并展平弯曲变形的金属。在精加工过程中，钣金顶铁可以用来平滑较小或较浅的不平。此外，钣金顶铁还可以视需要延展金属和消除内应力。

小提示

◆在所有的敲打和拉展的操作中，应将顶铁放在受损板件的内面，用前臂对其施加压力而使其抵在金属的内表面上，如图2-51所示。

◆敲击时，顶铁起到了铁砧的作用。

图2-51 顶铁的正确使用

小技巧

选择顶铁时，应记住要选择一个工作表面必须与所修正的钣金形状基本一致（即半径与要修理的金属板件的曲面一样大或略小一些）的顶铁（图2-52），不然会造成新的损坏。

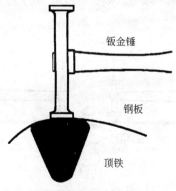

图2-52 顶铁的选择

依顶铁与钣金锤的相对作用位置，可以分为钣金锤与顶铁错位敲击（偏托）和钣金锤与顶铁正对敲击（正托）两种操作方法，如图2-53所示。

① 偏托法操作要领。见图2-53（a），操作时，将顶铁置于金属板背面的最低处，钣金锤则在另一面敲击变形的最高处，锤击时顶铁也作为敲击工具。

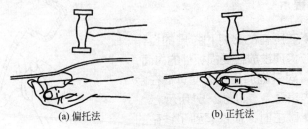

(a) 偏托法　　　　　　(b) 正托法

图2-53　顶铁与钣金锤的相对作用位置

小技巧

◆当修整金属板件凹陷部位时可以将顶铁直接抵在凹陷中心的下方（图2-54），同时使用两把钣金锤击打凹陷的边缘和高出的区域，直到凹陷部位升起，与周围的板件平齐。

◆这种偏托法操作可以避免修复过程中的受力不均。很小的压痕、很浅的起伏、轻微的皱折都可以用这种方式拉伸，而不会损坏漆层。

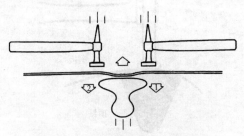

图2-54　顶铁与两把锤进行偏托操作

② 正托法操作要领。正托法的目的在于使钣金件表面回复到原有的形状，这种钣金操作对于修复隆板和平整较小的凸起十分有效。

小技巧

◆操作时，如图2-53（b）和图2-55所示，将顶铁直接置于金属板背面凸起部位，用钣金锤在另一面直接锤击变形部位。

◆选择端面合适的顶铁紧贴于小凹凸的背面，用平锤轻轻敲击金属表面的凸起或小凹陷的周围，使板类构件表面变得更加光滑、平整。

◆所选用顶铁端面形状应与被修正壁板的表面相当，顶铁的工作面也应与变形相当。

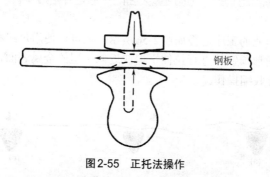

图2-55 正托法操作

这种使用钣金顶铁的操作方法也称为"紧贴法"。

小技巧

◆"紧贴法"修平，钣金锤的落点一定要与顶铁的工作面重合，即实现点对点的一一对应。

◆顶铁始终贴紧在修正面上，即顶铁面与锤击部位准确对应，以防止因"打空"破坏趋向平整的构件表面。

正托法敲平容易使金属造成延展变形，这是因为当金属板在敲平过程中过分承受锤击时，则受锤击部位的金属就会变薄而且面积变大，由于这块金属被周围没有受到锤击的金属紧紧包围着，而不能向任何方向的扩张,多余的金属别无选择只有向上或向下移动。因此,正托法常用于修平钣金件和延展金属。必要时要进行收缩操作以消除金属的延伸变形。

小技巧

◆偏托法由于手锤击打的是板料的正面凸起处,而顶铁击打的是板料背面的凹陷处,故不宜造成金属延展变形,常用于精修前粗加工过程中的局部变形的校正,校直钣金件的较大变形。

◆使用钣金锤、木锤或尼龙锤敲击大凹陷周围产生的隆起变形时,应"深入浅出"地由最大凹凸变形处开始敲平。

敲平作业的工序过程如图2-56所示。还可以使用足跟状顶铁或指状顶铁、楔形顶铁等进行拉伸平坦或近似平坦的金属表面,校正低的凹陷,进行收缩操作。

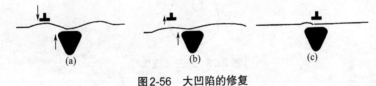

图2-56 大凹陷的修复

三、撬棒(镐)和冲头

1 撬棒和冲头的用途与类型

撬棒和冲头组合工具如图2-57所示。

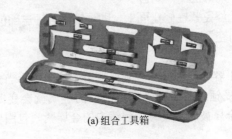

(a)组合工具箱

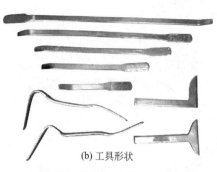

(b) 工具形状

图2-57　撬棒和冲头组合工具

当损坏的车身板件已经经过校正、拉直等粗加工后,如果表面仍存在一些小的不规则麻点或小凹点,而用常规的工具(如镐锤)不能去除时,就应选用撬棒和冲头进行精加工。

① 撬棒。撬棒适用于钣金面的内侧等狭窄而顶铁不易伸入的部位,它可以伸入狭小的空间内,撬起小的凹痕和沟缝。

小弧度撬棒如图2-58所示。

小技巧

◆端部为一个小弧度的镐头,U形端为把手。

◆用在车门、车门槛板和后顶盖侧板等处。

◆使用时,把撬棒通过板件上的孔穿入结构内部,使镐头对准板件上小的凹点,在手把上用力撬即可。

图2-58　小弧度撬棒

大弧度撬棒如图2-59所示。

> **小技巧**
>
> ◆ 与小弧度撬棒形状相似，但镐头长。
> ◆ 用在需要较长镐头才能达到凹痕的情况下。

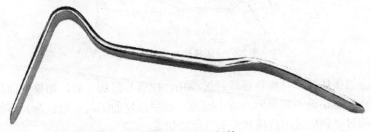

图2-59 大弧度撬棒

撬棒常用于消除车门、侧围板和其他封闭断面上的小凹痕或沟缝。图2-60为撬棒伸入车门面板后面，撬出车门小凹痕或沟缝的实例。

② 冲头。弯头精修冲如图2-61所示。

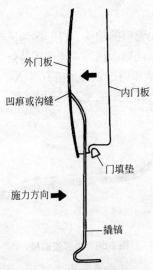

图2-60 撬棒修复车门面板

小技巧

用在一般工具较难达到，需要弯曲工具才能触及的地方，如车门立柱、顶盖横杆、车门板的外侧部位和车门槛板等。

图2-61 弯头精修冲

钩头精修冲如图2-62所示。

小技巧

用在可以在板件损坏部位附近打孔，使钩头精修冲塞入的情况，也可以用来把车门窗框处的板件和后备厢板件凹陷的地方撬起。

图2-62 钩头精修冲

2 撬棒和冲头的基本使用技能

撬棒和冲头用来撬起那些由于内部结构件的干涉而不能用常用的锤击方法进行修复的损坏区域。

基本使用技能方法如图2-63所示。按照图中数字顺序，可以用撬棒把凹陷点撬起。

小技巧

◆首先用冲头在内部结构件上适当部位冲出孔，以利于使用撬棒和在敲平中调整接触部位。

◆然后将撬棒或冲头直接插入板件下部，通过撬棒的头部将合适大小的突出点撬起。

由于撬棒要比冲头长一些,因而它们能伸及的范围也要大一些,所以它们一般用来撬起内部板件总成上的凹陷,而冲头被用来修理车身板件的外部和边缘。

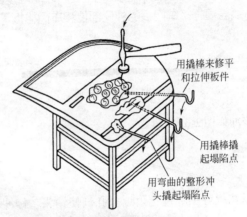

图2-63 撬棒的正确使用

四、修平刀、嵌缝凿及锉刀

(一)修平刀

1　修平刀的用途与类型

修平刀主要用于抛光表面。

小技巧

◆修平刀可以把敲打力分布到一个较大的区域上,从而迅速把隆起敲平,并且不损坏板件的其他部位。

◆操作时与锤子配合使用。

◆把修平刀直接放在隆起表面处,用锤子敲打修平刀即可,如图2-64所示。

◆其平直表面把敲打力分布在宽的表面上,可使被光整表面的皱折和凸起修平。

◆修平刀也可以用来敲平操作空间有限部位的小凹痕，可以在结构的内外板件之间、操作空间有限、不能选用普通顶铁的情况下，用作顶铁。

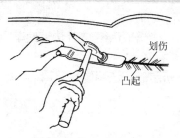

图2-64　修平刀的使用

修平刀通常可以分为三类：专用修平刀、冲击修平刀和成形修平刀。

> **小技巧**
>
> ◆修平刀的工作面应保持光滑和清洁。
> ◆为防止在油漆面上留下痕迹，可以在修平刀和加工板件表面贴上胶带或明胶，然后进行操作。

2 修平刀的基本使用技能

对于难以放入顶铁的弧形凹陷，需要按图2-65所示的方案，使用修平刀修复。

> **小技巧**
>
> ◆将修平刀插入并抵住凹陷部位，用木锤或尼龙锤敲击凹陷周围的隆起，使变形逐渐减轻，甚至要用修平刀将凹陷板面直接顶起。

◆当修平至一定程度时,再改用金属锤对变形进一步修整。

◆修平刀在形状上要求与修正表面相近,工作面的宽度应大一些。

◆修平刀在粗平过程中主要起支撑作用,接触面积过小则很容易使金属表面留下印痕。

◆用两块木块支撑车门和它的外边,使车门外侧的面板与地面悬空。

◆按图2-65所示的方法用修平刀撬动,将向内凹的部分弹回到正常位置。

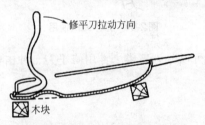

图2-65　修平刀粗平车门(1)

车身板件初步整形后,再按图2-66所示的方法,用修平刀的平面配合锤击进行正托或偏托敲击,借助修平刀和锤将车门面板修平。

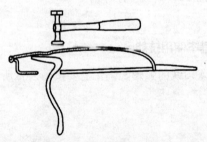

图2-66　修平刀粗平车门(2)

这种方法对车门施加压力时,车门外板不至于抵到地板上,保证车门板件具有充足的移动和回弹空间。可以用修平刀撬起受损的侧板、后面板和其他有内部结构件加强的板件上有弹性的损坏区域。

> **小提示**
>
> ◆ 运用修平刀进行修平操作时，应注意锤击力度控制。
> ◆ 受修平刀支点选择方面的影响，其端面与变形部位的顶贴力量不易控制。
> ◆ 与顶铁法相比，修平刀法的敲击力度要相对小一些，在轻轻锤击的过程中还应特别注意顶贴位置和敲击部位的变化情况。
> ◆ 应用修平刀还应注意支点的选择，要避免以车身的某些薄弱环节作支撑，不得已时应垫上木板以免造成支点变形。

（二）嵌缝凿

嵌缝凿的种类如图 2-67 所示。

嵌缝凿可以与球头锤配合使用，在车身板件和车架上重新成形凸缘、凸起、直线边缘和弯折等。

图 2-67　嵌缝凿

（三）锉刀

1　锉刀的用途与类型

车身锉刀是用来修整锤、顶铁、修平刀等钣金工具作业留下来的凸凹不平痕迹的钣金专用工具。它与锉削金属件的一般锉刀是有区别的。

小技巧

◆车身锉刀只与凸起金属材料接触，适用于对加工后较粗糙的表面进行光洁处理作业。

◆利用车身锉刀还可以检验钣金平面修复是否平整。

◆在撞伤板件已经被粗加工后，可轻轻地使用车身锉刀，目的不是锉掉金属，而是通过锉痕找出不平处的位置，显露出板件上需要再加以敲击的小的凸点和凹点，以便再用手锤和顶铁来修复使其平整。

◆粗糙的表面经锉刀加工后，再进行砂轮的最终打磨，就可以完成金属精加工的全部工作。

图2-68所示为常用的钣金锉刀。

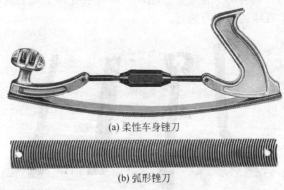

(a) 柔性车身锉刀

(b) 弧形锉刀

图2-68　常用的钣金锉刀

① 柔性车身锉刀。撞伤板件粗加工和校正工作完毕后，可以用柔性车身锉使板件上任何需加工的凹凸点显露出来。无论板面是平面或是凹凸面，柔性把柄都可以调整锉片的弯曲度，让锉的形状更好地配合板面的形状。但是不要让锉片过度弯曲，防止把锉片折断。调整锉片前，应首先松开把柄上的固定螺钉；调整完毕后，再拧紧它。

② 弧形锉刀。也称为曲面锉，用来修整尖的隆起面、折边和装饰条的平直程度。

小提示

禁止使用锉刀去撬或击打，因为锉刀所用的钢较硬，非常容易被击碎。

2 锉刀的基本使用技能

① 敲平作业过程中，对稍大一点的凹凸检查起来比较直观，但当作业接近完成时，就需要借助锉刀来检查不平部位之所在。使用锉刀的目的在于检验而并非将板面修平，旨在通过锉刀滑过时产生的痕迹（俗称镗一下），来显示板面的实际凹凸状况。如图2-69所示，表面留有锉痕的部位为凸点，无锉痕的部位则为凹陷。然后再用平锤或风镐等工具修平。

图2-69 使用锉刀检查不平部位

② 锉刀使用技能。

小技巧

◆在锉的过程中，应该握住手柄向前推。
◆用手握住锉的头部，以便控制压力的大小和方向。
◆每次锉的行程应尽量拉长。
◆从未损坏区的一边开始挫，然后穿过损坏区，到达未损坏区的另一边。采用这种方法时，未损坏区和损坏区的正确平面都能够得到保持。
◆锉削开始时，锉刀的前端起作用，然后使锉齿的锉削作用移到中间或尾端，就形成一个工作行程，使锉齿从前端到尾端都有锉削作用，行程要长而有规律，不可短而杂乱。

◆在返回的行程中,用手柄将车身锉从金属上拉回。

◆使用车身钣金锉刀作业时,要成一适当的角度而不是顺着锉刀直行前进。

◆如果顺着锉刀直进的话,会把钣金面锉出凹痕。而且仅轻轻加压力于锉刀上进行推锉即可,太重的压力将使锉过分切削金属面,但是也需要有适当的压力以防止锉刀跳动。

③ 检查弧形板面时,最好使用可调柔性锉,因为这种类型的柔性锉压到弧形板面上时,可通过调整使两端留有一定间隙,给操作带来很大方便。

④ 当锉一个很平坦的部位时,将锉与推进方向成30°角水平地推,也可将锉平放、沿着30°斜角的方向推,如图2-70所示。

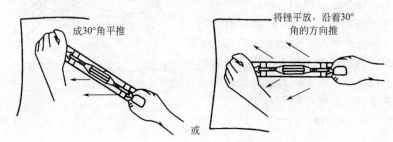

图2-70 在平坦或低隆起部位沿30°角推动车身锉

⑤ 在隆起的金属板上,应将锉平放,并沿着变平的凸起处平推,或者沿着凸起处最平坦的方向平放,以30°或更小的角度向一边推,如图2-71所示。

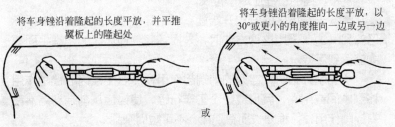

图2-71 在隆起板面上用车身锉

第三章
车身损伤的确定

第一节 车身测量的基本要素及方法

一、车身测量的基本要素

汽车车身测量是车身修理中不可缺少的一个重要环节,特别是现代轿车采用的承载式车身结构,发动机及底盘各总成都是直接或间接安装在车身上的。

小提示

◆车身损伤如果修理得不彻底、不精确,势必对汽车使用时的安全性、稳定性、平顺性等造成影响。

◆精度是车身修理的首要问题,而精度的保证又是以对车身准确的测量为基础的。

◆测量在车身修理中占据着极其重要的地位,并且也是影响车身修理质量的关键。

◆承载式车身修理中,允许误差通常不大于±3mm,有时甚至更小。

1 车身测量的三个阶段

车身的测量往往贯穿车身修理作业的全过程，一般可分为作业前、作业中和竣工后三个阶段。

> **小提示**
>
> ◆作业前的检测，旨在判别车身损伤状态，把握变形程度的大小，并为确定修理方案提供可靠依据。
> ◆修理作业过程中的检测，有助于对修复过程的质量进行有效的控制。
> ◆竣工后的检测，可为验收和质量评估提供可靠的数据。

2 车身测量的基本要素

正确的车身检测是车身修理的基础。掌握车身测量的点、线、面三个基本要素，又是高质量完成车身测量任务的关键。

(1) 控制点 车身测量的控制点，用于检测车身损伤及变形的程度。

车身设计与制造中设有多个控制点，检测时可以测量车身上各个控制点之间的尺寸，如果测量值超出规定的极限尺寸，就应对其进行校正，使之达到技术标准规定的范围。

承载式车身的控制点如图3-1所示。

> **小提示**
>
> ◆第一个控制点①通常是在前保险杠或前车身散热器支撑部位。
> ◆第二个控制点② 在发动机室的中部，相当于前横梁或前悬架支承点。
> ◆第三个控制点③ 在车身中部，相当于后车门框部位。
> ◆第四个控制点④ 在车身后横梁或后悬架支承点。

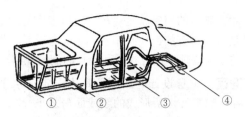

图3-1　车身控制点的基本位置

对车身进行整体校正时，可根据上述控制点的分布，将车身分为前、中、后三部分，如图3-2所示。这种划分方法主要基于车身壳体的刚度等级和区别损伤程度，分析并利用好各控制点在车身测量基准中的作用和意义。

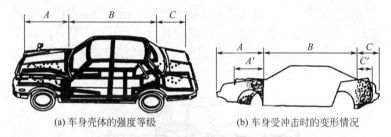

(a) 车身壳体的强度等级　　　　(b) 车身受冲击时的变形情况

图3-2　车身按吸收能量强弱的分段

由于车身设计和制造是以这些控制点作为组焊和加工的定位基准，这些控制点是在生产工艺上留下来的基准孔，同样可以作为车身测量时的定位基准。此外，汽车各主要总成在车身上的装配连接部位，也必须作为控制点来对待。因为这些装配孔的位置都有严格的尺寸要求，这对汽车各项技术性能的发挥有着十分重要的影响。

小提示

◆汽车前悬架支承点的位置正确与否，会直接影响到前轮定位角和汽车的轴距尺寸。

◆发动机支承点与车身控制点的相对位置，则会影响到发动机和传动系统的正确装配，如有偏差，会造成异响甚至零件损坏。

实际上，对控制点的测量就是对车身关键参数的检查与控制，并且这些参数又是有据可查的。一些车身测量设备就是根据控制点原则制成的，是目前车身修理中比较实用和流行的测量原则。

（2）基准面　　车身设计时，往往是先选定一水平基准面（图3-3），车身上各对称平行点所形成的线或面与之平行。车身图纸上沿高度方向上所标注的尺寸，都是车身各部位与水平基准面间的距离，即基准面是所有高度尺寸的基准。在车身测量与修理中，同样可以利用基准面作为车身高度尺寸的测量基准。

> **小提示**
>
> 在实际测量中，如果遇到要测量部位不便于使用量具直接测量时，可以根据数据传递方法，将基准平面上移或下移，这样不仅有利于测量仪器的使用，而且还可以获得更加准确的测量结果。

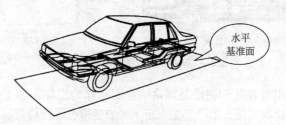

图3-3　水平基准面

（3）基准中心线和中心面　　如图3-4所示，利用一个假想的具有空间概念的直线和平面，能够将车身沿宽度方向截为对称的两半，则这一直线和平面即为基准中心线和中心面。

> **小提示**
>
> ◆车身上各点通常是沿中心面对称分布的，因此所有宽度方向上的尺寸参数及测量，都是以该中心线或中心面为基准的。

◆实际测量中，如果使用中心量规检查车身损伤，若不同测量断面上中心量规的中心销在同一直线或平面上，可以认定车身无横向变形和损伤。反之，则说明偏移的中心量规所处的车身断面发生了横向变形或损伤。

◆修理车身变形和损伤时，应在纵向、横向两个截面上反复调整和校对，使车身表面各关键点（空间坐标）符合技术规定。

◆大多数车身都是对称设计的，但也要注意非对称部位的存在及其测量要求。选择带有补偿不对称性的中心量规，测量时先消除因不对称零件而造成的数据偏差后，再进行正常的测量。

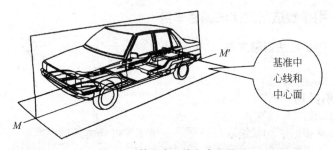

图3-4 基准中心线和中心面

（4）零平面 承载式车身是一个整体刚性框架，属于应力壳体式结构，整个车身都参与承载。对于一定载荷，车身会将其分散开来，分别作用于车身各个构件上。

小提示

◆根据车身应力壳体式结构的变形特点和损伤规律，测量时可以将车身前、中、后三部分和左右对称部分的界面称为零平面，如图3-5所示。零平面的变形可以理解为最小。

◆以车身中间段为例，当车辆发生碰撞事故时，损伤最轻的部位通常是车身中间段的对称中心，如果依此为基准测量，就可以得到可靠的检查与测量结果。

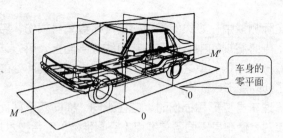

图3-5 车身的零平面

二、车身测量的方法

(一)用参数法与对比法测量车身

1 用参数法测量车身

> **小技巧**
>
> ◆参数法测量是以车身图纸或技术文件作为依据标准。
> ◆汽车车身尺寸图中,一般都注明了车身上特定的测量点。
> ◆以此数据为标准,对车身的定位尺寸进行测量,可以准确地评估变形及其损伤的程度,是非常可靠也较为常用的方法。

图3-6~图3-8所示为车身前、中、后段典型的测量点,其标准尺寸在车身尺寸图中都能给出。

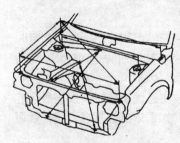

图3-6 车身前部典型的测量点

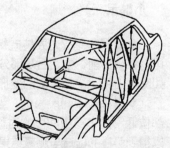

图3-7 车身中部侧围结构典型的测量点

图3-8　车身后部典型的测量点

图3-9所示为一典型承载式车身底板的尺寸图。将所测得的实际车身结构尺寸与标准参数尺寸进行对比,相应各部位的变形与损伤也就判别出来了。

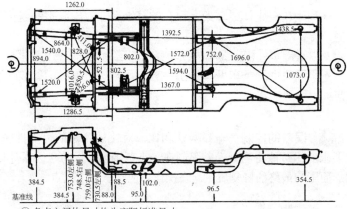

① 各点之间的尺寸均为实际标准尺寸。
② 尺寸公差为±1mm。
③ 除非另外注明,正视图上的尺寸均为对称的。
④ 孔的测量以边缘为准。

图3-9　承载式车身下部的尺寸

小技巧

以图纸给定尺寸为标准的参数法,在车身测量中,其定向位置要求用点与点之间的距离来体现,其对称性要求以理论轴线(或点)与实际对称轴(或点)的相对位置来体现。

2 用对比法测量车身

对比法测量车身是以相同汽车车身的位置参数作为依据标准。当然，所选择的车身应完全符合技术文件要求的状况，必要时还可以通过增加台数来提高依据标准的精确性。运用对比法时应注意以下两个问题。

(1) 数据的选取 由于对比法需要操作者根据情况量取有关数据，选择哪些测量点、数据链作为车身定位参数的依据标准，是一个值得研究的问题。对此，应遵循以下原则。

> **小技巧**
>
> ◆利用车身壳体或车架上已有的基准孔，找出所需的定位参数值。
> ◆以基础零件和主要总成在车身上的正确装配位置为依据。
> ◆比照其他同类车型车身图中的标示方法，来确定参数的测量方案。

(2) 误差的控制 与参数法相比，对比法测量的可靠性较差。这就要求应尽可能将测量误差限制在最小范围内，以防止因累计误差的增加而影响最终的修复质量。在操作时应注意以下几点。

> **小技巧**
>
> ◆选择便于使用的测量工具（如测距尺）。
> ◆不能以损伤的基准孔作为测量依据。
> ◆参数值最好一次性测得，应尽量避免分段量取。

如果没有可供参考的图纸和车身作为对比标准，也可利用车身构件对称性的特点，进行对角线比较法和长度比较法的测量，如图3-10所示。但这种方法仅适于损伤程度不大的变形，并要求将两者结合起来进行综合评价才能判明损伤。

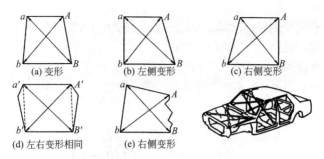

图3-10 对角线比较法和长度比较法的测量

（二）不同使用工具和测量方式的车身测量

对车身整体变形的测量，是依靠测量工具采集相关的技术数据，判定车身构件与基准之间的相对位置，并且以实际测得的状态参数为依据，进行数据的分析、比较，找出相对位置的变化规律，从而判明车身变形的具体状况。

> **小提示**
>
> 车身测量方法根据使用工具和测量方式的不同，可分为测距法、定中规法和坐标法三种。

1 用测距法测量车身

测距法可以直接获得定向位置上点与点的距离，是最简单、实用的一种测量方法。它主要通过测距来体现车身构件之间的位置状态。

测距法使用的量具主要是钢卷尺和杆规（又称轨道式量规）。

> **小技巧**
>
> ◆钢卷尺的使用方法简便易行，但测量精度低、误差大，仅适用于那些要求不高的场合。对钢卷尺头部进行如图3-11所示的处理后，可以提高测量精度。

◆两个测量点之间不在同一平面或其间有障碍时,就很难用钢卷尺测量两点间的直线距离。

◆使用如图3-12所示的轨道式杆规,可以根据不同位置,将量脚探入测量点,应用起来非常方便、灵活。

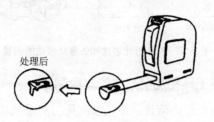

图3-11　钢卷尺头部加工处理后可以提高测量精度

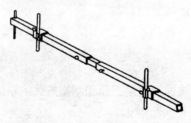

图3-12　杆规

用钢卷尺测量孔的中心距时,可从孔的边缘起测,以便于读数,如图3-13(a)所示。但应注意:当两孔的直径相等并且孔本身没有变形时,才能以孔的边缘间距代替中心距[见图3-13(b)];当两孔的直径不同时[见图3-13(c)],中心距应按下式计算。

$$A = B + (R-r)$$

或

$$A = C - (R-r)$$

杆规的量脚为锥形结构,可按图3-14(a)所示的方法使用。锥形量脚可自行定位在孔的中心线上,所以测得的数值就是两孔中心距,即使两个被测孔的直径不相等也不受影响。当孔径较大,量脚不能在孔中自行定位时［见图3-14（b）］，也可以按照前述方法从孔的边缘处测量。

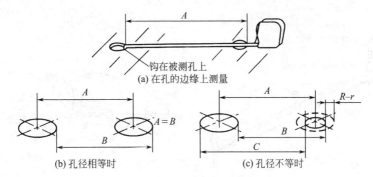

(a) 在孔的边缘上测量

(b) 孔径相等时　　　　　　　　(c) 孔径不等时

图3-13　用钢卷尺测距

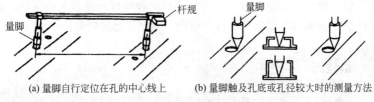

(a) 量脚自行定位在孔的中心线上　　(b) 量脚触及孔底或孔径较大时的测量方法

图3-14　用杆规测距

2　用定中规法测量车身

小技巧

◆车身的许多变形，尤其是综合性变形，用测距法测量往往体现得不够直观。

◆当车身或车架在汽车纵向轴线上的对称度发生变化时，就很难用测距法对变形作出准确判断。

◆如果使用定中规法，就可以很好地解决这类测量问题。

定中规法使用的主要测量工具是中心量规。它可分为杆式和链式两种。

(1) 杆式中心量规 在使用图3-15所示的杆式中心量规时，应将量规（通常为3个或4个）悬挂在车架的基准孔上，其方法如图3-16所示。

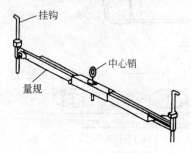

图3-15 杆式中心量规

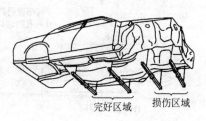

图3-16 杆式中心量规的悬挂方法

通过检查中心销是否处于同一轴线上和量规杆是否互相平行，就可以很容易地判断出车身是否有弯曲、翘曲或扭曲变形。

> **小技巧**
>
> ◆当中心销发生左右方向的偏离时［图3-17（a）］，可以判断为左右方向上有弯曲。
>
> ◆当中心销发生上下方向的偏离时［图3-17（b）］，说明车身上下方向有弯曲。
>
> ◆当量规杆不平行时［图3-17（c）］，则说明车身产生了扭曲变形。
>
> ◆如果量规一边高、一边低［图3-17（d）］，则可判定车身有侧倾变形损伤。
>
> ◆挤缩和菱形变形可以通过对基准点距离和对角线长度的测量来进行判定。

应当指出，想对垂直方向上的弯曲作精确诊断时，应保证中心量规的挂钩长度符合要求。

(a) 车身发生左右弯曲时量规的情形

(b) 车身发生上下弯曲时量规的情形

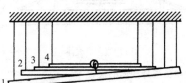
(c) 车身发生扭曲时量规的情形

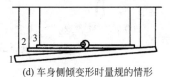
(d) 车身侧倾变形时量规的情形

图3-17 利用杆式中心量规检查车身变形

小技巧

如图3-18所示,当其中一个中心量规的调试确定后,应以参数表中的数据为依据,对其他中心量规挂钩的长度,按高低差作增减调整,使吊挂高度符合标准要求。

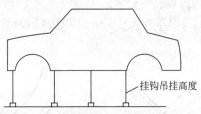

图3-18 吊挂高度应按车身参数调定

【2】链式中心量规

小技巧

如图3-19所示,链式中心量规一般悬挂在车身壳体的基准孔上,通过检查中心销、垂链平行尺是否平行,以及中心销是否对中,就可以十分容易地判断出车身壳体是否有变形。

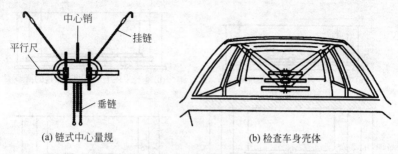

图3-19 链式中心量规及车身壳体的检查

定中规法测量变形从理论上讲是精确的,但如果操作不当,则很容易造成判断失误。

小技巧

◆特别是中心量规挂点的选择,一般以基准孔为挂点的优选对象,并注意检查基准孔有无变形等,如图3-20所示。

◆如图3-21所示,当左右基准孔的高度不一致或为非对称结构时,一定要通过调整中心销的位置或挂钩(挂链)的长度加以补偿,其调整值应以车身尺寸图中提供的数据为准。

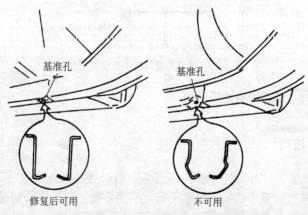

图3-20 变形的基准孔只有在修复后才能使用

第三章 车身损伤的确定

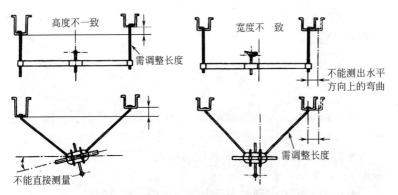

图3-21 基准孔为不对称结构时量规的悬挂

3 用坐标法测量车身

坐标法适用于对车身壳体表面的测量，尤其是像轿车那样的多曲面外形，采用如图3-22所示的通用桥式测量架，就可以比较容易地实现这方面的测量。

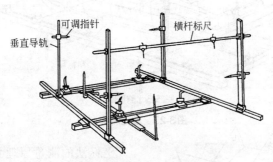

图3-22 桥式三维坐标测量架

小技巧

◆ 桥式测量架由导轨、移动式测量柱、测量杆和测量针等组成。
◆ 测量过程中，可以根据需要调整其与车身的相对位置。
◆ 当测量针接触到车身表面时，就能够直接从导轨、立柱、测杆及测量针上读出所对应的测量值。

利用图3-23所示的专用激光测量台,也可对车身各部尺寸进行较为精确的测量。

> **小技巧**
>
> ◆测量时光源发出的激光束,经多次透射和反射后,最终可将光点投射在各塑料标尺上,指示值即为相应的车身尺寸。
> ◆测量台上的尺寸测量架还可检测出车身整体方面存在的变形。
> ◆这种专用激光测量台可以和拉拔校正装置配套,真正实现车身修理过程中对修复尺寸的监控。

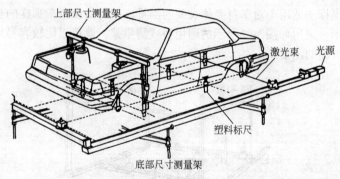

图3-23 激光测量台

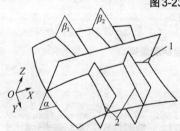

图3-24 坐标法测量原理
α—平行于XOZ的平面;
β_1、β_2—平行于YOZ的平面;
1—α截面交线;2—β截面交线

坐标法的测量原理并不复杂,它利用车身构件的对称性原则,用测量架采集被测点在X、Y、Z三个方向的数据。同时,如图3-24所示,通过用一组平行于XOZ平面的平面α,截取被测件平面β,交线即为所在面的曲线。同理,也可用平行于YOZ平面的一组平面β_1、β_2来测得等距X间隔的各截面曲线。将两组测得的曲线组合，即可获得该构件曲面型坐标参数，圆滑连接，即可形成该构件表面型线的实样测绘图。对测量结果进行对比、分析，车身构件的外观形态也就大体勾画出来了。

第二节　车身损伤的形式与分析

一、车身和车架损坏的基本形式

1　车身损坏的基本形式

车身损坏的基本形式包括变形、裂纹或断裂、脱焊和局部锈蚀等。在这些基本的损坏形式中，碰撞是其产生的根本原因。

2　车架损坏的类型

车架损坏的类型主要有以下五种。

(1) 侧弯损坏　侧弯损坏是由侧面碰撞所引起的，造成车架或承载车身发生侧向弯曲变形，如图3-25所示。

> **小技巧**
>
> 侧弯通常出现在车辆某一侧的前部或后部，其结构识别特征是某侧纵梁的内侧和对面那根纵梁的外侧出现折皱凸痕。

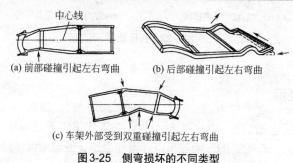

(a) 前部碰撞引起左右弯曲　　(b) 后部碰撞引起左右弯曲

(c) 车架外部受到双重碰撞引起左右弯曲

图3-25　侧弯损坏的不同类型

(2) 下凹损坏 下凹损坏即车架某一段比正常位置低,如图3-26所示。下凹损坏通常是由前端或后端的正面碰撞引起的。

> **小技巧**
>
> ◆下凹损坏的明显特征是翼子板和车门之间出现不规则裂纹,裂纹形状为下宽上窄,车门可能被卡死。
> ◆车架上可能产生许多微小的皱纹或扭结,油漆脱落。

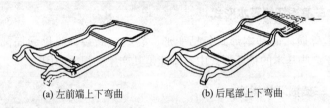

(a) 左前端上下弯曲　　　　(b) 后尾部上下弯曲

图3-26 碰撞造成下凹

(3) 挤压损坏 挤压损坏造成车辆某一部分比正常尺寸短。挤压一般发生在发动机罩或后备厢上,如图3-27所示。

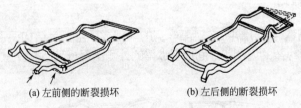

(a) 左前侧的断裂损坏　　　　(b) 左后侧的断裂损坏

图3-27 挤压损坏

> **小提示**
>
> 挤压会造成翼子板、发动机罩、车架各梁出现皱痕和严重的扭曲变形,车轮处的车架或车身还可能上翘,使悬架弹簧座变形。

【4】**错移损坏** 错移损坏是车辆的一侧向前或向后移动,整个车架由长方形变成平行四边形。

> **小提示**
>
> 错移常常是由于车体角上受到碰撞而造成的,损伤的程度可能会比较严重,以致无法修复。

错移变形情况如图3-28所示。

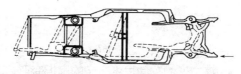

图3-28 错移损坏

【5】**扭曲损坏** 扭曲损坏是指车架的一角上翘,而其对顶的角则下沉,如图3-29所示。

> **小提示**
>
> ◆扭曲通常是由于车头或者车尾碰撞在路边石阶或路中央隔离栏上造成的。
>
> ◆通过观察可能发现薄金属板表面没有明显的损坏,但实际的损坏往往隐藏在其中。
>
> ◆如果发现车辆一个角上翘,悬架变形,则应考虑是否有扭曲损坏,检查其他角是否下沉。

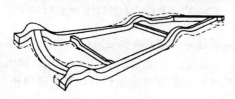

图3-29 车架扭曲

很多碰撞事故可能引起不止一种损伤,比如侧弯和下凹就可能同时发生。另外横梁也可能变形,特别是前部横梁,如在翻车事故中,由于发动机重量较大,滚翻时的离心力常把安装发动机的横梁拉弯。

二、承载式车身的损坏特点及表现形式

1 承载式车身的损坏特点

碰撞对承载式车身的损坏,可以用圆锥模型来描述。

> **小提示**
>
> ◆车身设计上是可以吸收碰撞力的。
>
> ◆碰撞时,撞击处的车身发生一定的扁折变形,以吸收一部分碰撞能量。
>
> ◆当碰撞力向结构内部传播时,它会被车身上更多的区域吸收,直到碰撞力全部消失。因此碰撞处就相当于圆锥顶点。

圆锥的中心线将指向碰撞方向,碰撞力沿车身传播的方向和区域就像圆锥的截面一样沿轴线扩大,如图3-30所示。圆锥顶点和碰撞点称作初次损坏区。

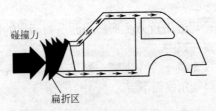

图3-30 承载式车身碰撞时按圆锥方向扩散

由于承载式车身是由薄金属板连接在一起的,碰撞被大部分车身板及壳体吸收。碰撞波沿车身传播的作用称为二次损坏。

通常这种损坏是向车身内部结构或与车身碰撞相对的部位发展,如图3-31所示。

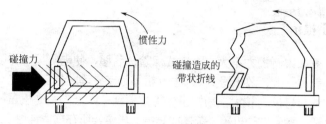

图3-31 车身二次损坏

为了控制二次损坏的分布区域，保护车内乘员的安全，在承载式车身的车辆上设计了一些扁折区。扁折区在碰撞力的作用下将按预先设定的方式发生变形，而乘坐舱的形状保持不变，并吸收掉二次损坏能量，如图3-32所示。

> **小提示**
>
> ◆ 正面碰撞将由车身的前部和扁折区吸收，如图3-33所示。
> ◆ 后部碰撞由车身的后部吸收。
> ◆ 侧面碰撞将由撞击区的车身板、车顶边梁、侧面立柱和车门共同吸收。

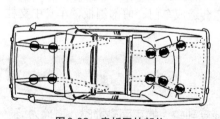

图3-32 扁折区的部位

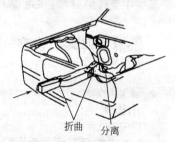

图3-33 车身前部和扁折区变形

2 承载式车身车辆碰撞损坏表现形式

(1) 前部损坏 前部损坏是由于车头部受到撞击而引起的。碰撞力的大小取决于车重、车速、撞击物以及撞击面积。

> **小提示**
>
> ◆如果碰撞力不大,将造成保险杠后移,使前侧梁、保险杠座、前翼子板、散热器支架和发动机罩锁支柱等发生变形。
> ◆若碰撞力较大,前翼子板将被撞到车门上,发动机罩铰链将上弯,触到发动机罩,前侧梁皱折,与悬架所在横梁接触。
> ◆如果碰撞非常严重,前翼子板和前车身支柱将弯曲变形或断裂,车门可能被碰撞掉。
> ◆前侧梁皱折加大,使悬架横梁弯曲,发动机也可能产生损坏。

【2】后部损坏　后部损坏是由于倒车时撞上其他物体,或被其他车辆追尾碰撞而造成的。

> **小提示**
>
> ◆发生后部损坏时,后保险杠、后车身板、后备厢和底板等会变形,车轮上方的后侧围板也可能凸出。
> ◆如果碰撞严重,后侧围板会上折撞到车顶上,四门车辆的车身中支柱会变弯,后部纵梁将发生变形。

【3】侧向损坏　侧向损坏会造成车门、前部侧板、车身中支柱甚至底板发生变形。

> **小提示**
>
> ◆当前翼子板或后侧围板受到较大的正面碰撞时,碰撞力可能传播到另一侧车身上。
> ◆如果前翼子板中部受撞,前轮将后缩。碰撞力将通过前悬架所在的横梁,传给两侧纵梁。
> ◆如果碰撞力很大,悬架部件将损坏,前轮定位将发生变化。侧向碰撞还会造成转向装置部件的损坏。

【4】顶部损坏

> **小提示**
>
> ◆顶部损坏是由于下落物砸伤汽车或汽车滚翻而引起的。
> ◆车顶板受到损坏还可能造成车身前部或后部损坏,变形特征是车门及车窗附近变形,易于发现。

3 车身其他损坏形式

【1】局部锈蚀损坏 现代车身构件对防腐蚀性能提出了较高的要求,作为整车也采取了有效的措施来提高防腐能力。但由于车身表面产生刮伤、擦伤等损坏而导致基体外露,或者由于其他原因,如涂层防腐能力差、涂层脱落以及车身变形造成其表面涂层起皱等都可能造成基体金属腐蚀。

> **小提示**
>
> 一旦发现有腐蚀的现象应及时修理,否则腐蚀区域会很快扩展。

空气中的氧与铁共同作用会产生氧化亚铁,这是腐蚀的一个方面。另外,空气中的二氧化硫、氮氧化物与水和臭氧结合将产生酸雨,酸雨对金属的腐蚀作用也是不容忽视的。酸雨会对裸露的金属产生腐蚀,也可能透过涂层对金属产生腐蚀,尤以铅基颜料涂层为甚。首先酸雨对涂层产生腐蚀,使涂层出现具有清晰而黯淡的白圈,这个白圈很快褪色并脱落,形成凹坑,继而使基体金属露出而失去涂层的保护作用。

【2】局部断裂损坏 由于车身构件受力情况不同及其形状的特殊性,因而容易产生应力集中。长时间地受到载荷作用,可能造成这一部位产生裂纹进而断裂。

> **小提示**
>
> ◆断裂也可能是因为材料本身有缺陷,这种缺陷不足以承受高的变载荷作用而最终断裂。
> ◆焊接部位焊接不牢使得焊缝脱开是板件断裂的另外一种形式。

第三节 车身损伤诊断与评估

一、车身损伤的判别内容

车身损伤的判别是车身修理作业的第一步,也是非常重要的一步。

> **小提示**
>
> ◆对车身损伤状况做细致检查与精确测量,是确定最佳修理方法和工作步骤的基础。
> ◆如果最初的方法和工作步骤选择正确,不但可以使损伤部位巧妙地复原,并且也会使整个作业时间大为缩短。
> ◆车身损伤的判别包括确定损伤范围、损伤程度、损伤类型以及车身结构是否有整体变形等几个方面。

二、损伤范围的确定

首先应了解汽车的整个碰撞过程,如碰撞部位、碰撞方向、碰撞时的车速、碰撞的物体及碰撞次数等,这对车身损伤的判别非常有意义。

> **小提示**
>
> ◆确定损伤范围时,应先找到最初遭受冲击的地方(也就是最初的损伤部位),可通过涂层的剥落程度及钣金的伤痕来判定。

◆然后沿着冲击力传播的方向系统地检查各部件的损伤情况，包括车身附件以及车身以外的其他总成和部件，如车轮、悬架、发动机等。

◆检查时要着重注意车身结构中的一些应力集中区域，如图3-34所示，这些部位是在车身设计中特别设置的。

◆在碰撞冲击力的作用下，它们会按预先设定的方式变形，并吸收冲击能量，保持车厢的形状不变，从而保护车内乘员的安全（被动安全）。

◆最后确定出车身上所有的损伤部件，以及它们之间的连接和装配关系。

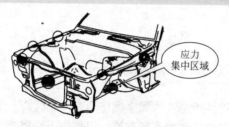

图3-34 碰撞后应力集中部位的变形

三、车身构件损伤程度和类型的确定

确定出车身上所有的损伤部件后，应对损坏部位进行分析，以确定损伤程度和类型。

车身构件的直观损坏靠目测就可察看清楚，它可分为直接损伤和间接损伤两种类型。同时还应注意损伤部位的加工硬化。

(1) 直接损伤 直接损伤是由碰撞物体与车身钢板受损部位直接接触而造成的，如图3-35所示。

> **小提示**
>
> 直接损伤通常以擦伤、划痕或断裂的形式出现。在所有的损伤中，直接损伤通常只占一小部分，但在修理时却需要花费很多时间。

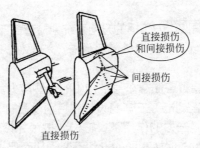

图3-35 直接损伤和间接损伤

(2) 间接损伤 间接损伤是由直接损伤引起的(图3-35),主要有折损、挤缩等形式。

> **小提示**
>
> ◆大多数碰撞都会同时造成直接和间接这两种损伤,并且大部分都是间接损伤。
> ◆各种构件所形成的间接损伤没有本质区别,所以可采用一些基本的方法来修理大多数车身,只是由于受损部位的尺寸、硬度和位置的不同,所用的修理工具也有所不同。

(3) 加工硬化

> **小提示**
>
> ◆只要将金属板塑性变形,就会产生加工硬化。
> ◆当车身钢板在制造厂加工成形时,以及当它受到损坏变形时,都会产生加工硬化。

如图3-36所示,此钢板受力稍微弯曲(弹性变形)。外力消失后钢板可恢复到原来的形状。但如果外力较大,使弯曲超过了弹性极限,则钢板将产生折损(塑性变形)。在折损部位会出现加工硬化现象,此部位硬度较高。

> **小技巧**
>
> ◆在对此折曲损伤进行修复时,应使折曲部位再次通过塑性变形,才能把钢板修复平整。
>
> ◆如操作不当,不但原先的折曲无法平整,还会在原有折曲部位的旁边出现新的折损。

图3-36 加工硬化对钢板修复的影响

汽车上的钢板构件在受到碰撞时,所发生的变形不会都是折损,有些部位只是弯曲状的弹性变形,如图3-37所示。

> **小提示**
>
> ◆折损部位会加重加工硬化的程度,而本身又是塑性变形,所以这些部位才是首先需要修整的,并且是修复作业中主要的修整对象。
>
> ◆对于弯曲状弹性变形部位,当约束力消除后,钢板能够基本恢复到原来的形状。也就是说,当把一块钣金件上的所有折损变形修复后,其他弹性变形部位会自动恢复。

图3-37 典型碰撞变形中的加工硬化区和弹性区

在钣金修理作业中,应充分利用这一特点,使整个修复作业既快速效果又好。所以在个体修复损伤之前,了解这些部位,对于确定正确的修理方法有着非常重要的作用。

四、车身结构整体变形的检查

汽车碰撞较为严重时,引起的车身损伤往往不光是车身构件的直观损坏,同时还会造成车身结构的整体变形。承载式车身在遭受侧向碰撞力时,所造成的车身损坏和整体变形如图3-38所示。

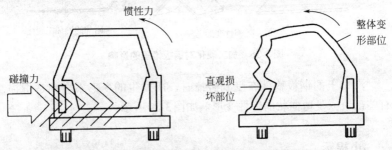

图3-38 侧向碰撞所造成的车身损坏和整体变形

车身的变形靠目测往往观察不到(车身的整体变形量一般较小)。车身整体变形的认定,主要依赖于对车身结构精确测量的结果。

在撞损较为严重的车身上,其结构的整体变形也是较为复杂的,往往是多种变形同时发生并综合到一起的情况较多。例如,挤缩与上下弯曲就经常同时出现。

> **小提示**
>
> 利用量具对车身结构进行测量和对整体变形进行判定时,一般都是先测定车身是否有挤缩,然后再判定是否有上下弯曲和左右弯曲,最后检查是否有扭曲和菱形变形。这是判定车身是否有整体变形常用的一种检查工序。

小技巧

在车身损伤的判别中，要避免只重视车身构件直观损伤的检查而轻视车身整体变形测定的倾向。

车身修理作业中也是如此，既要注重车身构件装饰性方面的修理，更要注意车身结构性方面的校正。否则，撞损汽车修复后，常会出现车体倾斜、轮胎磨损异常、跑偏等不良后果，甚至影响到行车安全。如果这时才想到对车身结构进行精确测量和校正，通常就得把整个钣金修理作业从头做一遍，甚至还要重新进行涂装，额外增加了很多修理时间，最后只能落得事倍功半的结果。

第四节 车身修复工艺方案的制定

一、车身修复工艺方案的确定

在对车身损伤准确判别的基础上，即可确定修理方案。其主要内容包括以下几方面。

小提示

◆确定需要拆卸的构件。在钣金修理过程中，有时需要拆下一些构件。某些构件拆下后修复更加方便，某些损伤构件需要拆下予以更换。

◆确定需要更换的构件。损坏的车身构件是更换还是修复，判断的基本原则是损坏形式以弯曲变形（弹性变形）为主就进行修复，以折曲变形（塑性变形）为主就进行更换。但在实际工作中，需考虑的因素还很多。例如：损伤的车身构件是否有配件；构件的修复费用与新件价格的比对；损伤构件在车身上的装配关系和精确度（如车门在车身上装配的精确度是比较高的，若车门损坏严重就应选择更换）；车主的意愿等。

> ◆制定钣金修复的工作程序。这是修理方案中最为重要的一部分内容。在制定具体的修复工作程序时,要考虑作业者的能力和水平,以及可使用的工具和设备等情况,要结合实际,方便可行。
> ◆确定车身修理后的检查方法。车身修理后,还要对车身结构进行测量,确保车身变形全部得以修复。

此外,根据损伤程度和部位,必要时还需进行其他方面的检查,如前轮定位的检查,密封性检查、转向系统、传动系统和行驶系统性能的检测等。

二、车身损伤的检查与调整

1 车身损伤部分的特点

汽车车身损伤一般是车身的整体都有变形。车身结构内如有大梁,则其大梁会发生弯曲。如果是整体式结构车身,则包括车架的各部分都会变形。换言之,其损伤的情况要比车身的各钣金零件单纯的损伤复杂。因此,将这种类型的各个钣金部分或者是车架大梁如何进行校正修复是汽车修理从业人员所必须具备的知识。而且在从事此类工作时,首先要了解车身及车架大梁各个位置的相关距离,同时要求有精确的测量数据。

小提示

◆车辆遭受撞击而引起大范围的损伤情形,是在大梁周边的车底板部分产生扭曲、侧向位移及复杂的弯陷等,必须将那些损伤部分修正到使其回复到正确的状态为止。

◆校正这样复杂的损伤最有效的方法是必须应用各种车身及车架的校正设备和工具。此项装置提供了各种可控制推压及拉伸的操作,同时在做修正车身损伤的时候,可以用各种量规做正确的车身测量。

现代小型车多数是依据整体式车身的设计理论,强烈地反映出安全车的构想,将车身需要非常坚固的部分和遭受冲击时容易变形的部分区分得十分清楚。车辆前面或后面有激烈的冲击时，为了能够保护车身的中央部分，即乘客室内乘员的安全，而设计冲击能量吸收机构，使前面发动机室或后面的后备厢部分容易收缩，来吸收冲击能量，从而减轻乘员受冲击力的影响。

小提示

◆前面部分（车头）受冲击时大部分的冲击力都由保险杠、保险杠支架、前侧梁及车轮室盖板所承受。

◆如果冲击力更大，则其力量经由前侧梁或车轮室盖板传到其他部位。

◆由后面来的冲击首先由后保险杠和后保险杠支架承受冲击力，一直到后侧梁、后轮室及后轮盖也吸收大部分的冲击力。

◆如果遭受更大的冲击力，则下部后弹簧钢板的前固定座上的底板将鼓起，车身上部在车顶板和后角板的结合处也会产生变形。

图3-39所示为一般车辆在前后部分受碰撞时损伤变形的部位。

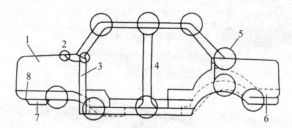

图3-39　整体式车身的前部或后部受到撞击后发生变形的部位
1—车轮室；2—通风栅板；3—隔板；4—中柱；5—后窗板；6—后侧梁；
7—前悬梁；8—前侧梁

其他如侧面受到碰撞时，直接受碰撞处发生凹陷是正常的事。这种情况下，侧面中央中柱附近受碰撞时，下护板凹陷，车顶板被推高，前后轮轴距缩短。这些损伤原因明确，容易判别。但是，如果车架大梁稍有失准以及要想在修复作业中知道应该修复到什么程度，则必须仔细地做下部车架的测量工作以及车身的对角线测量。

2 车身下部车架（大梁）的检查与调整

损伤车辆修复之前，首先必须检查车身损伤的情况。如前面介绍的用目视检测外部的损伤情况，另外眼睛观察不到的地方，需要考虑到许多隐藏的变形损伤的部位，这时就要求使用测量工具（如大梁中心量规、轨道式量规等）进行检测。

小提示

◆将中心量规挂置于底板下所指定的位置上，则用目视方法可以确认车辆的中心线。挂置3支、4支量规测量时可以很快知道底板下的上下、左右扭曲等变形的程度。

◆将中心量规挂置于前横梁、前柱的下方，后门柱的下方，3个地方以目视测量。为了得到正确的测量结果，量规挂置的数量多一些比较好，最少要求挂置3支。

◆3支量规为完全平行及水平的状态。中央的中心圆插销也要对准一致，这即表示车架大梁的上下方向、水平方向、左右方向完全一致，没有失准变形。要是基准插销有任何方向的偏差时就表明车架大梁有变形。整体式车身的车架弯曲，通常是发生上下、左右弯曲及凹陷，而不会有棱角及扭曲的现象发生。

图3-40所示是4支量规的挂置方法。

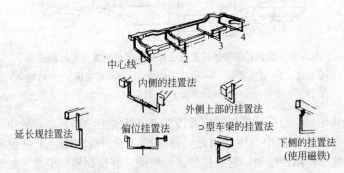

图3-40　车架中4支量规的挂置方法

1—横梁；2—隔板部位；3—后车门部位；4—后横梁

3 车身中央部位上下弯曲的测定

上下弯曲是车辆的中央部位（或是乘客室部位）比正常情况低的状态。

小技巧

上下弯曲通常是受到前、后方向来的碰撞所引起的（图3-41），轮盖和车门上面的间隙变得很狭窄，而下部的间隙增大。

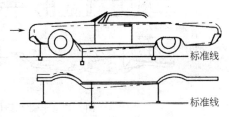

图3-41　前面或后面受碰撞时车身的中央部位向下弯曲

小技巧

上下弯曲的测定方法：前面受到碰撞的场合是将3支中心规分别挂置在后轮或乘客室下方、前门柱及前梁下，量规由基准线所定高度的需要长度进行调整，如图3-42～图3-46所示。

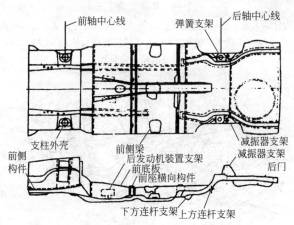

图3-42　车架图表（一）

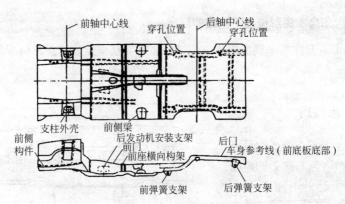

图3-43 车架图表(二)

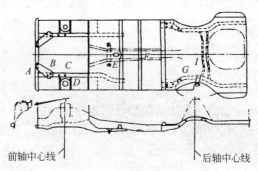

图3-44 车架图表(三)

A,B—拉力杆螺母孔;C—悬架横杆孔;D—前支柱中心孔;E—发动机后支架孔;
F—传动轴中心轴承安装孔;G—上连杆安装孔;H—后支柱中心孔;
I—差速器托架安装孔

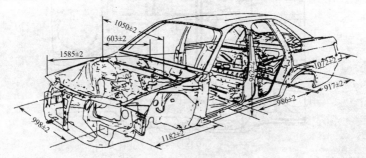

图3-45 车架图表(四)

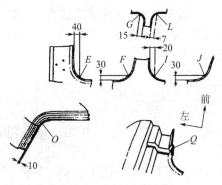

图 3-46 车架图表（五）

4　车身左右弯曲的测定

左右弯曲是车身的前部或中央部位、后部受到横向来的碰撞所引起的推压弯曲变形状态，如图 3-47 和图 3-48 所示。

小提示

损伤是横向来的冲击力所形成的，车辆变成一边受压凹陷收缩，另一侧车身为拉伸状态。

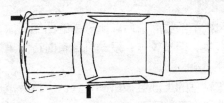

图 3-47　横向碰撞的横向弯曲

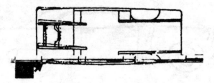

图 3-48　车身的前部有横向弯曲的现象

拉长的一边车身的车门间隙扩大，收缩的一边车身的车门间隙变狭窄，后备厢盖及发动机罩的开关也因变形而不能良好配合。

左右弯曲的测定方法如下。

小技巧

◆若车身是左右弯曲变形时，可以由车辆的两侧，从车身前后整个作直线目测判别。

◆做车架大梁的左右弯曲测量时，尽可能将2支量规挂置在损伤较轻微的地方，第3支挂置在损伤处，将这3支量规改变各种不同的挂置位置来测量损伤处损伤的程度。

◆左右弯曲没有正确校正时，将会影响转向机构的性能。

5　车身凹缩的测定

凹缩发生的场合，从通风栅板到前保险杠或是从后轮到后保险杠为止的长度会缩短。

凹缩一般为正面被撞所引起的，如图3-49所示。

小提示

◆在通风板前部或后窗后部所产生的凹缩现象，车门不会有太大的异常发生，但是轮盖、发动机罩有时在大梁折角处会产生皱纹或龟裂等现象。

◆同时车轮室的上部会被挤高，弹簧座罩会被挤缩，而且保险杠也会被纵向抬高或压下。

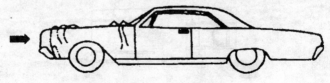

图3-49　车头受正面碰撞而引起的凹缩

凹缩的判别法大致与上下弯曲的判别法相同，将量规挂置在前保险杠或后保险杠时不容易判别，若将其挂置在车轮室进行判别则比较容易得到明确的结果，如图3-50所示。注意看就知道在车轮室附近车梁的上下产生了皱缩的现象，如图3-51所示。

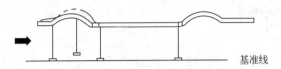

图3-50　在车轮室处挂置的量规有提高的现象

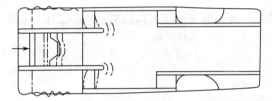

图3-51　整体式车身下面碰撞后底板部位引起皱缩

小技巧

使用轨道式量规测量大梁前后的长度，再与车身结构资料的尺寸进行比较，即可测量到凹缩的程度。

6　车身扭曲的测定

扭曲即为车辆的某一角比正常位置高的状态，也有的情况是相邻两角都比正常位置低下，如图3-52和图3-53所示。

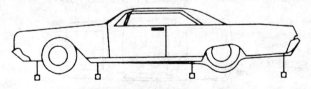

图3-52　量规挂置在较高位置检测

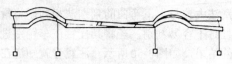

图3-53　扭曲时车辆的纵梁

> **小提示**
>
> 扭曲发生后，虽然在详细检测车身钣金零件时好像没有任何损伤，但是确实有损伤的部位隐藏在里面。

如弹簧支撑部位的下沉或车辆的某一角降低时，车辆都有可能是产生了扭曲变形，必须进行检查。

扭曲变形的测定方法如下。

> **小技巧**
>
> ◆将量规挂置在车辆的前部、中央部位、后部三个位置上。
> ◆这时候3支量规的中心、插销也可能完全对准一致，但是可以看出吊挂的3支量规的水平杠是倾斜的，此时即可知道车身受碰撞而产生了扭曲变形。

通常，部分扭曲并非只是单扭曲，有时是同时产生了上下弯曲和突升变形等多种变形损伤的综合表现。

7　车身菱形变形的测定

菱形变形是指车辆的单边在前面或后面受到碰撞而使得车架或车身变成平行四边形的状态，如图3-54和图3-55所示。

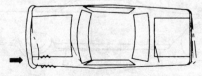

图3-54　车身单边受到激烈碰撞所引起的菱形变形

图3-55　大梁单侧受到碰撞而向后挤去所形成的菱形变形

车辆的角端受到激烈的冲击力时会发生这种菱形变形的现象，发动机罩或后备厢盖变得不能与其周围的车身部分配合一致。同时后车轮室附近的后角板以及后角板的接合处发生扭曲变形，乘客室或后备厢的底板也发生皱缩或扭曲的现象。菱形变形通常与上下弯曲或凹缩同时发生的情况较多。

菱形变形的测定方法如下。

小提示

◆使用轨道式量规测量车架大梁的对角线即可；
◆测量横梁的中心点到两面侧梁对称位置点的长度，并进行比较，也可测出变形的程度。

8 车身弯曲变形复杂情况的测定

图3-56所示为挂置于前部和后部的量规的水平杆是平行的，前门柱下方的量规和后部量规的圆插销大致上是吻合的，但是前门柱下方的量规的水平杆稍向左侧倾斜，而且前部的插销相反地指向右侧方向，显得参差不齐。这表明左侧车梁产生了上下弯曲变形以及前部车身产生了向右的横向弯曲变形。

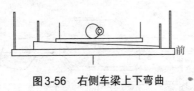

图3-56　右侧车梁上下弯曲

图3-57所示后部量规圆插销和前门柱下的量规圆插销吻合，但是与前部量规比较水平杆倾斜，同时量规圆插销向左侧偏离。这表明右

侧的车梁凸升,前部车身有向右侧横向弯曲的变形现象。

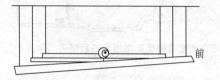

图3-57　右侧车梁凸升变形

图3-58所示后部量规的圆插销和前车柱下量规的圆插销完全吻合一致,但是前门柱下量规的水平杆向左侧下垂,最前面的一支量规有稍微升高又向左横向弯曲的现象。

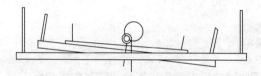

图3-58　左前门柱处有上下弯曲变形

小提示

◆这就表明了在左前门柱处有上下弯曲及右前部分向上歪撬,以及整体有向左横向弯曲的变形现象。
◆这些通常是车辆右侧遭受横向碰撞时所引起的,此时左侧为凹缩状态,需要使用轨道式量规由前端到车后详细测量受损的程度,如图3-59所示。

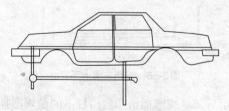

图3-59　使用轨道式量规测量的情况

使用中心量规测量受损变形位置的次序如下。

> **小提示**
>
> ◆首先看水平杆的两端，测定各部位上下变形失准的程度。
>
> ◆其次检查左右弯曲，量规圆插销的圆圈是否全部吻合一致。哪一支量规插销在左右方向有侧移，也就表示这个部位有横向的弯曲变形。
>
> ◆最后检测挂置量规的水平相互状态，看是否比水平位置高或者低来测定有没有扭曲变形的现象。

9 车门的装配、检查与调整

车辆左前方遭受直向来的碰撞时，损伤程度相当大，如图3-60所示。损伤并不止于发动机的部分，而且继续波延至乘客室的部分，冲击力的终点是到中柱的附近，同时也可能会出现少许的变形。

这种由前方来的碰撞力经车轮室向后传递，门柱等各部位并没有直接的凹陷或皱缩等情况发生，门柱框架本身几乎没有弯曲变形，通常仅在各个结合部分、屈曲处有角度失常的情况。未变形及变形后的车门骨架如图3-61所示。

图3-60 正前方来的冲击使前门柱变形

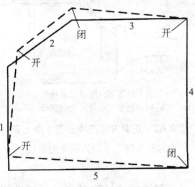

图3-61 未变形及变形后的车门骨架
1—门柱；2—前挡风玻璃窗柱；
3—车顶板侧梁；4—中柱；5—下护板

小提示

◆图3-60、图3-61所示的变形为前门柱被挤高,也就是"纵向弯曲"。

◆图3-61所示的实线为原来的正确位置,那是没有变形的右车门的样子;虚线为变形后的位置;"开""闭"表示各个角度的变化。

车身的抵抗力是在刚性强度和质量较大的底板附近较低的位置上(图3-62),因为由前方来的碰撞力稍微高些,其偏差使框架产生回转的倾向,这样前门柱被挤高。

若要知道变形的程度必须进行测量。测量时可将其与维修手册上车身的尺寸数值或从没有变形的车身的实际测量尺寸结果相比较。必要的工具有卷尺、直尺、车架量规及轨道式量规等量具。

图3-63所示是车门体的测量方法。根据图示来看,如 A 与 B 的测量数值小,则表示门柱向后移斜,角度1变小;若 B 不变而 A 的数值稍微变小,角度1不变,角度2变大,则表示门柱被向上推挤升高。

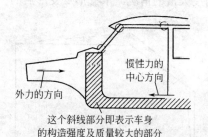

图3-62 正前方来的冲击在车身上受力的分布情况(○为屈曲的部位)

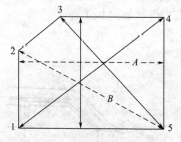

图3-63 由侧面看车门框的对角线测量的位置

1～5—角度;A,B—测量数值

车门尺寸检测以后,最后选用没有变形的车门试装配,它的位置要与下护板或门柱等正确配合,而且必须与它周围的门框平整对齐,门缝的间隙一致。这种方法称为现品配合法。

> **小提示**
>
> ◆ 车门现品配合的第一步是确定基准点。
>
> ◆ 寻找基准点（即没有变形的部分）的方法是将损伤处和损伤的性质、车身的结构强度和质量的分配等一起考虑，与其他部分如车门或后备厢等一起，全面地查看损伤情况就可以了解到变形状况。

一般以后柱及后角为基准来装配车门的情况较多，如图3-64所示。因为后角板没有变形的概率很大。原因是后角板为蛋体结构，具有较高的强度，而且后角板比较粗大，同时又与车底板连接而成为坚固体。

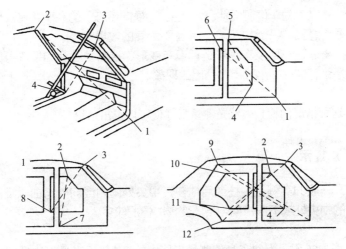

图3-64 车身各部对角线测量的测定点位置
1～12—测定点（基准点）

基准点确定后，接着校装车门，如图3-65所示。车门铰链大部分是装在前柱上的，因此实际上车门校装于后角板上需要相当长的工时，如果先预测"装配时前面的间隙变化的程度"，则可判断前门柱及其他部分的变形或移动的程度。

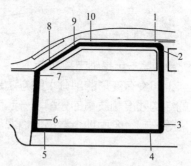

图3-65 车门"现品配合"时车门间隙的检查点

1～10—间隙检查点

> **小提示**
>
> ◆以上为车门侧面检测"横姿"(横向姿态)的说明,其次也必须检查其"纵姿"(从前后和上下观察的效果)。
> ◆假设车门及车门铰链都没有变形,接着要检测的是车身侧面是否有被撞凹陷或向外凸出的现象。

这种情况的检查方法是测量尺寸便可以得出结论。

> **小提示**
>
> 一般的实例是中柱或后柱在其中央处向内或向外弯曲以及前柱的中央处或下部被向内推压变形的情况较多。

图3-66所示为侧车身的测量,图中的6是使用直量规测量门柱弯曲程度的方法,1、2、3是左右两侧正确的位置,由4、5可测量出凹入或凸出的程度。

10 发动机室的装配、检查与调整

前面已经说明了车门的装配和调整,但是实际上在车辆前部中间的发动机室部分发生变形的情况还有很多。

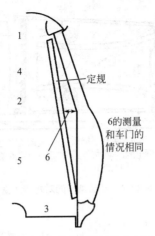

图3-66　车身后侧"纵姿"的测量点

在此说明发动机罩及轮盖等车身钣金周围的配合情况,其他悬架系统关联部分的定位调整也是必不可少的。

前部车身的范围和中央部分(乘客室)的不同点是,前者包含了发动机罩的宽大的平面部分在内,其平面的修整配合相当重要。可作为基准点的部分为挡风玻璃窗下缘的通风板或仪表板下隔板。另外,侧车身(横姿)即轮盖侧则以车门体为基准面。首先要确认通风栅板及车门的正确位置,而且要检测整个前部车身。找好基准后,只需确定前部位置的作业即可。

有关发动机罩"平面整修配合"的作业在决定位置时,前后的尺寸和左右侧梁的问题如图3-67所示。

小技巧

在车身的基准部分,测量从中央处到前部车身的前面为止的尺寸,以决定其正确的前后位置。

接着也必须在左右分别将上下处测量,如图3-68所示的上方即为发动机罩的基准线,在车轮室及散热器固定架的下方测量侧梁及横梁的高度较为适当。

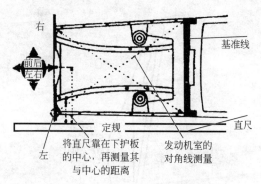

图3-67 发动机室的对角线测量

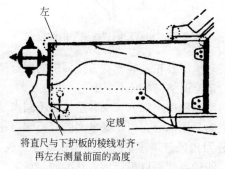

图3-68 前部车身测量点的取法

前部车身位置的决定,即前部车身的中心线要与车身中心线重合一致,为了要使左右没有偏差,应根据图3-67所示的方法测量其对角线。

小技巧

◆装有发动机时,不能够在梁高度上做对角线的测量,这时在侧梁上利用长脚规等从左右测量检测较好,也可以使用吊垂式的车架中心量规测量。

◆与车门配合作业相同,前部车身配合时最实际的方法是现品配合。通常最后的作业必须以现品配合调整。

发动机盖的现品配合其基准在通风栅板，将发动机罩配合即可知道前部车身的前后及左右位置是否正确。但是在前部左右的高度有误差时（发动机罩扭曲倾斜），左右就有偏差，检查和修整必须同时进行。同时通风栅板的正确度也有看错的可能性，所以不仅是以现品配合，同时要用计算、测量的方法来修理。

侧车身的现品配合即轮盖的整修配合，首先检测前部的高度，将无变形的轮盖装于轮盖座上，查看它与车门的间隙，如下部都均匀即可。由于轮盖是拱凸的曲面而且具有可挠性，左右和车门的间隙都要均匀一致，同时前部的高度也要均匀，没有扭曲现象。其次，前后的整修配合也一样有规定值，轮盖可以和轮盖座上的装配孔位相配合，而且间隙均匀即可。

小技巧

发动机罩和轮盖的修整配合有左右偏差时，其前后位置也会有移位的现象发生，所以检查和修整应同时进行。

11 后备厢盖的装配、检查与调整

后部车身如前述整体做成坚固形状，特别是与中央部分连接着的底板具有较好的强度。碰撞时冲击力只造成部分变形，而全体的形状变形失准的可能性较小，必须注意的是后玻璃窗下缘钣金的部分是否有左右偏移的现象。

检查的方法如下。

小技巧

◆在后座椅后的后板处测量对角线；

◆在底板的中心处立置铁销使其和后窗下缘的中心吻合，以底板为基准测出尺寸。

◆用后备厢盖现品校对配合。

现品配合时，如果后玻璃窗下缘板和后牌照板没有左右偏差，那是因为后窗下缘板、后牌照板正确位置定位的结合在底板上。但是要特别注意的是，如果后牌照板的高度有偏差，则表明有横向的间隙状况发生，特别是曲面较深的后备厢盖更为明显，如图3-69所示。这是因为对车身的纵向弯曲所发生的扭曲，后备厢盖在稍微扭曲的情况下也可以成开关状态。

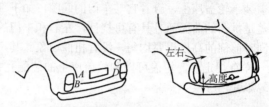

图3-69　曲面较深的后备厢盖容易产生较大的间隙

如图3-70所示，小客车的车身结构根据力学区分为3个部分，四门轿车在虚线附近形成第3个屈点，中央部分分成两处，通常可检测分割段变形。因此，可将车架量规挂置于$A \sim E$的5个位置上。

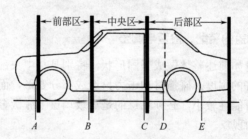

图3-70　小客车结构的3个力学区

车身整体都互相失准的场合，首先应该从何处修整呢？一般来说由最坚固的部分起从后面先予以修整。如果在底板处有横向弯曲，应先修理。底板发生横向弯曲的实际情况较少，但是如图3-71所示，车辆遭受横向来的强烈碰撞时，车身整体会产生如图中的虚线状的弯曲。

12　车辆轴距的测量与检查

车辆轴距的测量检查使用轨道式量规比较方便。测量的方法如下。

第三章 车身损伤的确定

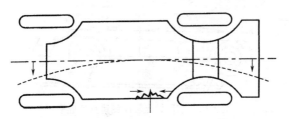

图3-71 小客车受侧面碰撞产生弯曲的情况

小技巧

◆首先将左右的前轮置于相同状态的位置，如图3-72所示，A长160mm，B长165mm，其前束为5mm。

◆测量轴距时，先取车辆中心线位置，然后由车辆中心线向左右前端中心点各取80mm长，以决定前轮的位置（如果前轮距已经变形失准，则要参阅修理手册将前轮距数值除以2平分，自车辆中心线向左右定前轮的位置）。

◆其次将量规的三支量脚在后轮与车轴同高处轮圈边缘上取测量点（图3-73），并将量规上的三支量脚固定，然后将此量规拿到另一侧前后车轮的相同位置上测量，则由前量脚和轮圈间的间隙大小可知轴距失准的程度和状态。

图3-74所示为几种轴距失准的情况。

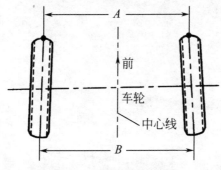

图3-72 决定前轮的位置

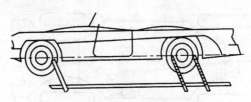

图3-73　前后轮上轴距测量点的选取

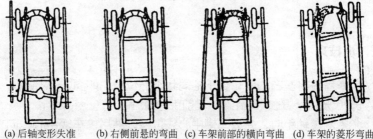

(a) 后轴变形失准　(b) 右侧前悬的弯曲　(c) 车架前部的横向弯曲　(d) 车架的菱形弯曲

图3-74　检查轴距的各种情况

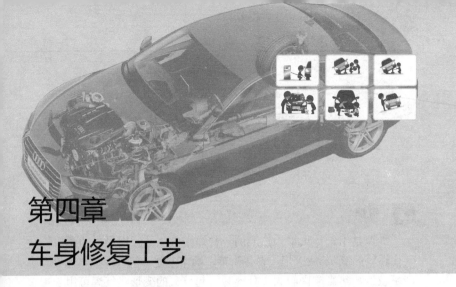

第四章
车身修复工艺

第一节 车身修复的焊接

一、电弧焊与气焊

1 电弧焊

电弧焊是利用电焊机供给的电流，在焊件和焊条之间引出电弧，将焊条和焊件局部熔化，待熔化的金属凝固后形成焊缝，使焊件牢固地连接在一起的焊接工艺，通常简称为电焊。

图4-1是电焊的焊接过程示意图，图4-2列出了焊缝各部分的名称和位置。

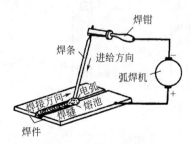

图4-1 电焊的焊接过程示意图

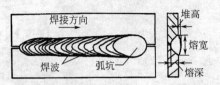

图4-2 焊缝各部分的名称和位置

2 气焊

气焊是用气体火焰为热源的一种焊接方法。应用最多的是以乙炔气作燃料的氧-乙炔火焰。设备简单，操作方便，但气焊加热速度及生产率较低，热影响区较大，且容易引起较大的变形。气焊可用于很多黑色金属、有色金属及合金的焊接，一般适用于维修及单件薄板焊接。

二、车身焊接的分类

按照焊接过程的物理特性不同，车身焊接方法可归纳为三大类，即熔化焊、压力焊和钎焊，常用焊接的方法如图4-3所示。

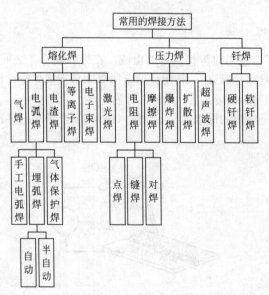

图4-3 车身常用焊接方法

三、焊接工艺

1 气焊工艺

(1) 气焊工艺参数的选择

① 火焰类型的选择。火焰类型取决于焊接母材的材质。碳钢类材料多采用中性火焰焊接,其他材料则有使用炭化焰或氧化焰的。

各类火焰适用范围如表4-1所示。

表4-1　各类火焰适用范围

火焰类型	适用范围	火焰类型	适用范围
中性焰	低碳钢件、紫铜件焊接	轻微氧化焰	锰钢、青铜、黄铜焊接
轻微炭化焰	高碳钢、铝合金焊接 镀锌钢板、一般铝板焊接	氧化焰	金属板料切割

② 焊嘴的选择。焊嘴的大小与火焰的能率有关。单位时间内火焰所提供的热能的大小代表了火焰的能率。大号的焊嘴,火焰能率高,适于厚板的焊接。表4-2给出了HO_1-6型焊炬配用各种焊嘴适用范围。

表4-2　焊嘴与焊件厚度的关系

焊件厚度/mm	0.5～1.5	1.5～2.5	2～3	3～5	5～7
焊炬型号			HO_1-6		
焊嘴号码	1～2	2	2～3	3～4	5

汽车钣金件金属板厚多在1.5mm左右,因此,2号焊嘴使用最多。

③ 焊丝与焊剂的选择。

> **小技巧**
>
> 焊丝的选择。焊丝材料应选用与焊件相同的材料,汽车钣金件多为低碳钢板,选用一般铁丝即可。对于不同材料和性能的焊件,应采用不同的焊丝。

表4-3分别列出了碳素钢、合金钢、灰铸铁、铜合金、铝合金等材料的气焊用的焊丝。

表4-3　焊丝种类与用途

焊丝名称	牌号	用途
焊08	H08	焊接一般的低碳钢
焊15高	H15A	焊接中等强度的碳素钢
焊10锰2	H10Mn2	焊接重要的碳素钢及低合金钢
焊10锰硅	H10MnSi	焊接低合金钢
焊0铬21镍10	H0Cr21Ni10	焊接各种型号不锈钢
丝401	HS401	焊接灰铸铁
丝201	HS201	焊接纯铜
丝301	HS301	焊接纯铝和要求不高的铝合金

小技巧

焊剂的选择。气焊过程中，金属中的某些成分易发生氧化，生成难熔的氧化物。焊剂的主要作用就是防止氧化的发生并将难熔性氧化物转化为可溶性盐类，同时使生成的杂质浮于焊道表面，防止焊缝产生气孔和夹渣。使用时，可将焊剂先涂在零件焊接处，也可在焊接时将焊丝粘上焊剂填到焊缝中。

常见焊剂如表4-4所示。

表4-4　焊剂的性能及用途

牌号	名称	性能	用途
CJ101	不锈钢及耐热钢气焊熔剂	熔点900℃，有助于焊丝的润湿作用，可防止熔融金属被氧化	用于气焊不锈钢件
CJ201	铸铁气焊熔剂	熔点650℃，呈碱性，能有效去除硅酸盐和氧化物，并加速金属熔化	用于气焊铸铁件

续表

牌号	名称	性能	用途
CJ301	铜气焊熔剂	熔点650℃，呈酸性，能有效地熔解氧化铜和氧化亚铜，防止熔融金属氧化	用于纯铜及黄铜合金的气焊或钎焊
CJ401	铝气焊熔剂	熔点560℃，呈碱性，能有效地破坏氧化铝膜，焊后必须马上将熔渣清除	用于铝及铝合金的气焊

> **小技巧**
>
> 焊丝直径的选择。焊丝直径与焊件厚度、坡口形式和操作方式有关。焊丝过细，焊接时焊件尚未熔化而焊丝已熔化下滴，焊接不良；焊丝过粗，则焊件熔化而焊丝尚未熔化，势必增加焊件接头区加热时间，使金相组织改变，降低了焊接质量。同样条件下，采用左焊法和右焊法，焊丝直径也不相同。

焊件厚度小于15mm时，不同焊接方法可按以下经验公式估算焊丝直径。

左焊法　焊丝直径=（板厚/2+1）（mm）

右焊法　焊丝直径=板厚/2（mm）

对于薄板的焊接，焊丝直径与厚度相同即可。当焊件厚度大于15mm时，所选焊丝直径一般为6～8mm。

④ 焊嘴与焊丝的倾角选择。焊枪的倾角是指焊嘴与焊件平面的倾斜角度。倾角的大小由焊件的厚度、熔点、导热性来决定。一般厚度大、熔点高、导热快的焊件，采用大的倾角。

图4-4所示为焊接低碳钢材料时倾角与板厚之间的关系。若为熔点高或导热快的其他金属材料，可在此角度值的基础上增加5°～10°。

⑤ 焊接方向的选择。气焊的操作方法有左焊法和右焊法两种。焊炬从右向左移动的焊接方法称为左焊法；焊炬从左向右移动的焊接方法称为右焊法，如图4-5所示。

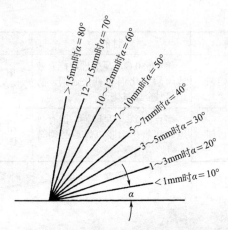

图4-4 焊枪倾斜角与焊件厚度的关系

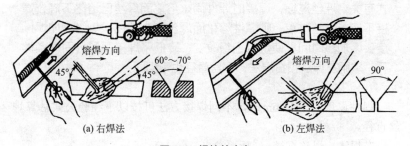

图4-5 焊接的方向

左焊的火焰背对焊缝而指向未焊部位。此焊法操作较为简便,焊接薄板件和低熔点金属时,可减少焊件受热变形和烧穿的可能。同时,火焰对焊口处未焊部位有一定预热作用,焊接速度较快。

右焊的火焰指向焊缝已焊部位。火焰使焊缝周围的空气对其影响较小,能很好地保护熔池内金属,且焊缝冷却速度慢,金属组织得以改善,使焊缝质量优化。但此法操作难度大,不易掌握,多用于厚板材料的焊接。

对于较长的焊缝,应事先间焊上若干点,以保持整个焊缝位置相对固定,然后采取分段或逆向焊接完成整个焊缝的焊接,如图4-6所示之顺序。

焊接中途停顿后,应将原熔池和附近焊缝重新熔化后才能继续焊接，重叠部分不应小于6mm。开始起焊时，由于焊件温度较低，可加大焊嘴与焊件的倾角，加快预热速度；当起焊处形成白亮的熔池时，再减小倾角进入正常焊接；焊接收尾时，焊件温度较高，应减小倾角，加快送焊丝速度和焊接速度，直到熔池填满，火焰再慢慢离开。

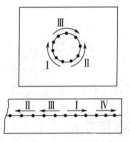

图4-6　分段焊和逆向焊示意图

(2) 气焊设备的组装　气焊设备应正确地组装在一起，才能使用。

组装时，先将气瓶安全帽拆下并清洁阀口，分别安装上乙炔和氧气高压阀，然后装上橡胶管（需用压缩空气吹净），最后再装上焊枪或割炬，连接各部位要求紧固、可靠、无泄漏。

使用时，先稍微开启焊枪上的乙炔调节阀。在确保乙炔调节阀上的螺杆旋松的前提下，再慢慢开启乙炔气瓶阀。阀门打开的速度不宜过快，以免误操作时损坏调压阀内的膜片和输出压力表。然后顺时针转动螺杆，达到所需工作压力时，将调节阀关闭。用同样方法，将氧气的输出压力调至规定值。

点火时，应先开启乙炔阀，点火后再慢慢开启氧气阀，并根据需要调节氧气和乙炔的比例，以获得焊接用火焰。

焊接结束时，应先关闭乙炔阀，随后关闭氧气阀。

(3) 焊接前焊件的准备　焊接前应对焊件的焊接部位进行清理，清除锈迹、油脂及其他杂质，以保证焊接质量。焊接8mm以上厚的板件时，应考虑在焊接部位做坡口，以保证焊接时有足够的熔深及焊接强度。

(4) 焊枪和焊丝的移动方式 焊枪和焊丝沿焊口移动的同时，应对焊缝做横向的摆动，使两侧母材熔融均匀。其目的在于使焊缝金属熔透而又不至于将焊件烧穿；搅动熔池，使各种非金属杂质及气体从熔池中排出，提高焊道的质量。选择何种移动方式，主要与焊缝状态、空间位置、焊件厚度和焊缝尺寸等因素有关。焊枪和焊丝常用移动方式如图4-7所示。

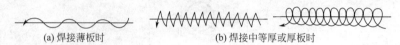

(a) 焊接薄板时　　　(b) 焊接中等厚或厚板时

图4-7　焊枪和焊丝的移动方式

(5) 焊接形式和焊接方法 焊接时，根据焊件各种连接方式（图4-8）和焊缝的空间位置（图4-9），可以把焊接作业分为以下六种形式。不同形式的焊接作业应采取不同的焊接方法。主要焊接作业的不同位置采用的焊接操作方法如表4-5所示。

(a) 对接　　(b) 搭接　　(c) 角接　　(d) T形接

图4-8　焊件的连接方式

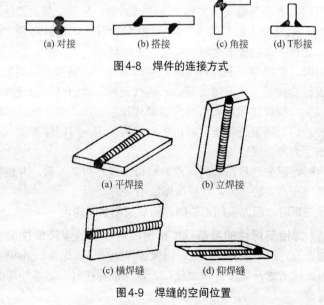

(a) 平焊接　　(b) 立焊接

(c) 横焊缝　　(d) 仰焊缝

图4-9　焊缝的空间位置

表4-5　不同位置采用的焊接操作方法

焊法	焊缝位置	操作要点	焊嘴
平焊	板面水平，焊缝在上表面，任意方向	① 焊接切口对正、对齐，放平 ② 间隔40～50mm点焊一点，再连续焊接 ③ 保持火焰焰芯的末端距表面2～6mm	按表4-2选用焊嘴
立焊	与水平面成45°～90°角的倾斜板面，焊缝沿板纵向（立缝）	操作要点与平焊基本相同，但火焰能率应略低于平焊，焊接要由下至上进行，焊炬不能作纵向摆动，每次向熔池送焊丝少一些，也可作微小横向摆动	选用比平焊小一号的焊嘴
横焊	在工件立面或斜面上沿着横向焊接	操作要点与平焊基本相同，但火焰能率应高于平焊 ① 采用左焊法 ② 火焰气流直接朝向焊缝，利用气流压力阻止金属流下 ③ 焊接时焊丝始终浸在熔池中，并作环形运动以使熔池略带倾斜	选用比平焊小一号的焊嘴
仰焊	焊缝位于水平板面下方（或斜面下侧），焊工仰视焊接	① 采用较细的焊丝、小火焰能率的焊嘴 ② 采用右焊法，利用焊丝末端和气流压力防止熔化金属流下 ③ 焊嘴与工件夹角约50°，焊丝与工件表面保持30°～40° ④ 严格掌握熔池大小和温度，使液态金属始终处于较稠状态	选用比平焊小一号的焊嘴

① 对接焊。又称为平焊，如图4-10所示。焊接时，焊件间应留出相当于板厚的间隙。其特点是熔池中熔融金属不会外流，渗透性良好，操作较容易，是最常见的一种焊接形式。

② 搭接焊。搭接焊在施焊中应使用中性焰，先将焰芯离开上板6mm左右，使下板得到更多的加热机会。当熔池形成后，再将焰芯靠近上板并加入焊丝，焊丝的位置也应靠近上板，并在火焰与上板之间移动，再将焰芯指向下板，直到形成新的熔池，如此反复。

③ 角焊和T形焊。焊接时应适当减小焊枪角度，以增大加热面积，避免焊件过热穿透及夹渣现象。

④ 立焊。图4-11所示为立焊操作示意图。

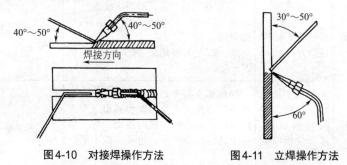

图4-10 对接焊操作方法　　图4-11 立焊操作方法

立焊时由于熔池内液态的金属容易下淌，使焊缝的形成比较困难。操作要领如下。

小技巧

◆焊接火焰应倾斜向上，并与焊件成60°夹角（图4-11）。焊丝与焊件间应成30°～50°角，并做环形移动，将熔化的金属均匀地一层层地堆敷上去，但要注意少加焊丝。

◆熔池面积不能过大、过深。厚板焊接时，焊嘴不要做横向摆动，仅做上下跳动，有利于控制熔池温度。

◆适当提高焊接速度，并将火焰较多地集中在焊丝上，可防止熔池温度过高，避免熔池金属下淌。

◆应采用由下向上的焊接方向，熔池形状以扁圆或椭圆形为宜，不要形成上下尖形的熔池。焊接薄板时，因熔池体积较小，焊枪可做较小的横向摆动，这样有利于疏散熔池中热量，并将熔融金属吹到两侧，从而形成较好的焊接品质。

⑤ 横焊。横焊时应采用左向焊法，火焰倾斜向前、向上，用火焰的吹力托住熔池金属，使之不发生下淌。焊丝始终插在熔池之中，并不断把熔化的金属向上拨动。应选择比平焊小的火焰能率，严格

控制熔池温度。

⑥ 仰焊。图4-12所示为仰焊操作示意图。仰焊是指焊件在焊接火焰上方，操作人员需仰视焊件并进行焊接作业。

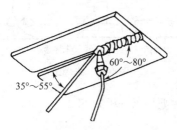

图4-12　仰焊操作方法

仰焊作业难度最大，熔池金属容易滴落，造成渗透性差，同时焊接姿势困难，劳动条件差。操作时需注意的事项如下。

小技巧

◆尽可能选择较小的火焰能率，所用焊枪和焊嘴均应比相同焊件平焊时小一号。焊接时应严格控制熔池的温度和大小，确保熔化的金属快速凝固。

◆宜选用较小直径的焊丝以薄层堆敷上去。若焊接较厚或有坡口的焊件时，应分层施焊。第一层应保证焊透，以后各层应保证熔合良好。

◆对接接头仰焊时，焊嘴与工件应成60°～80°角，焊丝与焊件应成35°～55°角。用焊丝挡住部分火焰，并利用火焰的吹力托住熔池金属。施焊过程中，焊丝应做"之"字形移动，并始终浸在熔池内，焊嘴则应做扁圆形运动。

◆仰焊时，应特别注意作业安全和焊接姿势，做好必要的防护工作。

（6）**焊接缺陷分析**

① 焊接过程中未焊透的原因分析。焊接后检查焊件接头底部，如果有未完全熔透的现象，称为未焊透。如图4-13所示的未焊透，不仅

降低了焊缝的力学性能,而且容易在缺口及末端处形成应力集中,从而使焊缝产生裂纹。

图4-13 未焊透

造成未焊透的主要原因分析如下。

> **小提示**
>
> ◆焊前处理不佳。焊件接口处清理不净,如存在氧化物、油污等。
>
> ◆坡口处理不良。焊件坡口角度过小、接口不整齐、间隙太小等。
>
> ◆焊嘴型号不对。所选焊嘴号码过小,以及火焰能率不够,或焊接速度过快。
>
> ◆散热速度过快。焊件的散热速度过快,使熔池存在的时间短,以致填充金属与母材之间未能充分熔合。

② 焊接过程中咬边的原因分析。由于焊接工艺参数选择或操作方法不当,使母材沿焊缝部位产生沟槽或凹陷称为咬边。图4-14所示的咬边缺陷,会降低焊缝的接合强度,并且也容易引起应力集中,承载后有可能在咬边处产生裂纹。一般焊接要求咬边的深度不允许超过0.5mm。

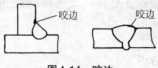

图4-14 咬边

造成咬边的原因分析如下。

> **小提示**
>
> ◆火焰能率过大、焊嘴倾角不正确、焊嘴与焊丝摆动不当等。气焊操作中,不论采用哪种焊法,都要使焊丝带住铁液,不使其下流;
> ◆火焰应正对焊缝中心,熔池不宜过大,且焊丝的运动范围应达到熔池边缘,这样就能有效地防止咬边现象的发生。

③ 焊接过程中焊缝夹渣的原因分析。焊后在焊缝残留一定数量的熔渣,称为夹渣。图4-15所示的夹渣不仅会降低焊缝的塑性与韧性,而且夹渣处也会引起应力集中,造成焊接裂纹。

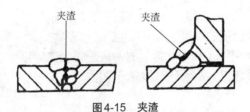

图4-15 夹渣

造成焊缝夹渣的主要原因有以下几点。

> **小提示**
>
> ◆焊丝选择不当,坡口边缘有污物。
> ◆焊接过程中火焰能率控制得过小,使熔池金属和熔渣受热不足,造成熔池金属流动性差,熔渣浮不上来。
> ◆熔池金属冷却速度过快,使熔渣尚未浮出焊缝就已凝固。
> ◆焊丝和焊嘴角度不正确等。

④ 焊接过程中焊缝中或表面形成气孔的预防措施。熔池中的气泡在熔融金属凝固前,未能及时逸出,使之残留在焊缝中而形成的空穴,称为气孔。

在焊缝中或表面形成气孔,不仅使焊缝金属的有效工作截面减小，降低了焊缝的力学性能，而且还破坏了焊缝的致密性，造成渗漏。在气孔边缘处，容易形成应力集中，使焊缝的塑性和韧性降低。

防止造成气孔的有效措施有以下几点。

> **小技巧**
>
> ◆正确选用合格的焊丝和焊剂。
> ◆焊前彻底清除坡口两侧20～30mm范围内的油污、锈迹和其他污物。
> ◆施焊过程中添加焊丝时要均匀，焊嘴和焊丝的横向摆动要一致且不能过快、过大，注意加强火焰对熔池温度的保护。
> ◆焊剂应妥善保存，不使用受潮的焊剂。
> ◆对于较大的焊件，焊前应采取预热措施。
> ◆选择合适的焊接速度且焊接时速度要均匀。
> ◆在焊接终了和中途停顿时，应缓慢撤离焊接火焰，防止熔池冷却速度过快，从而让气体充分逸出。

⑤ 焊接过程中产生焊接裂纹的预防措施。在焊接应力及其他致脆因素作用下，使焊缝局部金属结合力遭到破坏，从而形成新的金属界面并表现为焊接裂纹。根据裂纹的形成温度，可分为热裂纹和冷裂纹。

焊接裂纹是最危险的焊接缺陷。它严重地影响着焊接结构的使用性能和安全可靠性能，是造成许多焊件结构性破坏事故的直接原因。焊接裂纹除降低了焊缝的强度外，还因为裂纹末端的尖锐缺口，将引起应力集中，使裂纹延伸直至整个焊缝遭到破坏。

> **小技巧**
>
> 热裂纹。在焊接过程中，焊缝和热影响区金属冷却到固相线附近的高温区产生的裂纹，称为热裂纹（也称凝固裂纹）。热裂纹的显著特征是断口呈蓝黑色，即金属因过热被高温氧化后形成的颜色。防止产生热裂纹的主要措施如下。

◆严格控制母材和焊丝中碳、硫、磷的含量；焊接时应避免出现凹坑，在气温较低场所焊接或中途停顿时，应注意填满凹坑并将火焰缓慢离开。

◆适当调整焊缝金属的合金成分，在焊缝金属中加入可使晶粒细化的金属元素，如钼、钒、锆、铝等，可有效防止热裂纹的产生。

小技巧

冷裂纹。焊后焊缝良好，而当其冷却到一定温度时，随之产生裂纹的现象称为冷裂纹。避免产生冷裂纹的主要措施如下。

◆焊前预热和焊后缓冷。这样不仅能改善焊缝组织，降低热影响区的硬度和脆性，还能有利于加速焊缝中氢的向外扩散，同时也起到降低焊接应力的作用。

◆选择合适的焊接速度也是防止发生冷裂纹的关键要素。

2 电弧焊工艺

(1) 焊条电弧焊的组成 焊条电弧焊的组成如图4-16所示，它是熔焊的一种，是以焊条和焊件作为电源的两个电极，通以低压高强度电流，在焊条和焊件之间形成电弧，电弧所产生的高温，将焊条和焊缝处金属熔融并使其结合为一体的焊接方法。

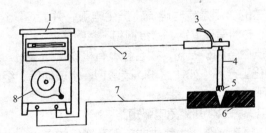

图4-16 焊条电弧焊
1—电焊机；2—焊接电缆；3—焊钳；4—焊条；5—电弧；6—母材；
7—搭铁电缆；8—电流调整转盘

焊条电弧焊具有设备简单、操作方便、灵活,适合多种条件下的焊接等特点,使其应用非常广泛。但焊条电弧焊并不是最适合于薄低碳钢板的焊接方法,所以在承载式结构车身的制造及修理作业中使用并不多。它主要使用在货车或大客车等厚板结构的车身、车架的焊接上。

电弧焊的焊接装置主要包括电焊机和焊钳等。

① 电焊机。电焊机可分为两种类型:交流电焊机和直流电焊机。

小提示

◆交流电焊机。其应用较为广泛,结构的主要部分为变压器,将电压降至适合于电弧焊接的60~80V,同时增大输出电流。这种焊机的优点是结构简单,价格便宜,且故障容易排除。

◆直流电焊机。它相当于一台输出电流可变的直流电源。其中硅整流直流电焊机具有体积小、质量轻、电弧稳定、维修方便等优点。

② 焊钳。焊钳用于夹紧电焊条,其外壳用耐高温的轻质绝缘塑胶制成,使焊接者不易触电而发生危险。

③ 电焊用材料。电弧焊中使用的主要材料是焊条。它是由金属焊芯和其外包裹着的一层药皮组成。

小提示

◆焊芯的作用是传导电流,产生电弧,并为焊缝填充金属。常用的焊芯材料有碳素钢、合金钢和不锈钢等。

◆药皮由各种矿石粉、铁合金、有机物(如木粉、淀粉、纤维等)和化工产品(如钛白粉、碳酸钾、水玻璃等)组成,其主要功用如下。

· 使电弧稳定,并避免电弧短路。

· 形成气罩,防止大气中的氧气及氮气的侵入,以保护熔融金属。

- 减缓冷却速度,防止龟裂。
- 可增加合金元素,改善接头质量。
- 防止焊条黏结,使焊接操作容易。
- 焊渣易于剥离,使焊道美观。

焊条由于药皮溶化后性能不同,可分为酸性焊条和碱性焊条。酸性焊条中药皮的主要成分是二氧化硅、二氧化钛和三氧化二铁等酸性氧化物。这类焊条对铁锈适应性强,电弧稳定,可用于交流、直流电焊机。碱性焊条中药皮的主要成分是萤石和碳酸盐。此类焊条焊接强度高,可用于合金钢的焊接,但对水、锈等产生的气孔反应敏感,多采用直流焊接。

④ 电焊的附属用具。

小提示

◆面罩及墨镜片。电弧的光线中含有紫外线和红外线,对人的皮肤和眼睛会造成伤害,而且焊接时火星飞溅,所以需要戴上面罩,并在面罩的眼部装上墨镜片来保护眼睛。

◆皮手套、套袖、围裙及脚套等。这些物品用来保护皮肤及身体裸露部位,避免被电弧及飞溅的火星灼伤。

◆钢丝刷和手锤。用钢丝刷和手锤来清除焊渣。在敲打焊道及周围材料时,还可减少残余应力并消除变形。

〔2〕**电弧焊工艺参数的选择** 电弧焊工艺参数(E50系列焊条的性能、焊件厚度与焊条直径的选用关系、焊接电流与电弧电压等参数的选择)如表4-6~表4-8所示。

表4-6　E50系列焊条的性能

焊条型号	药皮类型	焊接位置	电流种类
E5001	钛铁矿型	平焊、立焊、仰焊、横焊	交流或直流正、反接
E5003	钛钙型		

续表

焊条型号	药皮类型	焊接位置	电流种类
E5010	高纤维素钠型	平焊、立焊、仰焊、横焊	直流反接
E5011	高纤维素钾型		交流或直流反接
E5014	铁粉钛型		交流或直流正、反接
E5015	低氢钠型		直流反接
E5016	低氢钾型		交流或直流反接
E5018	铁粉低氢型		
E5024	铁粉钛型	平焊、平角焊	交流或直流正、反接
E5027	铁粉氧化铁型		交流或直流正接
E5028			
E5048	铁粉低氢型	平焊、立焊、仰焊、立（向下）焊	交流或直流反接

表4-7 焊件厚度与焊条直径的选用关系　　　　　　　　mm

焊件厚度	≤1.2	2	3	4～5	6～12	≥13
焊条直径	1.5	2	3.2	3.2～4	4～5	5～6

表4-8 焊接电流、电弧电压参数的选择

参数名称	参数的选择
焊接电流	① 根据焊条直径选择。可以根据经验公式 $I=Kd$ 进行估算，式中 I 为焊接电流；K 为经验系数；d 为焊条直径。焊条直径与经验系数的关系如下表所示 | 焊条直径d/mm	1～2	2～4	4～6
---	---	---	---
经验系数K	25～30	30～40	40～60	 ② 根据焊缝位置选择。平焊时，可以选择焊接电流大一些 ③ 根据焊条类型选择。碱性焊条使用的焊接电流要比酸性焊条要小，否则焊缝中易形成气孔
电弧电压	电弧电压主要决定于电弧长度。电弧长，则电弧电压高；电弧短，则电弧电压低。在焊接过程中，电弧并不宜过长，应力求使用短弧为好。碱性焊条的弧长应较酸性焊条短些，立、仰焊时应比平焊时短些

续表

参数名称	参数的选择
焊接速度	焊接过程中,焊接速度既要适当,又要均匀;既要保证不被烧穿,又要保证焊缝质量。在保证焊缝质量的前提下,应尽量采用大直径焊条和大焊接电流,适当加快焊接速度,以便提高生产率
焊接层数	厚度大的焊件,需要经过多层施焊才能填满焊缝。每层焊缝高度不能过大,应控制在4~5mm。根据实践经验,每层厚度等于焊条直径的0.8~1.2倍为好

(3) 电弧焊中的引弧方法

小技巧

◆直击法。直击法是将焊垂直焊件进行碰触,然后迅速将焊条提起并与焊件保持3~4mm的距离,即可产生电弧。这种引弧方法大多适用在焊接处地方狭窄或焊件表面不允许有擦伤的情况下。

◆划擦法。将焊条在焊件上轻轻划擦一下(划擦长度约为20mm),然后与焊件保持3~4mm的距离,即可产生电弧。

◆引弧起点的选择。将引弧的起点选择在焊缝后面8~10mm处,待引燃电弧后再拉长电弧,凭借弧光迅速拉到焊缝的起点预热施焊。

(4) 电弧焊中焊条的运动方向　电弧焊中焊条的运动方向的示意图如图4-17所示。

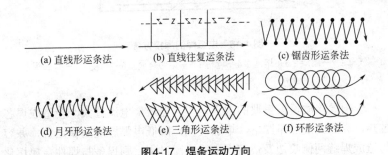

图4-17　焊条运动方向

> **小技巧**
>
> ◆直线形运条法。直线形运条法不做横向摆动,适用于板厚为3~5mm不开坡口的对接平焊、多层焊的第一层和多层多道焊。
>
> ◆直线往复运条法。焊条末端沿焊缝纵向做来回直线摆动,适用于薄板和接头间隙较大的焊缝。
>
> ◆锯齿形运条法。锯齿形运条法是焊条末端做锯齿形连续摆动地前移运动,并在两边转折点处稍停片刻,适用于较厚钢板的全位置焊接。
>
> ◆月牙形运条法。焊条末端做月牙形左右连续摆动的前移运动,并在两边转折点处稍停片刻,适用范围同锯齿形运条法。
>
> ◆三角形运条法。三角形运条法是焊条末端做连续的三角形前移运动,分为正三角形运条法和斜三角形运条法。正三角形运条法适用于开坡口的对接接头和T形接头焊缝。

(5) **电弧焊的焊接形式和焊接方法** 电弧焊的基本焊接方法如图4-18所示。

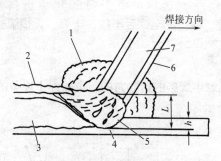

图4-18 电弧焊的焊接方法

1—气罩;2—熔渣;3—熔池;4—母材;5—熔融金属;6—药皮;7—金属焊芯;
L—电弧长度;h—熔深

影响焊接质量最重要的因素是焊接电流:电流过大,会造成焊芯过热,导致药皮过早脱落,增加飞溅,降低电弧燃烧的稳定性,并容易造成焊缝两侧咬边及烧穿现象;电流过小,则焊条与焊件金属熔化不良，熔深浅、焊不透，并容易造成焊缝夹渣及残留气孔等现象。所以在空载状态下，预调好焊接电流非常重要，没有把握时应在试件上进行试焊。

此外，所选焊条应与焊件材料相适应。焊接时焊条在焊件上应倾斜一定角度（一般为50°～60°）。控制好电弧长度和运行速度，使熔池的形状及大小始终如一。同时对于不同形式的焊缝，也应采用不同的焊接方法，分述如下。

小技巧

◆平焊。平焊时，熔滴由于自重滴落在焊缝上，熔融金属不会外流，渗透性良好，操作较简单，可选用较大直径的焊条、焊接电流及焊接速度。

◆立焊。立焊时，熔滴易沿焊缝下淌，因而应使用小直径焊条和小电流，采用短弧法焊接，且在操作过程中应由下向上焊，焊条角度应向下倾斜60°～80°。焊条应采用半月形横向摆动加挑弧（间歇灭弧）或跳弧（间歇性将电弧拉长）的操作方法，既能防止熔池温度过高，又能延长熔池金属冷却时间。

◆横焊。横焊时，熔化金属易流向下侧焊件，使下侧焊件的焊口边缘过度熔化。所以在焊接时，应采用小直径焊条、小电流及短弧焊，并用焊条前端将熔化金属向上带，然后迅速回落。如果焊件过厚，V形坡口间隙过大，可采用两道焊法，先在下坡口上堆焊一道，然后补全焊缝，如图4-19所示。

◆仰焊。仰焊时，焊滴极易下坠滴落，焊缝不易焊透，一般采用比立焊稍大些的电流和尽可能短的电弧进行焊接。

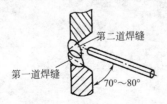

图4-19 横焊时间隙过大应采用两道焊

(6) 电弧焊常见缺陷

① 未焊透。电焊中造成未焊透的主要原因有以下几点。

小提示

◆焊口不清洁。
◆坡口处理不当（如坡口角度过小、切口不整齐、间隙过小或钝边过厚）。
◆焊条运行速度过快。
◆焊条角度不当或发生电弧偏吹等。

② 夹渣。产生焊缝夹渣的主要原因有以下几点。

小提示

◆坡口边缘有油污水分或杂物。
◆焊条直径过粗且焊接电流调节过小，使熔池和熔渣加热不足，造成熔池金属流动性差，使熔渣不易浮出。
◆金属冷却速度过快，使熔渣尚未浮出焊缝就已凝固。
◆药皮成块脱落而未熔化。
◆焊条偏心和电弧无吹力等。

③ 气孔。形成气孔的主要原因有以下几点。

小提示

◆焊缝接口不清洁。
◆焊条受潮。
◆焊接电流过大。
◆焊接速度过快等。

④ 裂纹。防止产生热裂纹和冷裂纹的主要措施有以下几点。

小提示

◆选用合适规格和型号的优质电焊条。
◆收弧时应使焊接电流逐渐变小并缓慢离开。
◆适当调整焊缝金属的合金成分。
◆焊前预热和焊后缓冷。
◆选择合适的焊接速度等。

3 CO_2 气体保护焊工艺

CO_2 气体保护焊的起弧及焊接原理与焊条电弧焊相似,如图4-20所示。以 CO_2 气体覆盖的焊接部位,相当于焊条上药皮的作用,屏蔽熔融金属,保护焊道不受空气中的氧、氮及水蒸气的侵入而影响焊接质量,并且以直径细小的连续盘式裸线焊丝,代替一般的药皮焊条,焊接时焊丝自动地连续送给,焊道没有接头,能够实现半自动焊接。

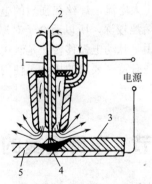

图4-20 CO_2 气体保护焊原理
1—导电嘴;2—焊丝;3—焊缝;4—熔池;5—焊件

焊接过程如图4-21所示,焊接时,以焊丝为一电极,以焊件金属为另一电极。焊丝与焊件接触发生短路,焊丝端部产生热熔,熔滴在收缩力的作用下,与焊丝端部分离并被转移到焊件上,同时在焊丝与焊件间产生电弧,电弧热使焊丝端部继续热熔并在焊件上形成熔池。

自动送给的焊丝与焊件再次发生短路并进行熔滴的转移，一般每秒要进行100次左右，如此反复，就将焊丝堆积成焊道。

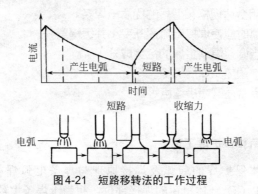

图4-21　短路移转法的工作过程

采用这种方法进行焊接时，要使用细焊丝、低电压和小电流，使传到钢板上的热量保持最少。在实际工作中最为常用，尤其适合于对车身薄钢板的焊接。

此外，熔滴转移方式还有喷射移转和脉动电弧移转两种方法。喷射移转法必须使用高压大电流，焊丝在强烈的电弧中形成雾状喷洒在熔池中。因其形成的熔池较深，所以适合于对厚板的平焊或使用CO_2保护焊进行点焊时采用。脉动电弧移转法是利用直流电的脉动使熔滴转移的方法，对于一些有特殊要求的接头，使用此方法可使操作变得较容易。

第二节　车身修复的粘接

一、常用的粘接剂

粘接剂又称黏合剂或胶黏剂，它能把两个物体牢固的黏结在一起，起到连接和密封作用。既有较高的粘接强度，又具有耐水、耐油、耐热、耐化学药品的性能，可以代替焊接及铆钉、螺栓连接。

胶黏剂的种类有天然黏合剂、热固性树脂胶黏剂、热塑性树脂胶黏剂、橡胶类胶黏剂及混合型胶黏剂等300多种。使用时，首先要根据被粘材料的种类、性质、使用条件及工艺要求等综合因素考虑,来确定不同类型的胶黏剂。目前汽车上常用的胶黏剂有环氧树脂胶、酚醛树脂胶、氧化铜胶、合成橡胶等。

1 环氧树脂胶

环氧树脂胶是以环氧树脂为主,加入固化剂、增塑剂、填料及稀释剂等配制而成的。其粘力强,固化收缩小,耐腐蚀、耐油、电绝缘性能好,使用方便。缺点是性脆,韧性差。

环氧树脂的应用范围较广,对汽车而言,最适宜粘接离合器摩擦片、制动蹄摩擦片等,此外还常用于修补气缸体、缸盖、变速器壳、蓄电池等受力不大的部位。酚醛树脂胶具有较高的粘接强度,耐热好(能在150℃的温度下长期工作)。主要缺点是脆性大,不耐冲击,低温流动性小。酚醛树脂常用于铝合金、钢、玻璃钢及橡胶的粘接。汽车上常用于制动蹄摩擦片和离合器摩擦片的粘接。

2 氧化铜胶

氧化铜胶是一种无机黏结剂,其优点是耐高温,能经受600℃以上的温度,且粘接工艺简单,使用方便。其缺点是粘接脆性大,不耐冲击,故多采用槽接或套接。

3 合成橡胶

合成橡胶黏合剂是由橡胶溶解在溶剂中配制而成,它能在室温下固化,具有良好的耐老化、耐燃油和润滑油性能,并与金属有一定的粘接力。一般可在–60～130℃范围连续使用,富有柔韧性,适用于粘接受弯曲应力的零件、油箱衬里、齿轮箱及门窗的密封等。

4 Y-150厌氧胶

Y-150厌氧胶是一种专用于密封、防漏防松动的胶黏剂。具有使用方便、可室温固化、不含有机溶剂、浸润性好、毒性小等特点。适用于不经常拆卸螺母的紧固防松、螺纹连接接头及平面突缘接合面的耐压、密封、防漏与紧固件的防松。既可以省去密封垫,还可用于轴承内外环的固定及填充堵塞漏隙和裂纹。

5 J-19胶黏剂

J-19胶黏剂具有粘接强度高、韧性好、耐热、粘接工艺简单等特点。它对金属和一般非金属材料都有较高的黏结强度,适用于受力较大的机件的黏结修复,如刀具的硬质合金和刀体粘接、底盘横梁、箱体等。

近来还常用组合胶黏技术,即将两种以上黏合剂组合混用,可获得更优异的粘接质量。

二、粘接技术

粘接技术有如下特点:粘接技术是一项新工艺、新技术,它能部分代替焊接、铆接和螺纹连接,将各种金属和非金属构件牢固地连接在一起,且可达到较高的强度要求,并具工艺、设备简单,操作方便,成本低廉,适用范围广,密封防腐性能好,耐疲劳强度高等优点。

粘接技术的不足之处是:粘接层的抗剥离强度,不均匀扯离强度和抗冲击强度较低,一般胶黏剂耐热性不高(一般150℃,最高300℃),耐老化性能差,而且缺乏无损检验粘接品质的方法。

三、粘接方法

1 常用粘接方法

小提示

◆热熔粘接法。利用加热使粘接面熔融,然后叠合加压,冷却凝固达到粘接的目的。适用于热塑性塑料之间的粘接,大多数热塑性塑料在加热至150~230℃可粘接。

◆溶剂粘接法适用于非结晶性无定形的热塑性塑料,接头加单纯溶剂或含塑料的溶液,使表面熔融达到粘接目的。

◆胶黏剂粘接法将两个物体的接头或零件的裂纹用胶黏剂进行粘接,达到所需的强度。各种类型的胶黏剂可对相应的金属与金属、金属与非金属、非金属与非金属进行粘接。

2 粘接接头设计的基本原则

小技巧

◆保证在粘接面上应力分布均匀。
◆具有最大的粘接面积，提高接头的承载能力。
◆将应力减少到最低程度，尽可能使接头胶层承受拉力、压力和剪力，避免承受剥离力和不均匀扯离力。最好的结构是套接，其次为槽接或斜接。

3 粘接接头的设计形式及特点

任何粘接接头不论多么复杂，都可以简化为四种形式，如图4-22所示。

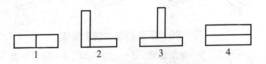

图4-22 粘接接头的基本形式
1—对接；2—角接；3—T形接；4—平面接

① 对接接头。它的粘接面积小，除拉力外任何方向都容易形成不均匀扯离力而造成应力集中，所以粘接强度低，一般不采用。对接接头可采用改进形式，如图4-23所示。

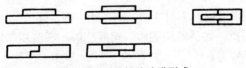

图4-23 对接接头改进形式

② 角接接头。它的粘接面积小，并且所受的力是不均匀扯离力，所以粘接强度很低，应避免采用。必须采用时应采取一些组合的补救措施，如图4-24所示。

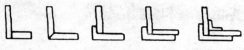

图4-24 角接接头

③ T形接头。它的粘接强度更低,一般不允许采用,如果改变其接头形式,采用支撑接头或插入接头,效果较好,如图4-25所示。

图4-25 T形接头

④ 平面粘接。它的粘接面积大,粘接强度高,当柔性材料和刚性材料之间粘接时,应在粘接的边缘采取防止剥离破坏的措施,如图4-26所示。

图4-26 平面粘接的防剥措施
1—包头;2—端部加宽;3—端部加厚;4—端部加铆

4 胶黏剂的选择

① 根据被粘材料化学性质选择胶黏剂。

小技巧

◆粘接极性材料(包括钢、铝、钛、镁、陶瓷等);应选择极性强的胶黏剂,如环氧树脂胶、聚氨酯胶、酚醛树脂胶、丙烯酸酯胶、无机胶等。

◆粘接弱极性和非极性材料(包括石蜡、沥青、聚乙烯、聚丙烯、聚苯乙烯、ABS等),应选择丙烯酸酯胶、不饱和聚酯胶,或用能溶解被粘材料的溶剂,如三氯甲烷、二氯乙烷等。

② 根据被粘材料物理性质选择胶黏剂。

> **小技巧**
>
> ◆粘接脆性和刚性材料（如陶瓷、玻璃、水泥和石料等），应选用强度高、硬度大和不易变形的热固性树脂胶黏剂，如环氧树脂胶、酚醛树脂胶和不饱和聚酯胶。
> ◆粘接弹性和韧性材料（如橡胶、皮革、塑料薄膜等），应选择弹性好，有一定韧性的胶黏剂，如氯丁胶、聚氨酯胶等。
> ◆粘接多孔性材料（如泡沫塑料、海绵、织物等），应选择黏度较大的胶黏剂，如环氧树脂胶、聚氨酯胶、聚醋酸乙烯胶、橡胶型胶黏剂等。

③ 根据被粘件使用条件选择胶黏剂。

> **小技巧**
>
> ◆被粘件受剥离力、不均匀扯离力作用时，可选用韧性好的胶，如橡胶胶黏剂、聚氨酯胶等。
> ◆在受均匀扯离力、剪切力作用时，可选用比较硬、脆的胶，如环氧树脂胶、丙烯酸酯胶等。
> ◆被粘件要求耐水性好的胶，有环氧树脂胶、聚氨酯胶等；耐油性好的胶，有腈酚醛胶、环氧树脂胶等。
> ◆根据被粘件的使用温度，选用不同的胶，如环氧树脂胶适宜在120℃以下使用；橡胶胶黏剂适宜在80℃以下使用；有机硅胶适宜在200℃以下使用；无机胶适宜在500℃以下或高达1000℃以上使用。

④ 根据不同的工艺方法选择胶黏剂。灌注用的胶黏剂通常选用无溶剂、低黏度胶；密封用的常选用膏状、糊状或腻子状胶黏剂。

5 密封胶黏剂的选用

密封胶黏剂的品种很多，可按其使用条件和使用部位作如下选择。

① 干性附着型密封胶黏剂。主要用于不经常拆卸的部位，不宜在经常承受振动和冲击的连接部位使用。

② 干性剥离型密封胶黏剂。由于其溶剂挥发后能形成柔软而具有弹性的胶膜，适用于承受振动或间隙较大的连接部位，但不适用于大型连接面和流水线装配。

③ 不干性粘接型密封胶黏剂。可用于经常拆卸。检修的连接部位，形成的膜长期不干，并保持黏性，耐振动和冲击，适用于大型连接面和流水线装配作业，更适用于设备的应急检修。

④ 半干性黏弹型密封胶黏剂。干燥后具有黏合性和弹性，受热后黏度不会降低；复原能力适中，密封涂层较为理想，可单独使用或用于间隙大的接合面。此类密封胶黏剂介于干性及不干性之间，兼有两者的优点，较为常用。

各种材料常用胶黏剂的选择参考方案如表4-9所示。

表4-9 各种材料常用胶黏剂的选择参考表

材料名称	织物皮革	木材纸张	玻璃陶瓷	橡胶制品	泡沫塑料	热塑性塑料	热固性塑料	金属材料
金属材料	2、5、7、8、9、13	1、5、7、13	1、2、3、8	9、10、8、7	7、9	2、3、7、8、12	1、2、3、5、7、8	1、2、3、4、5、6、7、8、13、14
热固性塑料	2、3、9	1、2、9	1、2、3	2、7、8、9	2、3、7	8、7、2	2、3、5、8	
热塑性塑料	2、3、7、9、13	2、7、9	2、8、7	9、7、10、8	7、9、2	2、7、8、12、13		
泡沫塑料	5、7、9	1、5、2、9、11	2、8	9、10、7	7、9、11、2			
橡胶制品	2、7、9、10	2、9、10	2、8、9	7、8、9、10				
玻璃陶瓷	2、3、7	1、2、3	2、3、7、8、12					
木材纸张	2、7、9、11、13	2、11、13						
织物皮革	7、9、10、13							

表4—9中数字含义如下：1—环氧-脂肪胺胶；2—环氧-酰胺胶；3—环氧-聚硫胶；4—环氧-丁腈胶；5—酚醛-缩醛胶；6—酚醛-丁腈胶；7—聚氨酯胶；8—丙烯酸酯类胶；9—氯丁橡胶；10—丁腈橡胶；11—乳白胶；12—溶液胶；13—热熔胶；14—无机胶

6 影响粘接品质的因素

小技巧

◆ 胶黏剂本身含有不同杂质；超过储存期或保管不当；配制时搅拌不均匀。
◆ 被粘材料表面处理品质较差，造成胶黏剂层厚薄不均。
◆ 粘接工艺中压力、温度、时间不符合要求。

第三节 钣金手工成形工艺

一、钣金手工成形工艺特点与分类

1 钣金手工成形定义

钣金手工成形（或简称手工成形）是指采用必要的各种各样的夹具，简单的胎型、靠模，通过手工将材料加工成所需要的形状的一种车身修复工艺。

2 手工成形的特点

① 手工成形工艺的使用范围。目前，大多数的成形工艺是通过机械成形来完成的，手工成形往往只作为补充或修整工作。但在汽车钣金维修作业中，经常遇到一些残损或丢失的零部件和需要重新制作镶补的钣金件，特别是车辆碰撞及翻车造成的操作，这些零部件的成形多靠手工操作来完成。

② 手工成形工艺的决定因素。手工成形也需一些简单的胎具、靠模和工夹具，这些工夹具一般是通用型的。手工成形零部件的质量高低，主要取决于操作工艺是否合理，所选用的工、夹、胎具是否合适，但最重要的是取决于操作者技能的高低和实践经验的多少。

③ 手工成形工艺的优点。手工成形虽然工作强度大，劳动效率

低,但由于其具有使用工具简单、操作灵活简便,可以完成形状较复杂的零部件制造等优点,所以在汽车车身修复的钣金维修业中仍是主要的修复手段。

3 手工成形的种类

手工成形工艺包括弯曲、放边、收边、拔缘、卷边、咬缝、拱曲等。

二、钣金手工成形工艺

1 弯曲

【1】弯曲定义 手工弯曲是指用手工操作将金属材料沿直线或曲线弯曲成一定角度或弧度的工艺过程。手工弯曲是汽车维修钣金工最基本的操作方法之一。弯曲在汽车维修中占有较大的比重,如发动机盖、翼子板、汽车保险杠等零部件的制作过程中都有弯曲工艺。

【2】弯曲方法 工件的弯曲方法一般有两种,即角形弯折和弧形弯曲。

【3】角形弯折成形工艺

① 一般说明。

> **小技巧**
>
> ◆在手工弯曲板料过程中,板料在进行角形弯曲后会出现平直的棱角。因此,在弯折板料前,应根据零件形状划线下料,并在弯折处划出折弯线,一般折弯线划在折角的内侧。
>
> ◆如果零件尺寸不大,折弯工作可在台虎钳上进行。将板料夹持在台虎钳上,使折弯线恰好与钳口衬铁对齐,夹持力度合适。当弯折工件在钳口以上较长或板料较薄时,正确的方法应是用左手压住工件上部,用木锤在靠近弯曲部位轻轻敲打,如图4-27(a)所示;而如果敲打板料上方,易使板料翘曲变形,错误的方法如图4-27(b)所示。

◆若板料在钳口以上部分较短时,可用硬木垫在弯角处,再用力敲打硬木,正确的和错误的方法如图4-28所示。

◆如果钳口宽度较零件宽度小,可借助夹持工具来完成,如图4-29所示。

◆弯成各种形状的工件时,可借助木垫或金属垫等作辅助工具。

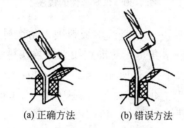

图4-27 在钳口以上较长或板料较薄的弯折工件

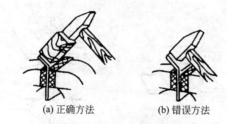

图4-28 在钳口以上较短的弯折工件

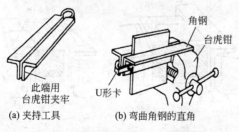

图4-29 借助夹持工具弯工件的直角

② 弯S形工件。弯S形工件的操作顺序如图4-30所示。依划线夹持板料,弯成α角,然后将方衬垫垫入α角,再弯折β角。

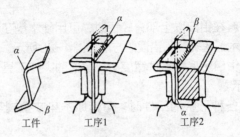

图4-30 弯S形件的程序

图4-30中,工序1——依划线将板料夹入角铁衬里,弯成α角;工序2——将方衬垫放入α角里,对准划线夹入角铁衬垫弯成β角。

③ 弯n形件。如图4-31所示,先弯成α角,再用衬垫弯成β角,最后完成γ角。弯曲封闭的盒子时,其方法与弯n形件大致相同,最后夹在台虎钳上,使缺口朝上,再向内弯折成形。

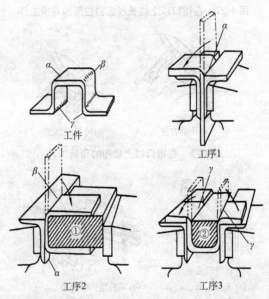

图4-31 弯n形件的程序

图4-31中,工序1——弯成α角;工序2——用衬垫①弯成β角;工序3——用衬垫② 弯成γ角。

（4）弧形弯曲 以圆柱面弯曲为例，首先在板料上划出若干与弯曲轴线平行的等分线，作为弯曲时的基准线。然后用槽钢作为胎具，将板料从外端向内弯折。当钢板边缘接触时，将对接缝焊接几点。将零件套在圆钢管上敲打成形，再将接缝焊牢。锤击时，应尽量使用木锤，以防板料变形，如图4-32所示。

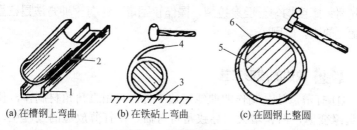

(a) 在槽钢上弯曲　　(b) 在铁砧上弯曲　　(c) 在圆钢上整圆

图4-32　圆柱面的弯曲

1—槽钢；2，4，6—坯料；3—铁砧；5—圆钢

（5）复杂形状工件的弯曲 如图4-33所示，用垫铁和手锤配合进行弯曲，一只手持垫铁在工件背面垫托，垫铁的边缘要对准弯折线，另一只手持手锤沿正面弯折线处敲击，边敲击边移动垫铁，循序渐进，使工件边缘逐渐形成弯曲。

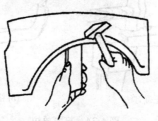

图4-33　复杂形状工件的弯曲

2 放边

（1）放边定义 通过使板料变薄而导致角形零件弯曲成形的方法叫放边。

（2）放边的方法 常用的放边方法有两种。

> **小技巧**
>
> ◆一种是把角形板料一边打薄,叫打薄放边。此法效果显著,但表面有锤打痕迹,板料厚薄不均。
>
> ◆另一种是将角形板料一边拉薄,叫拉薄放边。加工时表面光滑,厚度均匀,但易拉裂,操作较困难。还有一种方法是在型胎上放边,应用较少。

(3) 放边的成形工艺

① 打薄放边。制作凹曲线弯边零件,可用直角角材制作,使其一边缘变薄,面积增大,导致角材弯曲。在打薄放边的过程中,角材底面必须与铁砧表面贴平[图4-34(a)],否则会产生翘曲现象[图4-34(b)];锤击点应均匀并呈放射线状;锤击面积通常占锤击边面积的3/4左右,且不得敲打角材弯角处。锤击时,材料可能会产生冷作硬化现象,应及时退火。另外,应随时用样板或量具检查外形,防止弯曲过大。

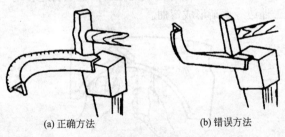

(a) 正确方法　　　　　(b) 错误方法

图4-34　打薄放边

② 拉薄放边。拉薄放边是用木锤或铁锤将板料一边在木墩上锤放,利用木墩的弹性,使材料伸展拉长。这种方法一般在制作凹曲线弯边零件时采用。为防止裂纹,可事先用此法放展毛料,后弯制弯边,这样交替进行,完成制作。

③ 在型胎上放边。用木锤通过顶木在型胎上锤放板料,使毛料伸展,如图4-35所示。

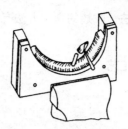

图 4-35 在型胎上放边

下面简单介绍一下半圆形制件展开尺寸的估算方法。

材料厚度 B 的计算公式如下：

$$B = a + b - \left(\frac{r}{2} + t\right) \quad \text{（mm）}$$

式中　a，b——弯边宽度，mm；

　　　r——圆角半径，mm；

　　　t——材料厚度，mm。

展开料长度 L 的计算公式如下。

$$L = \pi\left(R + \frac{b}{2}\right) \quad \text{（mm）}$$

式中　R——制件弯曲半径，mm；

　　　b——放边的一边的宽度，mm。

具体尺寸标注如图 4-36 所示。

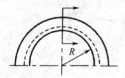 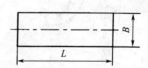

图 4-36 半圆形制件

3 收边

（1）收边定义　对长直角形零件单边起皱收缩而弯曲成形的方法叫收边。此法主要制作凸曲线弯边的零件。

(2) **收边常用方法**　收边的常用方法有两种：用折皱钳起皱和搂弯收边。

(3) **收边的成形工艺**

> **小技巧**
>
> ◆用折皱钳起皱。如图4-37所示，用折皱钳将角形板料一边边缘起皱收缩，从而迫使另一边弯曲成形。板料在弯曲过程中，起皱一边应随时用木锤锤击皱纹，使材料皱折消失，厚度增大。在敲平过程中，如发现加工硬化现象，应及时退火处理。
>
> ◆搂弯收边。如图4-38所示，将坯料夹在型胎上，用铝棒顶住毛坯，用木锤敲打顶住部分，使板料弯曲，逐渐被收缩贴靠胎模。

制作凸曲线弯边的零件，如其强度要求不高，可根据要求的弯度在应该收缩的一面用剪刀剪出若干豁口，然后弯曲板料，再将剪口焊接。

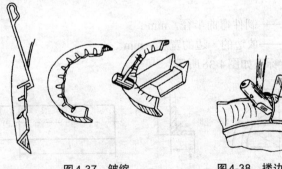

图4-37　皱缩　　　　　图4-38　搂边

4　拔缘

(1) **拔缘定义**　利用收边和放边的方法把板料的边缘弯曲成弯边的方法叫拔缘。

第四章 车身修复工艺

【2】拔缘常用的形式和方法

① 拔缘常用的形式。

> **小技巧**
>
> ◆一种叫外拔缘,即把圆筒形制件的边缘向外延展折弯,其目的是增加刚性。一般在无配合要求的情况下多采用外拔缘。
>
> ◆另一种是内拔缘,也叫孔拔缘,即将制件上孔洞的边缘延展弯折,其目的是增加刚性,减轻重量,美观光滑。如大客车框板、肋骨等板件上常有拔缘孔。图4-39所示为部分板料构件的拔缘情况。

图4-39 部分拔缘加工件图例

② 拔缘常用的方法。金属板件拔缘时,部分材料被拉长形成凸缘,因此,应根据材料厚度和其延展性能确定拔缘角度和宽度。拔缘的方法可分为自由拔缘和型胎拔缘两种。

【3】拔缘的成形工艺

① 自由拔缘。自由拔缘是利用一般的拔缘工具进行的手工拔缘,如图4-40所示。其方法如下。

> **小技巧**
>
> ◆先划出拔缘标记线。
>
> ◆将板件靠在砧座边缘,标记线与砧座边缘靠齐。
>
> ◆板料锤击部位与座平面形成30°左右的夹角。

◆锤击伸出部分,使之拉伸并向外弯曲,敲击时用力适当,敲击均匀,并随时转动构件。

◆若凸缘要求边宽或角度大时,可适当增加敲击次数。

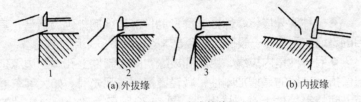

(a) 外拔缘　　　　　　　(b) 内拔缘

图 4-40　自由拔缘

1～3—工艺步骤

② 型胎拔缘。板料在型胎上定位,按型胎拔缘孔进行拔缘,适合制作口径较小的零件拔缘,可一次成形,如图4-41所示。

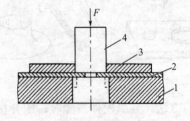

图 4-41　型胎拔缘

1—型胎;2—毛料;3—压板;4—铁锤头

5　拱曲

【1】**拱曲定义**　把较薄的金属板料锤击成凹面形状的零件,称为拱曲。

【2】**拱曲的基本原理**　通过锤击板料的中部使其变薄并向外伸展,周边部分起皱收缩,最终完成零件拱曲。

【3】**半球形拱曲零件的成形工艺**　制作如图4-42(a)所示的半球形拱曲零件的过程如图4-42(b)～(f)所示。

小技巧

◆操作时需用带凹坑的座,将板料对准座凹坑放置,左手持板料,右手锤击。

◆锤击点由里向外,并根据板料变形情况确定锤击的密度和力量,且锤击过程中不断转动板料。

◆随着曲面的形成,制件周边会出现皱褶,此时应及时将皱褶贴平在座上敲平。

◆对拉伸和收缩的部位轮流反复锤击,即可得到拱曲制件。

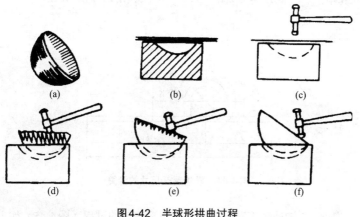

图4-42 半球形拱曲过程

6 卷边

(1) 卷边定义 为了增加零件边缘的刚度和强度,使板料制件安全、美观、耐用,将零件边缘卷起来的方法叫卷边。

(2) 卷边形式 卷边形式有空心卷边和夹丝卷边两种形式。卷边零件如图4-43所示。空心卷边是将板料边缘卷成圆筒形;夹丝卷边是在空心卷边内嵌入一根铁丝,以增强刚性。铁丝的尺寸可根据板件的使用要求确定,一般铁丝的直径应为板料厚度的4~6倍,包卷铁丝的板料加放宽度大致相当于铁丝直径的2.5倍。

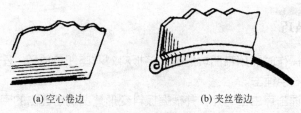

(a) 空心卷边　　　　(b) 夹丝卷边

图4-43　空心卷边和夹丝卷边

【3】卷边展开尺寸的计算　如图4-44所示，L为展开长度，L_1为板料未卷边部分的长度，L_2为卷边部分的长度，显然$L = L_1 + L_2$。

其中：$L_2 = \dfrac{3\pi}{4}(d+\delta) + \dfrac{d}{2} = 2.35(d+\delta) + \dfrac{d}{2}$(mm)

所以：$L_2 = L_1 + 2.35(d+\delta) + \dfrac{d}{2}$(mm)

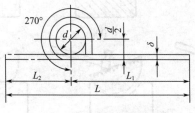

图4-44　卷边展开尺寸的计算

【4】卷边成形工艺　夹丝卷边成形工艺的过程（图4-45）如下。

> **小技巧**
>
> ◆在卷边部位划出两条卷边线，如图4-45（a）所示。
> ◆将板料放在平台上，使卷边部分的$d/2$伸出平台，左手压住板料，右手用木锤敲击，使伸出部分向下弯曲成85°左右。
> ◆将板料慢慢向外伸，随时敲击伸出部分，但不能敲击过猛，直到伸出平台长度为L_2，此时板料边缘应敲击成如图4-45（d）所示的形状。

◆将板料翻转，使卷边朝上，均匀敲打卷边向里扣，使卷边部分逐渐成圆弧形，放入铁丝，一边放，一边扣。

◆翻转板料，使接口抵住平台缘角，敲击使接口靠紧。

手工空心卷边在卷合过程中应轻而均匀地敲打，避免将卷边打扁。

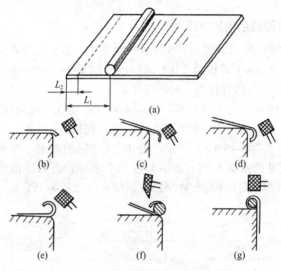

图4-45 夹丝卷边的制作过程

7 咬缝

（1）咬缝定义 将薄板的边缘相互折转扣合压紧的连接方式叫咬缝。咬缝可将板料连接牢固，可代替焊接、铆接等工艺方法。

（2）咬缝的种类 常见咬缝的种类，就结构不同可分为挂扣、单扣和双扣，以形式不同可分为站扣和卧扣，如图4-46和图4-47所示。

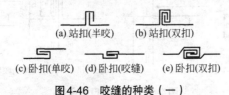

图4-46 咬缝的种类（一）

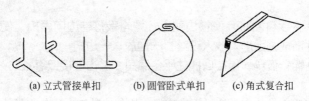

(a) 立式管接单扣　　(b) 圆管卧式单扣　　(c) 角式复合扣

图4-47　咬缝的种类（二）

(3) 咬缝余量的计算

① 咬缝宽度的确定。以 S 表示咬缝宽度。若板厚在0.5mm以下，则 S 为 3～4 mm；若板厚在 0.5～1mm，则 S 为 4～6mm；若板厚在 1mm 以上时，宜用焊接而不宜用咬接。

② 卧接咬口的余量计算。如图4-48（a）所示，a 为板Ⅰ的尺寸，a' 为板Ⅱ的尺寸。若 A 处在 S 段的中间，则板Ⅰ和板Ⅱ的余 δ 量相等（$\delta=1.5S$）；如图4-48（b）所示，若 A 处于 S 段的右侧，则板Ⅰ的余量 $\delta=S$，而板Ⅱ的余量 $\delta=2S$；如图4-48（c）所示，若为卧扣整咬且 A 处于 S 段的右侧，则板Ⅰ的余量 $\delta=2S$，而板Ⅱ的余量 $\delta=3S$。

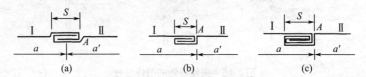

图4-48　卧接咬口的余量

（a）～（c）—卧接咬口的余量计算

③ 角接咬口的余量计算。如图4-49所示，当咬口为单角咬口时，板Ⅰ的余量 $\delta=2S$，板Ⅱ的余量 $\delta=S$［图4-49（a）］；当咬口为内单角咬口时，板Ⅰ的余量 $\delta=2S$，板Ⅱ的余量 $\delta=S$［图4-49（b）］。

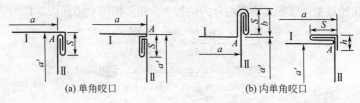

(a) 单角咬口　　　　　　　　(b) 内单角咬口

图4-49　角接咬口的余量

【4】咬缝的成形工艺

① 卧扣单咬的工艺过程。卧扣单咬的工艺过程（图4-50）如下。

> **小技巧**
>
> ◆ 按留边尺寸下料，并划出折边线。
> ◆ 将板料放在方杠上（或角钢上），使弯折线对准方杠（或角钢）的边缘，并将伸出部分按折边线折弯90°。
> ◆ 翻转板料，使弯边朝上，并伸出台面3mm，敲击弯边顶端，使伸出部分形成与弯边相反的弯折，将第一次弯边向里敲成钩形［图4-50（a）］。
> ◆ 与之相接的另一边照上述方法加工后，一将两弯钩扣合、敲击即成卷边［图4-50（b）］。

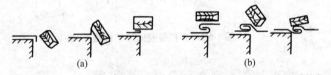

图4-50　卧扣单咬的工艺过程
(a)，(b)—卧扣单咬的工艺步骤

② 卧扣整咬的工艺过程。先在板料上按上述方法做出卧扣单扣，然后向里弯，翻转板料使弯边朝上，再向里扣［图4-51（a）］。然后在第二块板料上用同样的方法弯折双扣，最后把弯成的扣彼此扣合并压紧即可［图4-51（b）］。

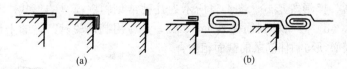

图4-51　卧扣整咬的工艺过程

③ 立扣半咬的工艺过程。如图4-52所示，先在一块板料上做立扣单扣［图4-52（a）］，然后把另一块板料的边缘弯成直角，最后相

互压紧即可[图4-52(b)]。

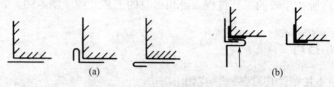

图4-52 立扣半咬的工艺过程

④ 立扣整咬的工艺过程。如图4-53所示,先在一块板料上做双扣[图4-53(a)],然后在另一块板料上做单扣,最后互相扣合压紧即可[图4-53(b)]。

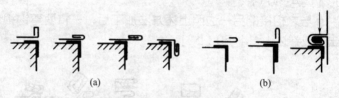

图4-53 立扣整咬的工艺过程

8 制筋

(1)制筋定义 钣金平面制筋主要是为了增强刚度,以提高承受载荷在外载荷作用下抵抗变形的能力,同时也是一种表面装饰。大部分汽车覆盖件都制有筋条,如驾驶室、车厢、翼子板等都有不同形状的筋条。

(2)制筋模具的形式 常见的筋条截面形状有圆形、三角形、方形、梯形等形式。图4-54所示为几种常见制筋模具的形式,其中(a)、(b)为简单制筋模具(c)、(d)是专用制筋模具,它的上模与下模必须与制件筋条的截面相吻合。

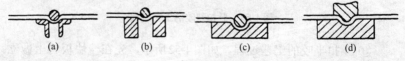

图4-54 常见制筋模具形式

(3) 制筋的基本工艺 制筋时,首先画出基准线,然后依线进行敲击。当筋条较大时,不必用制筋模,可直接用錾口形状的手锤在槽钢上敲制成形。

制筋的方法多种多样,除了上述方法以外,还可以在钣金件上焊接或铆接筋板。

第四节 车身表面的防腐处理

一、基本知识

1 汽车车身腐蚀的危害

腐蚀是一种化学反应,又称作氧化或锈蚀。车身腐蚀主要是由于水分、道路盐分、酸雨及泥浆等污染物作用于车身而造成的。车身腐蚀不但会引起车身构件的损坏,严重时甚至会缩短整个车身的使用寿命。特别是承载式车身,车身板件不仅是装饰性的金属板,而且是汽车整体承载结构的一部分。这些承载薄钢板锈蚀,会直接影响汽车的使用性能和行车的安全性。

2 车身修复过程中防腐处理的作用

由于汽车在碰撞或车身修复过程中,往往会造成面漆的漆膜脱落,防腐涂层损坏,甚至钢板上的镀锌层在焊接、打磨作业中也会遭到破坏,失去防护的钢板非常容易受到腐蚀,所以在车身修理过程中,对防护层已破坏的部位进行防腐蚀处理的作用就是恢复其腐蚀防护能力。

3 防腐蚀材料的种类

① 防腐涂料。这是一种蜡质或油质的化合物,可以用作打底、隔声以及把车身的表面完全密封,能防止产生生锈和腐蚀等破坏性后果。防腐涂料主要用在车身底板下面、轮室盖板以及发动机室周围的车身构件上。它能渗入车身板件的接缝或缝隙内,在板件的内外两侧形成良好的保护层。

② 防锈剂。用于难以用防腐涂料覆盖的部位，如车身的横纵梁、车门槛组件等，这些具有封闭式断面结构的构件内表面上。

③ 接缝密封胶。可以防止水或泥浆渗入车身板件的接缝，对接缝起到保护作用，防止锈蚀。

④ 焊接防腐剂。主要用于板件焊接之前，涂敷在焊接部位，使焊缝处两块母材之间的部位得到良好防护。

⑤ 铁锈转化剂。这种化学制品能把氧化亚铁转变成氧化铁。转化剂中含有乳胶成分，在转化完成后封闭表面。这为不能完全去除锈斑的部位提供了一种有效的补救办法。转化剂只对致密的、与表面接合得很紧密的锈斑有效，不能用在疏松、起皮的锈斑上。

二、车身表面防腐蚀处理方法

对车身进行防腐蚀处理时，不同部位应使用不同的防腐材料，并应按防腐材料的使用说明书的要求严格进行。

车身上各类表面防腐蚀处理的工艺步骤虽不完全相同，但基本过程还是一样的。下面介绍适合车身各类表面防腐蚀处理的一个通用程序。

① 用除蜡、除脂剂清洗所有表面。

② 焊接前，在所有裸露金属接缝处涂上焊接防腐剂，焊接后要彻底清理焊接部位。

③ 在各道接缝处涂上合适的接缝密封胶。图4-55所示为必须施涂密封胶的接缝位置。涂敷密封胶时，应选择孔径较小的喷嘴，涂敷后要用手指抚平，如图4-56所示。

小技巧

使用小孔径喷嘴时，表面会很平整，如果喷嘴孔过大，密封胶涂得过宽，表面会很难看。

④ 对车身底板下面、车身面板等外露的外表面和轮室盖板、发动机室周围板件等外露的内车身件表面，施涂金属表面处理剂和转化

剂，注意不要涂到接缝上。用金属表面处理剂进行处理，目的是做深度清理，操作时按说明用水稀释处理剂，用喷壶喷到金属上，然后用干净水冲洗，再用布擦干。施涂转化剂可在金属表面生成一层磷酸锌。此锌层黏结在金属的表面上，是底漆的理想附着面。喷涂转化剂后，让它在金属表面上停留几分钟，即用清水漂洗并干燥。

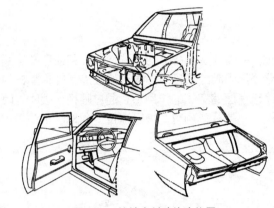

图4-55　接缝密封胶施涂位置

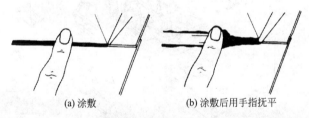

(a) 涂敷　　　　　　(b) 涂敷后用手指抚平

图4-56　涂接缝密封胶

小技巧

对于这些外露的表面，进行这种处理非常必要，因为飞起的石子经常会划伤这些表面上的防腐涂层或漆膜，而金属表面的这层磷酸锌，可保护金属不被腐蚀，并可防止锈斑在涂层或漆膜下蔓延发展。

⑤在所有需要腐蚀防护的表面上，包括外露外表面、外露内车身件表面及封闭车身件的内表面，喷涂双组分环氧树脂底漆。图4-57所示为承载式车身上必须进行腐蚀防护的封闭内表面。对封闭的内表面施涂底漆和防锈剂时，应使用专用的喷枪和特制的喷杆，才能把漆料喷到内腔中要求喷涂的部位。

> **小技巧**
>
> 喷涂时，将喷杆从车身上的一些作业孔和检查孔（图4-58）插入，直至喷涂内腔的最远点后再开始喷涂，并将喷杆匀速地拉出，这时涂料在压缩空气的作用下，通过喷杆在喷嘴处喷出，涂料分散成极细小的雾化颗粒，被迅速且均匀地涂敷在内腔中所有部位的表面上，包括极小的缝隙。

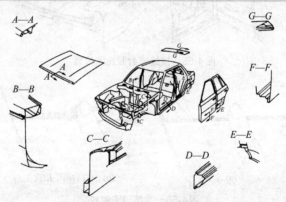

图4-57 承载式车身上必须进行腐蚀防护的封闭内表面

⑥给封闭的内表面施涂防锈剂，防锈剂干后（约1h）应把孔清理干净。

⑦对车身底板下面及轮室盖板、发动机室周围板件的表面，以及接缝和缝隙处喷涂防腐涂料。图4-59所示为车底板下面必须涂敷防腐涂料的部位。图4-60所示为在对轮室盖板施涂防腐涂料时，应先在所有焊接部位和板件接缝处喷一层［图4-60（a）］，然后在整个表面上再喷涂一层防腐涂料［图4-60（b）］。

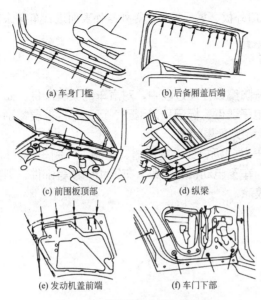

图4-58 典型的作业孔和检查孔

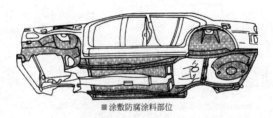

图4-59 车底板下面须涂敷防腐涂料的部位

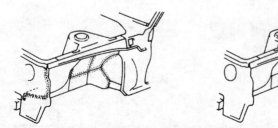

图4-60 防腐蚀处理的过程

⑧ 对车门外板、翼子板外板等外露外表面进行车身涂装作业。

小技巧

◆车身防腐蚀处理过程中，对汽车的某些部件，如发热或导热部件、电子器件、标记和识别码、运动部件等要特别小心，处理不当则会带来严重问题。

◆对于发动机总成、变速器、驱动轴、刹车件、排放系统、动力天线、车窗电动机、电缆、车锁和门锁等部件，则根本不能进行防腐喷涂。

第五章
钣金件的更换与修复

第一节 钣金件的更换与调整

一、钣金件的拆卸方法

车身结构性钣金件在制造时是用点焊的方法连接在一起的,拆卸钣件时,主要是将焊点分离。分离焊点的方法很多,主要有钻去焊点法、等离子焊枪切除焊点法、錾去焊点或磨削焊点法等。在拆卸点焊钣件时,事先应弄清点焊的数目和排列方法,做到心中有数,避免盲目操作。

1 确定点焊位置

为了找到点焊位置,首先要去除底漆、保护层和其他覆盖物。用氧乙炔焰(气焊)将底漆烧焦,然后用钢丝刷清除,即可显示出点焊轮廓。若清除油漆后仍无法看清点焊区域,用錾子楔入两板之间即可发现点焊轮廓,如图5-1所示。

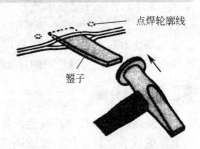

图5-1 用錾子确定点焊的位置

2 焊点的分离

确定点焊位置以后，可用点焊切割器钻掉焊接点。点焊切割器有两种，一种是钻头式，另一种是孔锯式，形状与使用方法如图5-2所示。

小提示

无论使用哪种切割器都应注意切割深度，切勿将焊缝下面的钣件切去。

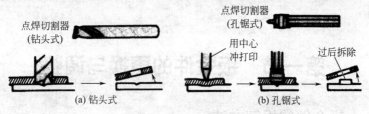

图5-2 点焊切割器

采用等离子焊炬切割器清除焊点速度快得多。这种设备有点类似乙炔焊炬（气焊枪），它可以同时在各种厚度的金属中吹洞以清除焊点。

小提示

操作时，需注意保护最下一层金属板不被烧穿。

用高速砂轮也可以分离钣件焊点。对于那些钻头够不着的焊点或是柱形焊点，可采用砂轮磨削，如图5-3所示。

3 焊缝的分离

在某些汽车车身中，钣金件是用连续的气体保护焊焊缝连接的。由于焊缝较长，只能用砂轮或高速砂轮机来清除焊缝，分离钣金件，如图5-4、图5-5所示。

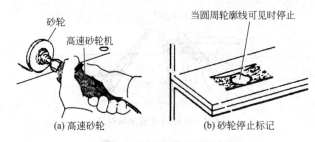

(a) 高速砂轮　　　　　　　(b) 砂轮停止标记

图5-3　用砂轮清除焊接点

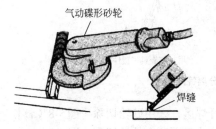

图5-4　用碟形砂轮清除连接焊缝

图5-5　高速砂轮机清除连续焊缝

4　钎焊的分离

　　钎焊多用于外盖板边缘处或车顶与车身立柱连接处，通常是用氧乙炔焊炬熔化钎焊金属来分离钎焊区域。

小技巧

　　◆在用电弧钎焊的区域，由于电弧钎焊金属熔化温度比较高，可能导致下面的金属钣件被损坏，一般采用磨削分离的办法使之分离。

　　◆区别普通钎焊和电弧钎焊主要根据焊缝的颜色。普通钎焊区域是黄铜色的，电弧钎焊区域是淡紫铜色的。

　　分离钎焊，首先用乙炔焊炬使油漆软化，再用钢丝刷或刮刀将油漆除去，如图5-6所示。然后，加热钎焊焊料使之熔化，快速将其清刷掉，并用錾子嵌入两金属之间，达到分离目的，如图5-7所示。

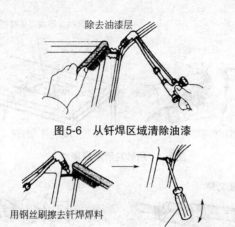

图5-6 从钎焊区域清除油漆

图5-7 分离钎焊连接

除去油漆后,发现属于电弧钎焊区,采用砂轮切除 [图5-8(a)]。若仅要更换上面的钣金件,则应防止下面钣金件被切到 [图5-8(b)]。磨透钎焊焊缝后,用錾子和锤子分离钣金件即可。

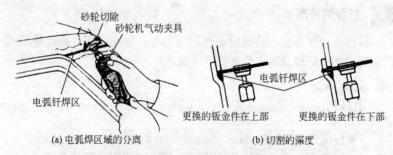

(a) 电弧焊区域的分离　　　　(b) 切割的深度

图5-8 分离用电弧焊连接的钣金件

二、钣金件的更换

(1) 车门槛外板的更换

① 损伤件的拆卸。

a. 把损坏的部分切掉,以方便拆卸,如图5-9所示。

b. 用气动砂轮机打磨掉图5-10中标有字母"N"处的焊缝。

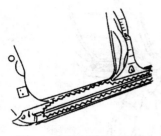 

图5-9 切掉门槛损坏的部位　　图5-10 打磨掉焊缝

c. 用小型带式打磨器从内侧打磨焊接部位，也可用焊点剔除器剔除焊点。

d. 用电钻逐点钻除图5-11中用字母"B"标出部位的焊点，这些孔在安装新件时将用来作塞焊孔。至此即可拆下门槛外板。

② 新件的安装。

a. 安装新门槛板前应先做一些准备工作。首先在塞焊孔处涂上透焊防蚀涂料。

b. 在后轮罩上与门槛外板的接合部位涂上密封胶。

c. 在门槛接合面上涂敷适当的环氧树脂焊缝粘接剂。注意一定不要将粘接剂直接涂到塞焊孔处。

d. 对好定位孔，将新板放到位，并按如图5-12所示夹紧。

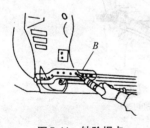 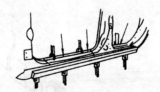

图5-11 钻除焊点　　图5-12 新板的夹紧

e. 对图5-13中的A～E表示的部位进行钎焊，然后在孔内用熔极惰性气体保护焊进行塞焊。

f. 用气动砂轮机磨平塞焊和钎焊焊迹，然后用砂纸打磨机进行打光，最后再涂上接缝密封胶。

g. 按照正确的方法在新安装的门槛内表面涂防蚀剂，完成安装。

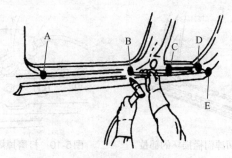

图5-13 钎焊的位置

(2) 轿车前翼子板内加强板总成、前横梁和散热器支座的安装

① 检查前翼子板内加强板与纵梁安装面的装配标号是否一致,确认并匹配好之后用夹钳将它们夹紧。没有装配标记的零件,则放在旧零件的位置上。

② 利用杆规检测基准点间的距离来确定零件的位置,把零件定位。在一个位置用定位焊临时固定前横梁,然后垫上木块,用手锤击打木块,木块击打板件使之向必要的方向移动,调整其长度方向上的位置,如图5-14所示。

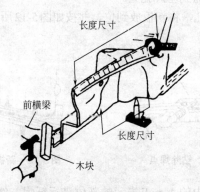

图5-14 长度方向位置的调整

③ 在未焊接的板件端部划上定位线,然后钻孔,并用钢板螺钉将零件固定在一起,在内加强板部位上画一条线,但不要把它们焊接起来。

④ 用自定心规检测车辆两侧的新旧内加强板的相对高度，使之一致，然后用千斤顶支撑住新内加强板，以确保其高度位置不发生变化，如图5-15所示。

⑤ 测量宽度和下对角线长度，仍用千斤顶支撑住新板件，以免高度位置发生变化。然后，根据需要调整纵梁位置，得到正确的尺寸，再重新检查、确认高度尺寸，如图5-16所示。

 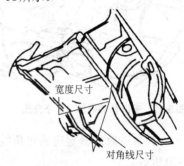

图5-15　高度位置的检测及调整　　图5-16　检查下面的对角线和宽度尺寸

⑥ 仔细确定前横梁的位置，使其左右两端均匀一致。

⑦ 纵梁的位置尺寸与尺寸图表中所注尺寸确认一致后将它固定，悬架横梁也可用夹具来安装，以足够数量的塞焊点把前横梁与纵梁的连接部位固定好。

⑧ 确保内加强板的上部尺寸不发生变化，可通过检查所划标线是否产生移位来确认。

⑨ 检测翼子板后安装孔与悬架座孔或翼子板前安装孔之间的对角线长度。

⑩ 测量在宽度方向上悬架座和前翼子板螺栓孔之间的尺寸，然后把它们固定在一起。

小技巧

如果其宽度方向上的尺寸与车身尺寸手册中所标注的尺寸不一致，则需进行微量调整，同时要注意对角线的变化。临时性安装并固定散热器下支座，如图5-17所示。

⑪ 测量纵梁在宽度方向的尺寸,如图5-18所示。将杆规调至适当尺寸,并根据需要调整内加强板。用夹钳较松地固定住下支座,如图5-19所示,然后用手轻轻拍打使其到位。

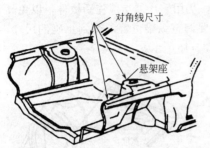

图5-17　安装散热器的上、下支座　　　图5-18　测量纵梁在宽度方向的尺寸

⑫ 测量散热器支座的对角线长度,确保这两个尺寸一致,如图5-20所示。

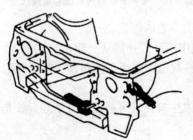 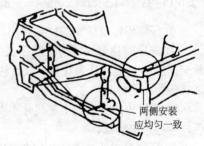

图5-19　用夹钳固定住下支座　　　图5-20　测量散热器支座的对角线长度

⑬ 临时性安装前翼子板,然后检查它与车门间的位置关系。如果缝隙不合适,则原因可能是内加强板或纵梁高度位置不准确。

⑭ 焊接之前再按上述方法检测一遍,再次验证所有的尺寸。

(3) 车门面板的更换

① 在拆卸车门之前,应检查车门铰链是否弯曲,观察车门与门洞的位置关系。查看面板的固定方式,以确定需要拆卸内部的哪些构件。拆下车门玻璃,以免在修理车门时破裂。拆下车门,放到合适的工作场所。

② 用氧乙炔焰炬和钢丝刷除掉面板边缘焊点部位的油漆，用钻和焊点剔除工具除掉焊点。

③ 在门框上贴上标记条，分别测出面板边缘到标记条下边线的距离和面板边缘到门框的距离，如图5-21所示。

④ 用等离子弧切割机或砂轮机把面板与门框之间的钎焊缝剔除。

⑤ 打磨面板边缘的翻边，只需磨掉边缘而使其断开即可，不要打磨到门框上，如图5-22所示。不要用割炬或电凿来拆卸，以免造成门框变形或被意外割坏。

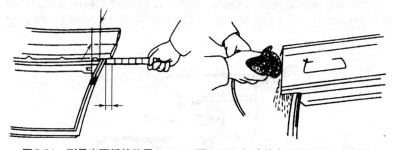

图5-21　测量出面板的位置　　　图5-22　打磨掉车门面板翻边的外缘

⑥ 用手锤和凿子把面板与门框剥离开来，用铁皮剪沿那些无法钻掉或磨掉的焊点周围把面板剪开，如图5-23所示。

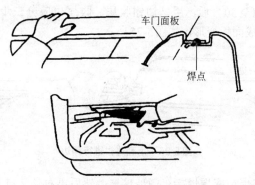

图5-23　用剪刀沿焊点周围剪开

⑦ 待面板可自由活动时，拆下面板。用钳子拆除留下的翻边，再用砂轮机打磨掉残留的焊点、钎料和锈斑。

⑧ 拆下面板后检查门框的损坏情况,同时对内部损伤进行修理。必要时,用手锤和砧铁修理内折边上的损伤。在焊接部位涂上透焊防蚀涂料,其余裸露部位涂防锈漆。

⑨ 准备安装新面板。钻出或冲出塞焊用孔,用砂纸磨去焊接或钎焊部位的涂层。裸露部分应涂上透焊涂料。有些面板配有隔音板,这些隔音板必须固定到面板上。这时应先用酒精擦净面板,然后用粘接剂将它们粘接起来。在新面板背面涂上车身密封胶,应在距翻边10mm处均匀涂抹,厚度为3mm。

⑩ 用手锤和砧铁进行翻边,翻边时砧铁应包上布,以免划伤面板。翻边应分三步逐渐进行,注意不要使面板错位,不要出现凸起或折痕,如图5-24所示。

图5-24 敲出面板边缘的翻边

⑪ 边翻至30°后,用翻边钳收尾。收尾也应分三步进行,同时注意不要造成面板变形,如图5-25所示。

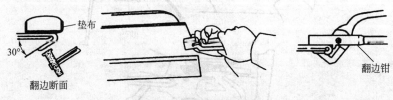

图5-25 用翻边钳进行翻边

⑫ 用点焊或塞焊焊接车门玻璃框,然后再对翻边进行定位点焊,如图5-26所示。

⑬ 在翻边处涂上接缝密封胶,在焊接和钎缝部位的内侧涂上防蚀剂。在新面板上钻出用于安装嵌条和装饰条的孔。在安装任何零件

前，所有的棱边都应修整好。然后将车门放入门洞内，检查定位状况，为表面修饰做好准备后，把车门装好。

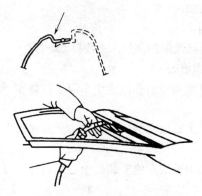

图5-26 车门玻璃框的焊接

⑭ 调准车门与相邻板件间的位置关系，检查其转动是否灵活。

(4) 散热器框架的更换 更换散热器框架时需使用的工具有CO_2气体保护焊机、风铲、点焊机、角磨机、砂光机、车身校正架和去电焊点机。

① 准备工作。

a. 断开蓄电池搭铁线。

b. 拆除下列零部件：大灯、散热器护栅板及饰条、发动机、发动机盖杆、发动机撑杆支架、发动机下锁头、发动机拉索（拆离原处）、散热器、冷凝器、喇叭、前保险杠、前翼子板、线束（拆离原处）。

② 拆下散热器框架。

a. 去除散热器框架与车身接合处的密封剂/填充剂。

b. 钻开下列接合处的点焊点。

· 散热器框架中间支架与散热器下横梁接合处。

· 大灯底板与前部纵梁前前轮罩接合处。

· 散热器上板与前轮罩接合处。

c. 拆下散热器框架。

③ 切割区域处理。

a. 用钢丝钳修去残余角板，清除毛口。

b. 在焊接后无法接触到的部位涂上冷锌漆。

④ 准备新件。

a. 油漆新件内侧。

b. 磨光接合面。

c. 在焊接后无法接触的部位涂上冷锌漆。

⑤ 焊上散热器框架。

a. 将散热器框架用压力钳固定于车身上,核实下面的结构尺寸应符合标准值。

- 散热器框架上板最右侧安装孔中心至刮水器左侧转动柱安装孔中心尺寸。
- 散热器框架上板最左侧安装孔中心至右轮罩减振器安装孔中心尺寸。
- 左右前纵梁前端两中心之间距离(前端宽度)。
- 左前纵梁前端至左轮罩后端螺孔水平距离。

b. 点焊下列接合处。

- 大灯底板与车身前纵梁及前轮罩接合处。
- 散热器框架上横梁与拉轮罩接合处。
- 散热器框架中间支架与散热器框架下横梁接合处。

⑥ 结束工作。

a. 用钢丝刷清除全部焊接部位。

b. 在修理过的部位打底漆并更换密封剂/填充剂。

c. 油漆散热器框架并涂上防锈剂。

d. 重新安装拆下的部件。

(5) 后围板的更换　更换后围板时需使用的工具有点焊机、CO_2气体保护焊饥、角磨机、砂光机、风铲及车身锯。

① 准备工作。

a. 断开蓄电池搭铁线。

b. 拆下后保险杠、尾灯、后备厢锁扣、后备厢侧部隔声垫、后备厢底部隔声垫、后备厢盖附件、尾灯线束。

② 拆下后围板。

a. 去除连接区密封剂/填充剂。

b. 钻开下列连接处焊点。
· 后围板与后翼子板的连接处（尾灯罩）。
· 后围板与后翼子板在后备厢内部的连接处。
· 后围板与后地板、后纵梁及后翼子板连接处，然后拆下后围板。
③ 切焊区域处理。
a. 用钢丝钳修去残余板角，清除毛口，准备焊接。
b. 在焊接后不能再触及的部位薄涂一层冷锌漆。
④ 准备新件。
a. 油漆新件内表面。
b. 去除后围板与车身连接区的油漆。
c. 在焊接后不能再触及的部位薄涂一层冷锌漆。
⑤ 焊上新后围板。
a. 用压力钳将后围板固定在合适位置，核实下面的结构尺寸应符合标准值。
· 左后门C柱下部拐点处至左后灯安装处尺寸。
· 后围板下板两方孔中心距离。
· 左、右后翼子板之间距离。
· 后备厢锁处至后风窗下横梁距离。
b. 按下面的顺序焊上后围板。
· 点焊后围板与后地板、后纵梁、后翼子板连接处。
· 点焊后围板与后翼子板在后备厢内部分的连接处。
· 点焊后围板与后翼子板在尾灯底板处的连接处。
⑥ 结束工作。
a. 清理焊点。
b. 修理过的部位更换密封剂/填充剂。
c. 油漆后围外板，涂防锈剂。
d. 安装已拆下的零部件。

（6）后翼子板的更换 更换时需使用的工具有点焊机、CO_2气体保护焊机、角磨机、砂光机、风铲及车身锯。

① 准备工作。
a. 断开蓄电池搭铁线。

b.拆卸下列零件：后保险杠、后备厢盖、后备厢衬里、后座椅、后车门、后柱上下饰板、后座保险杠、后盖铰链、后门饰件、尾灯、地板隔声垫、燃油箱与加油口（如果更换右翼子板）、后门锁销、后部线束、后轮。

② 拆下后翼子板。

a.去除连接区密封剂/填充剂。

b.钻开下列连接处焊点。

- 后翼子板外板与内板在燃油箱加油口处连接处。
- 后翼子板（外板）与内外门槛连接处。
- 后翼子板与后轮壳及连接板连接处。
- 后翼子板与后围板连接处。
- 后翼子板与后围板在后备厢内部分连接处。
- 后翼子板与尾灯底板连接处。
- 后翼子板与后备厢盖边缘及顶框外侧板连接处。
- 后翼子板与顶框外侧板连接处。

c.拆下后翼子板。

③ 切焊区域处理。

a.用钢丝钳修去残余板角，清除毛口。

b.在焊接后不能再触及的部位薄涂一层冷锌漆。

④ 准备新件。

a.去除将焊接连接处的油漆。

b.在焊接后不能再触及的部位薄涂一层冷锌漆。

⑤ 焊上新后翼子板。

a.将后翼子板用压力钳固定于车身，核实下面的结构尺寸应符合标准值。

- 左、右后翼子板之间距离。
- 后备厢锁处至后风窗下横梁距离。
- 左后门水平最大宽度。
- 左后门C柱下部拐点处至左后灯安装处距离。
- 左后门高度。

b.按照下面的顺序焊上后翼子板。

- 点焊后翼子板与内外门槛连接处。

- 点焊后翼子板与后轮罩及连接板连接处。
- 点焊后翼子板与后围板连接处。
- 点焊后翼子板与后围板在后备厢内部分连接处。
- 点焊后翼子板与尾灯底板连接处。
- 点焊后翼子板与后备厢盖边缘及顶框外侧板连接处。
- 点焊后翼子板与顶框外侧板连接处。
- 点焊后翼子板与内板连接处(燃油箱加油口)。

⑥ 结束工作

a.用钢丝刷清理焊缝与焊点,按照油漆要求处理表面。
b.修理过的部位更换密封剂/填充剂。
c.油漆后翼子板,涂防锈剂。
d.安装已拆下零部件。

三、钣金件的调整

(1) 发动机舱罩的调整 如图5-27所示,当出现图中的情形时,说明发动机舱罩的位置需要进行调整。

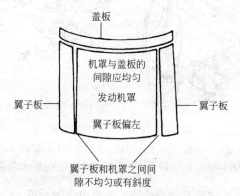

图5-27 发动机舱罩位置不正确的情形

调整发动机舱罩的位置时,一般是通过铰链、可调定位器和发动机舱罩的挂钩来调节其位置。发动机舱罩的后部连接在一对铰链上,这对铰链一侧通过螺栓固定在盖板上。这样,机罩即可上下转动。由于铰链上的连接孔是槽形的,允许在松开螺栓时,罩板作前后或上下的移动，待位置移动合适之后，再拧紧螺栓，以达到调节的目的。

实际操作时，调整的方法如下。

① 发动机舱罩与翼子板及前围之间的调整。首先调整发动机舱罩的前后位置，稍松开固定发动机舱罩与铰链的螺栓，再扣上发动机舱罩。将其位置调整后，轻轻揭开罩，开到合适位置时，让他人将螺栓紧固，发动机舱罩的前缘必须与翼子板前缘对齐，同时其后缘与前围之间保留足够的缝隙，以避免开启时相互干扰。

② 发动机舱罩高度的调整。首先稍微松开铰链与翼子板及前围连接处的螺栓，然后轻轻盖上发动机舱罩，根据情况将它的后缘抬起或压下。当它的后部与相邻的翼子板前围高度一致时，再轻轻揭开，将螺栓紧固。

③ 调节发动机舱罩拉钩，调节对中位置。拉钩的位置恰好在前端的中心位置，如图5-28所示。

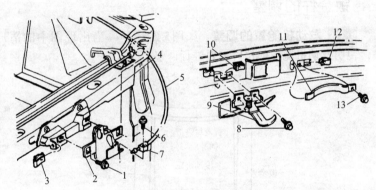

图5-28　发动机舱罩拉钩位置

1，6，8，13—螺钉和垫圈；2—机罩拉钩；3，10，12—螺母；4—机罩锁支座；
5—机罩拉钩钢索；7—钢索组件；9—辅助拉钩；11—机罩辅助弹簧

④ 对于新换装的发动机舱罩，容易出现图5-29（a）所示的现象。对此，仅仅通过对铰链等的简单调整不能将发动机舱罩的变形消除，而需要调整发动机舱罩边缘的曲线。可参照图5-29（b）所示的方法，用手搬动拱曲部位使其复位；也可参照图5-29（c）所示的方法，在前端垫上布团，然后用手掌轻轻压下拱曲部位，使其与翼子板边缘高度一致。

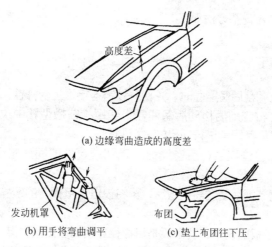

图5-29 发动机舱罩高度的调整

(2) 后备厢盖和翼子板的调整

① 后备厢盖的调整。如图5-30所示,后备厢盖与发动机舱罩极为相似,也是以两个铰链连接到后部车身板上的(图中所示为后备厢盖已向上开启的状况)。铰链的连接板上的孔是槽型的,便于松开螺栓后,作适当的位置调整。为了密封性能良好,后备厢盖必须有密封装置。

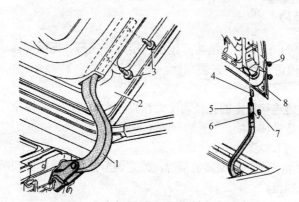

图5-30 后备厢盖铰链位置

1—铰链组件;2—盖组件;3、9—螺钉和垫圈;4—调整垫片;5、7—螺母;6—铰链;8—后备厢盖

后备厢盖调整方法如下。

> **小技巧**
>
> ◆ 在调整后备厢盖时,先松开铰链连接板上的螺栓。
> ◆ 左右或前后移动后备厢盖,使螺栓在槽型孔中改变位置,这样就将后备厢盖进行适当的位置调整。
> ◆ 调整过程中,后备厢盖与毗邻钣金件的间隙应尽量均匀一致。
> ◆ 调节好后备厢盖位置后,再将铰链连接板上的螺栓锁紧。

② 翼子板的调整。翼子板是用螺栓连接到散热器支架、发动机室内部防护钣金件以及门后和汽车底部的盖板上,松开这些螺栓,即可调节翼子板前后、左右位置。

③ 车门的调整。车门必须与门框配合。车门通过铰链悬挂在门框上,且与车身面板对齐。调节车门时,一般应从后门开始。由于后顶侧板是不能移动的,只能将后门调节到与后顶侧板轮廓线相一致。后门调好之后,再以后门为基础调节前门。

> **小技巧**
>
> 调节车门的方法是将门铰链连接螺栓松开,视需要移动门板到适当位置,然后再紧固螺栓。

门铰链连接板上的孔径均比螺栓直径大一些,松开螺栓后,车门是可以作适量移动的。

门的调节步骤如下。

① 根据门与门框偏离的情况,确定调节方向,并由此判断松开铰链上哪个螺栓。

② 松开螺栓后,用撬棍或千斤顶移动车门。

③ 移动车门到所需位置,将螺栓固定,检查门与门框配合位置是否理想。否则应重新调整,直到合适为止。

④ 移动车门的撞板螺栓，并检查车门相对于门框位置，确保车门关闭可靠。

⑤ 车门的调节有时还要考虑向里或向外调节，以保持车门与车身面板相平齐。车门上必须使用密封条以保持良好的密封性能，如果车门不能将密封条压紧在门框上，行驶时将产生明显的噪声。这需要对车门做内、外移动来调节。车门的内外调节是一件十分细致的操作，要有全面的观念才能奏效。

小技巧

◆如只将上部的铰链松开将门向外移一点，则必使车门相对的底角向内移动。
◆如底部在下铰链处移进，则上角必然移出。
◆门的两个铰链同时移进或移出，仅会影响到门的前部。
◆调节时需要通盘考虑，使门的前边的凸缘上比后边稍微向里一点，有助于控制因风而产生的噪声。

第二节 钣金件的切割与修复

一、切割部位的选择与切割方法

1 切割部位的选择

小技巧

◆切割部位尽可能选择在构件与构件之间的结合处。
◆对全承载式轿车而言，切割部位须避开车身设置的挤压区（如发动机舱、后备厢等）、悬架安装位置、尺寸参照基准孔、发动机和传动安装位置等。
◆切割部位避开构件加强板的支撑点，如加强腹板、加强盘等。

◆切割部位避开应力集中部位,并使构件切换后不造成新的附加内应力,如切割线不能选在两构件垂直交接处等。

◆切割部位应兼顾到切换作业的难易程度,如是否便于切割,需拆装的相关零件多少与难易程度等。

2 车身钣金件的切割方法

① 对接缝质量无严格要求的部位,如车身底板横梁、车架、骨架等,可选用氧-乙炔火焰进行切割。

② 由于车身钣金件厚度较薄,为使割缝小一些,应选用小号割嘴。

③ 在接缝质量要求较高的部位,为保证组装尺寸的准确性,可使用钢锯或风动锯切割,尤其是断面尺寸不大的钣金件切割,如挡风窗窗框、车门立柱、门槛等,图5-31所示为用风动锯粗切割;断面尺寸较大的钣金件,如车身蒙皮、底板等,则用风动錾配合切割錾刀进行切割(图5-32)。

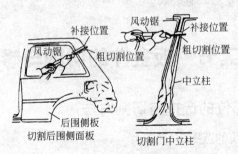

图5-31 用风动锯粗切割

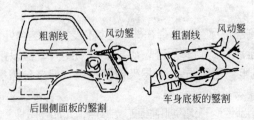

图5-32 用风动錾粗切割

3 钣金件拆卸后处理

小技巧

◆当钣金件采用焊点或铜焊方法连接时,用角向砂轮磨光机磨去接口部位残留的焊接斑点。若用气割方法切割,对薄板件(如外蒙皮),切割后用钣金剪沿切口剪切,再用锉刀或角向磨光机去掉切口边缘的毛刺;对骨架、立柱、车架等较厚的钣金件,则直接用角向磨光机打磨修整。

◆用钢丝刷、砂布等清除接口周围的铁锈、油漆保护层等。

◆用手锤和抵铁配合,校正接口边缘的弯曲、翘曲、皱叠等缺陷。

◆对车身一侧钣金件同样进行上述处理,并进行检测、校正、防锈处理。

二、钣金件的修复

(1) 车门的就车修复 如果汽车车门外板被撞,就会出现一局部凹陷(图5-33),可按下述方法对其进行就车修复。

① 钻孔拉拔法。

a.在撞后出现的凹陷处或褶皱处用手电钻钻出一排小孔,如图5-34所示。孔径为3.0～3.2mm,孔距可在10～15mm之间。一般情况下孔距要根据车身外板变形处的情况而定。

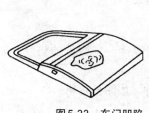

图5-33 车门凹陷

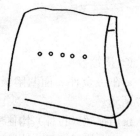

图5-34 在门板上钻出一排小孔

b.将牵引钩伸入小孔中,逐个将其往外拉,直到完全恢复原状为止,如图5-35所示。拉拔时每只手可握两个拉杆,两手用力保持均匀一致,慢慢地拉,不可用力过大。

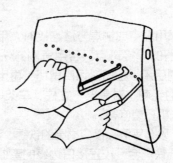

图5-35 牵引拉出复位

c.拉平后,用CO_2气体保护焊将孔焊死。
焊接方法如下。
- 焊枪垂直于板面,对准孔中心。
- 将焊丝插入孔内,短暂地按下扳机开关激发电弧,然后松开扳机。
- 焊丝在孔内形成熔池,而后冷却凝固。若孔径较大时,焊枪沿孔周边缓缓地移动至孔中心。焊点以略高出板面为宜,过高将给打磨带来困难,反之则会使强度不足,如图5-36所示。
- 用电动砂轮机打平焊点。

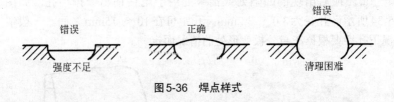

图5-36 焊点样式

② 撞锤拉拔法。
a.在钣金件表面凹陷最严重的部位焊接一定数量的垫圈,如图5-37所示。
b.用撞锤(拉杆)钩住垫圈进行拉伸,如图5-38所示。
c.除掉垫圈,用砂轮机打磨平整。

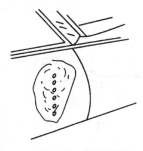
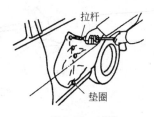

图5-37　焊接垫圈　　　　　　图5-38　拉拔

〖2〗车身前围护面的修复　汽车碰撞后，若前围护面发生损坏，可按下述步骤对其进行修复。

① 将一根粗细适宜的钢丝绳的一端系在前保险杠的中央凹陷处（即被撞击部位），另一端系在地桩上。

② 发动汽车，缓缓倒车。若此车发动机已损坏不能发动，可用其他车辆往后拖。

③ 随着钢丝绳的牵拉，被撞弯曲的保险杠便可渐渐伸直。

小技巧

在拖拉的同时，用锤子随时敲击保险杠弯曲部分的四周，以助伸展和定形。如有必要，还应先拆掉散热器、散热器罩及一些电器零部件，以防不必要的损坏。

④ 大凹陷被拉平之后，对于一些小的凹凸不平部分，可以借助锤子与垫铁进行手工平整。平整时，对一些相对凹陷较大的部位，可用垫铁顶在里边凹坑处，用铁锤敲击外边的凸起处，将其顶出。若顶出困难，可用氧-乙炔焊炬以炭化火焰加热，将凹坑顶出。

⑤ 当稍大些的凹坑被顶出后，尚会存在一些小的凸出点，这时可改用小号铁锤与垫铁配合，仍用上述方法进行敲击，便可将稍小的凸出部分敲平，如图5-39（a）所示。

⑥ 将垫铁与铁锤分别从里外对准一个点，对尚存的一些凹凸点很小的部分进行敲击、校平，使整个工件全部平整，达到理想的修复状

态,如图 5-39(b)所示。

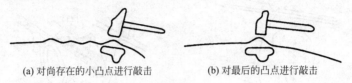

(a)对尚存在的小凸点进行敲击　　　(b)对最后的凸点进行敲击

图 5-39　对工件进行最后的平整

(3) 翼子板的修复　翼子板正面严重碰撞,碰撞后塌陷与褶皱同时出现,可按下述步骤对其进行修复。

① 拆下前照灯圈及灯座,将扁铁垫于前照灯孔内,使扁铁两端卡住灯孔的弯边。

② 把钢丝绳的一端系在扁铁上,另一端系在地桩上。

③ 倒车自行拖拉,褶皱逐渐打开,仅余个别的小死褶未缓解。

④ 拆下前保险杠,拆开翼子板固定螺钉,卸下翼子板,如图 5-40 所示。

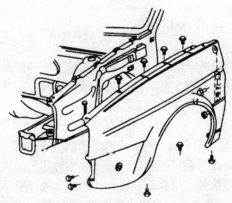

图 5-40　拆卸翼子板

⑤ 将翼子板放在平台上进行修整。

⑥ 用氧-乙炔火焰对死褶进行加热,并用撬具撬开。

⑦ 将翼子板凹面向上置于平台上,由翼子板里侧敲平活褶。每敲一处,须使平台起到垫托作用,即随时转动翼子板,如图 5-41 所示。

⑧ 将里侧基本敲平的翼子板翻转过来，即凸面向上，用垫铁垫在里侧，由外向里继续敲击，最终使褶皱完全展开，如图5-42所示。

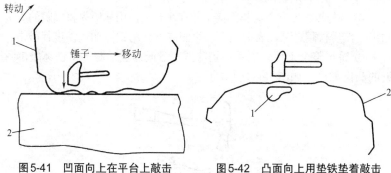

图5-41 凹面向上在平台上敲击
1—翼子板；2—平台

图5-42 凸面向上用垫铁垫着敲击
1—垫铁；2—翼子板

⑨ 两面均敲平后，将翼子板装在车上，调整翼子板的位置。

(4) 发动机舱罩的修复 汽车正面发生严重碰撞，使发动机舱罩出现拱曲、塌陷与皱褶等损伤，可按下述步骤对其进行修复。

① 将挡风玻璃洗涤器喷嘴及软管拆离发动机舱罩。

② 用旋具松开两个铰链上的紧固螺钉，如图5-43中的箭头所示，卸下发动机舱罩总成。

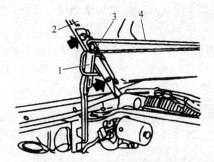

图5-43 拆除发动机舱罩螺钉
1—铰链；2—发动机舱罩；3—铰链垫片；4—扭力杆

③ 用氧-乙炔火焰加热烘烤，用铲刀配合清除隔热胶。

④ 将内外板分离。首先用专用撬具将外板的包边撬开，使其与

内板边缘逐渐分离一定的角度。然后再用锤与垫铁配合将外板的包边部分全部打开。如果边角外有焊点，可用扁铲剃开或用手提砂轮机磨开，尽量不用火焰切割，以防止变形。

⑤ 将外板表面向下、里面向上放在平台上，用木锤先将塌陷的大坑顶出。然后再翻过来，表面向上、里面向下，用铁锤加垫铁进行敲击。

⑥ 矫平整个工件。左手持垫铁抵在最低部位，右手持铁锤敲击附近的凸出部位，如图5-44所示。

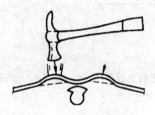

图5-44 用铁锤和垫铁敲击

⑦ 对工件表面进行光洁处理。对铁锤与垫铁、撬棍等工具作业留下的凹凸不平的小痕迹，用车身锉刀进行最后的修复。

⑧ 修复内板。

⑨ 将内外板合成一体。在内板上涂一层隔热胶，将内板与外板按包边连接方式合成一体，即将外板的包边重新包住内板的边缘，四角处可用CO_2保护焊点焊几点，以增加牢固度。最终，应使发动机舱罩达到原始状态。

⑩ 安装发动机舱罩总成上的各零部件，然后将后侧两个铰链固定，再将发动机舱罩总成放在车身原安装位置，拧好铰链紧固螺钉，将其与车身连接起来。

(5) 车顶的修复

① 就车修复。汽车车顶受到降落物撞击，造成车顶塌陷，可按下述方法对其进行修复。

a. 用旋具等工具卸下车顶压条、加强梁及其他相关零部件。

b. 逐步割断胶黏剂，并将绝缘材料取下来。

c. 将残留的胶黏剂清除干净。

d. 用千斤顶将大凹坑顶出，如图5-45所示。

小技巧

◆千斤顶底部落到车厢地板上时须放平衡,并在千斤顶上端放一块面积较大的木块,以增加顶出面积,使顶出力均匀,避免由于顶出面积小而出现突出的凸包,反而增加修整量。

◆也可采取前面介绍的拉拔法,即在车顶凹陷的中部钻几个小孔,穿上铁丝向上提拉。由于这时维修者是站在车顶上作业,故向上提拉用力不会很大。有时难以将凹坑拉出,这时可以借助于氧-乙炔火焰加热,边加热边提拉就容易多了。加热时应注意掌握火焰加热温度与加热面积,温度不要过高,面积不要太大,要按实际需要来定,否则会增加变形程度。

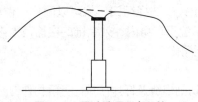

图5-45 用千斤顶顶出凹坑

e.经过顶出或拉拔后的车顶,可能会由简单的大面积单一凹陷变成小面积的凹凸不平。这时应用与撞击相反的顺序来进行修复工作。用垫铁与锤子相互配合修整小的凹凸点。

f.校平整个车顶。

g.安装车顶加强梁、压条、车顶板、内饰件等。

② 拆卸车顶修复。汽车发生严重撞击或翻车,造成车顶塌陷、扭曲或拱曲等不同程度的损伤,可按下述方法对其进行修复。

小技巧

◆拆除车顶板、内饰件及其他相关零部件。

◆用风动锯切割车顶,如图5-46所示。

③ 切割车顶时应注意遵照以下原则。

小技巧

◆避重就轻。要求切口的位置一定要避开构件的强度支撑点，选择那些不起重要作用的位置切割，尽可能躲开一些备板、加强筋等位置。

◆无应力集中。因应力集中会使构件发生意想不到的损坏，故切口的位置应尽量避开车身构件应力集中的区域。

◆方便施工。选位还应考虑到切换作业的难易程度，如需要拆装的关联件的多少与难易程度，以及是否便于操作和可选切口的大小等。

◆易于修整。构件割换后还需要对接口、焊缝等进行修整。若按修整工作量大小选择切口，就可以简化构件更换后的作业。如所选择的切口位于车身内、外装饰的覆盖范围内，其接口或焊缝表面处理就能简化。

④ 用砂轮机切割焊缝及钎焊区域，拆解构件。一般轿车车顶与车身支柱的连接是钎焊，通常是用氧-乙炔焊炬熔化钎焊的金属来分离钎焊区域。

a.用氧-乙炔焊炬使涂膜软化，用钢丝刷或刮刀将涂膜除掉，如图5-47所示。

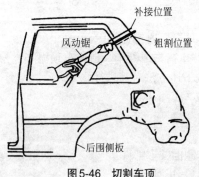

图5-46 切割车顶

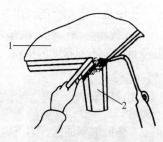

图5-47 从钎焊区域清除油漆与焊料
1—车顶；2—支柱

b. 加热钎焊焊料,直到它开始熔化呈糊状,再快速将它刷掉。注意不要使周围的金属薄板过热。

c. 用一字旋具在两块板件之间插入,将板件分离,如图5-48所示。

d. 除去涂膜后,若确定连接是电弧钎焊,便采用砂轮机切除钎焊,如图5-49所示。然后将车顶与车围连接处切除,以更换板件。

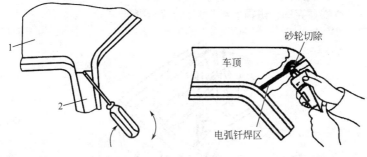

图5-48 分离板件　　　　　图5-49 砂轮切除连接板件
1—车顶;2—支柱

e. 将更换的车顶置于车上并对正位置后,用夹钳固定,然后临时将其点焊在该位置。

f. 检查车身所有框架部位的尺寸和形状。所有尺寸和形状均准确后,将车顶牢固地焊接在该位置上。

g. 安装车顶加强梁、压条、车顶板、内饰件等。

(6) 后围护面的修复　汽车尾部被撞凹陷,可按下述方法对其进行修复。

小技巧

◆拆卸后车尾部的附件,包括尾灯、牌照及其他电器附件。

◆借助氧-乙炔火焰对保险杠凹坑处加热烘烤,趁热用撬具将凹坑顶出,如图5-50所示。注意:如果后保险杠为塑料类制件,则应用烤灯烘烤。

◆凹陷得到初步复位后,再用垫铁和锤子对尚未平整的凹凸变形做进一步的修整。

◆用锤子渐渐敲平这些部位,直到恢复为原来的形状。
◆用前面介绍过的拉拔法将后门框口的凹坑拉出,再借助撬具、修平刀、抵座与锤子,必要时用氧-乙炔火焰加热来配合修平。
◆如果后门框口出现裂纹,可采用CO_2气体焊进行修复。
◆焊接完毕,用钢锉修平焊缝表面。
◆修复完毕,进行后围尺寸测量与调整。

图5-50 用撬具将凹坑顶出

(7) **车门支柱的就车修复** 如图5-51所示,汽车侧围发生碰撞,造成前支柱、中支柱弯曲,可按下述方法对其进行就车修复。

图5-51 前、中支柱弯曲

① 将侧围上的前、后两个损坏的车门拆掉,由于前翼子板也被撞击,也应一起拆下。

② 用撑拉器从里边撑顶，同时拉拔前支柱，如图5-52所示，将前支柱拉回到原来的状态。撑拉器是一种校正工具，可将压缩过的部位撑开，也可将扩大了的部位拉回。撑拉器一般有四种结构形式，如图5-53所示。撑拉器的中部通常是一根直径为50～60mm、长度为500～1100mm的铁管，两端为正反螺母，丝杆直径为30mm左右。

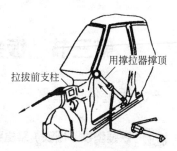

图5-52 前支柱的撑顶修复

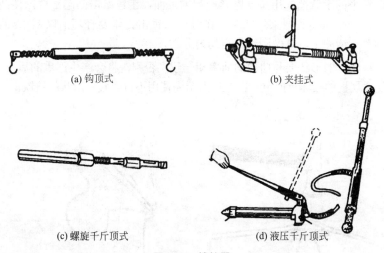

(a) 钩顶式　　　　(b) 夹挂式

(c) 螺旋千斤顶式　　(d) 液压千斤顶式

图5-53 撑拉器

③ 用撑拉器挂于中支柱和其他建筑物体上，如图5-54所示，将中支柱拉回原来的状态。

图5-54 撑拉中支柱

第三节 钣金件的整形与校正

一、钣金件的整形

1 铁锤垫铁（抵铁）敲击整形工艺

（1）小范围局部凸起的整形 图5-55所示为小范围局部凸起变形整平的示意图。用垫铁贴紧凸起的反面，手锤敲击凸起部位，使凸起部分被压缩到原来形状。操作时要求锤击力量要轻巧，以2次/s的频率连续冲击，并做到锤击点均匀分布。

垫铁的形状要与曲面的曲率相一致，否则，将会产生严重的后果，使金属板的损坏更严重。图5-56所示为使用不符合底板形状的垫铁。

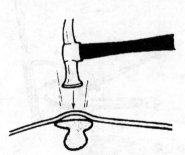

图5-55 小范围局部凸起变形整平示意图

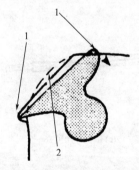

图5-56 使用不符合底板形状的垫铁
1—凹陷；2—原来的形状

（2）局部凹陷的整形 图5-57为凹陷修整的示意图。与凸起的修整不同的是锤击点不在垫铁顶面上方，而是在蒙皮的凸起部位。将垫铁贴紧最低处，用铁锤敲击附近凸起处即可。

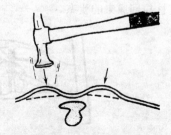

图5-57 凹陷修整示意图

小技巧

◆一般来说采用垫铁锤击时,锤击点都应落在表面凸起部位,垫铁则处于低的部位,否则,不但原有的凹凸现象不能消除,反而会增加新的缺陷。

◆修整凹陷时,锤击应从凹陷的外围逐渐向中心区域过渡的顺序进行,才能收到预期的效果。

(3) 大范围凹陷的整形 图5-58所示为大范围凹陷修复过程示意图。图5-58(a)中,粗黑线表示金属表面被撞击凹陷,周围凸起部位以细线表示。修整时,将垫铁紧压在凹陷槽最外边(此处弯曲程度最低),如图5-58(b)中虚线圆圈所示。用一平面冲击锤在凸起处进行轻度敲击(敲击点不能落在垫铁顶面之上)。利用每一次敲击时垫铁的压力迫使槽向上抬起。敲击顺序如图5-58(b)箭头所示。外围金属基本复位后,可将垫铁移置中心区,敲击附近金属表面使凹陷槽逐步消失,如图5-58(c)~(e)所示。

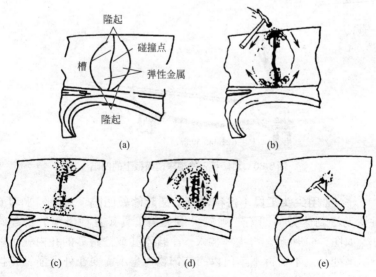

图5-58 大范围凹陷修复过程示意图

2 用修平刀修整凹陷整形工艺

(1) 用修平刀修整凹陷 利用修平刀修整凹陷如图5-59所示。图中车门表面某处有凹陷，将修平刀作垫铁用，采用锤击表面凸起部位的办法，可将凹陷修复。

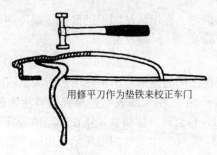

图5-59 利用修平刀修整凹陷

(2) 用修平刀作撬棍修整车门板面凹陷 图5-60是用修平刀作撬棍修整车门板面凹陷的情形，经过修平刀修整之后，还应用车身锤加以精修。

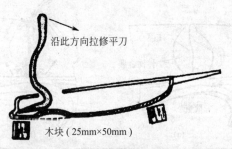

图5-60 用修平刀修整车门面板上的凹陷

(3) 用尖头工具（各种撬镐）撬起修复凹陷 对于修平刀或垫铁无法到达处的凹陷，则应采用尖头工具（各种撬镐）撬起修复，如图5-61所示。将尖锤插入一个排水孔或门背后的孔内就可以撬凹陷处，既不需拆下车门内的装饰物，也不需要在外表面钻孔拉出凹陷。

> **小技巧**
>
> 用尖头工具修理时,加力不可太大,从凹陷最低点开始逐步撬起。需要敲击时应注意敲击顺序和敲击点的分布,如图5-61中所示的①~⑨各点。

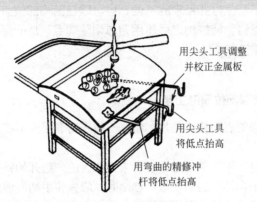

用尖头工具调整并校正金属板

用尖头工具将低点抬高

用弯曲的精修冲杆将低点抬高

图5-61 用尖头工具使凹陷部位升高

3 拉出凹陷整形工艺

采用拉出装置将凹陷拉出,也是常用的凹陷整形之一。拉出装置包括吸杯、拉杆、专用拉出器。气动凹陷拉出器如图5-62所示,其端部有一个吸杯产生真空,惯性锤施加的力将金属凹陷部位拉回到原来形状。

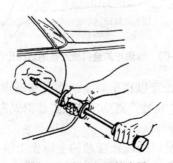

图5-62 气动凹陷拉出器

小技巧

◆拉杆式拉出器的一端的螺钉拧入凹陷部位事先打通的孔中，一手握住手柄，另一手用力将重物向手柄方向反复拉动即可将凹陷消除，然后再用填料将通孔堵住。

◆为了避免打孔带来的不便，也可以在凹陷部位点焊上销钉代替拧入螺钉，待拉出之后再用刀具切除焊点，从而保持原金属表面的完整性。

4 锉平整修部位整形工艺

经过整修的表面还要精修，精修一般采用表面成形锉进行锉平整修来加工。

利用车身锉锉平整修时，应从未损坏区的一边开始锉，然后穿过损坏区到达未损坏区的另一边。锉削时，应握住手柄向前推。每次锉的行程应尽可能拉长，返回行程中，锉刀面应脱离金属表面拉回，如图 5-63 所示。

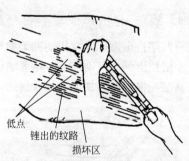

图 5-63　修理过的金属板经锉削后露出低点

经过一次锉削，可以找出剩余的高点和低点，图中光亮区为低点，可进一步拉出，再锉，直到所有低点都消失为止。最后将这一区域锉平。

图 5-64 表示在平坦的或低隆起的金属板上沿 30°方向施锉小技巧，图 5-65 表示在隆起的金属板上施锉运行的状况。

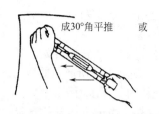 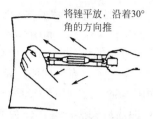

图 5-64　在平坦的或低隆起的金属板上沿 30°方向施锉小技巧

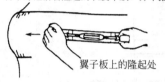 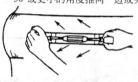

图 5-65　在隆起的金属板上施锉运行的状况

5　金属板表面收缩整形工艺

金属板受到碰撞而产生严重变形时,在折损处通常受到拉伸作用,如隆起处、凹槽等均是拉伸的典型。金属某处受拉伸时,其晶粒将互相远离,金属板变薄且发生加工硬化现象。利用收缩法可将金属晶粒拉回到原来的位置上,使之恢复原有形状和厚度。

> **小技巧**
>
> 收缩法的目的是移动受拉伸的晶体回位,但又不影响周围未受损伤的金属晶粒。

(1) 收缩的原理　一段能够自由伸缩的金属材料在受热时会膨胀,其长度会增加;加热完毕,冷却之后,其长度又恢复到原来的尺寸。

如果一段金属棒的两端被单向固定,对它先加热后冷却,金属的长度会缩短,现分述如下。

① 加热时,金属棒试图膨胀,但由于两端受阻无法沿纵向膨胀,棒内部产生很大压力,如图5-66(a)所示。

② 当温度进一步升高,使金属棒达到赤热状态开始变软,在原有压力作用之下,赤热部位直径增大,随后先前所产生的压力逐步消失,如图5-66(b)所示。此时,金属棒内已无压力了。

③ 加热后突然冷却,便会产生收缩。由于赤热部位直径已加大了,只能使钢棒长度缩短,如图5-66(c)所示。此时,由于两端单向固定,两端的收缩并不受阻,从而达到收缩的目的。

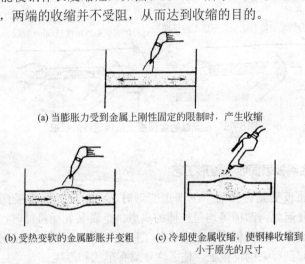

(a) 当膨胀力受到金属上刚性固定的限制时,产生收缩

(b) 受热变软的金属膨胀并变粗　　(c) 冷却使金属收缩,使钢棒收缩到小于原先的尺寸

图5-66　金属收缩原理

【2】**金属板上变形部位的收缩**　将变形区中心的一小块地方加热至暗红色,随着温度升高,金属板受热开始隆起并试图向受热范围之外的地方膨胀。由于周边金属既冷又硬,金属板无法膨胀,因而产生很大的压力载荷。如果此时继续加热,在赤热部位金属变软,于是在内部压力作用之下,金属被向表面推出,使之变厚并释放内部压力载荷。处于赤热状态的部位突然冷却,金属板将会收缩,面积将会减小,从而达到消除拉伸的目的,又不影响其周围的晶格状态。

【3】**收缩法操作小技巧**　收缩法在汽车钣金修理中占有重要位置,其工艺基本定型。加热时选用1号或2号焊嘴的乙炔中性焰。操作小技巧如下:

小技巧

◆ 用焊炬火焰将最凸或最凹点（伸张中心）加热至樱红色。加热范围的大小与伸张程度有关。

◆ 加热后急速敲击红晕区域的周围，并逐渐向加热点的中心包围，迫使金属组织紧缩。敲击时，要用垫铁垫在部件背部，用木锤敲击，冷却后再用铁锤轻轻敲击整平。要注意敲击力量不宜太大，否则已收缩部分会重新变松弛。显然，这一工步，应由两个人分工合作完成。

◆ 如果收缩一点不能达到整平的目的，可用同样的方法，在该点周围适当位置进行多点收缩，但此时加热范围要小一些。

◆ 所有收缩点冷却之后，进行一次全面敲平，敲击力要轻。

对于轻度的伸张，加热后可以不敲击，用棉纱蘸冷水冷却加热区域即可，轻微伸张区，加热后自然冷却也可达到收缩目的。

图 5-67 所示为多点收缩的顺序示意图。适当选择加热收缩区和收缩的顺序，可将多点伸张表面收缩到原来的形状。

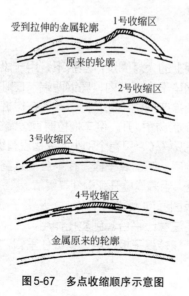

图 5-67 多点收缩顺序示意图

6 皱褶的展开整形工艺

汽车车身某处被撞击后,钣金件表面会形成不规则的皱褶。钣金件修理时必须将这些皱褶展开整形。首先,设法将死褶由里边撬开,缓解成活褶,然后加热,用锤敲击活褶的凸脊部位,逐渐将其展平,恢复原状。

> **小技巧**
>
> 皱褶的展开修整,可以直接在车上用撑拉法解皱敲平整形,也可以将钣金件拆下来,在车下展开皱褶整平修复。前者需在专门的车身、车架校正机上进行,后者主要借助一些简单器具和手工开褶方法。

下面主要介绍后一种方法。

假定某小轿车的右翼板正面被撞击形成了皱褶,由于修理设备所限,不能在校正机上展开皱褶。采用简易办法使其开褶,大致按如下顺序进行。

> **小技巧**
>
> ◆将右翼板上的大灯圈及灯座拆下,用一段长度合适(稍大于灯孔)的扁钢垫于大灯孔内,扁钢两端卡住灯孔的弯边。用一段钢丝绳,一端拴在扁钢中部,另一端系在树桩上。然后开倒车自行拖拉,逐渐使皱褶打开,倒车拖拉时宜缓慢进行,切勿猛冲。拖拉后,总体情况好转,只有个别小的死褶没有缓解。
>
> ◆经过拖拉后,卸下翼板,在平台上修整。一段段地用焊炬加热死褶部位,用撬具撬开死褶使其缓解。
>
> ◆将翼子板凹面向上置于平台上,从翼子板里侧敲平活褶。每敲一处,都要注意让平台起到垫托作用,不能脱空。里侧的皱褶基本敲平后,翻转翼子板,用垫铁抵住里侧,从外侧敲击,使皱褶完全解开。

◆将整修过的翼子板装在车上,再用手锤和垫铁进行一次全面修整。此时,大灯孔应先修圆,再修边。最后,对比两翼,将伸张的那部分用加热法收缩,使造型达到要求。

汽车车身其他部位的钣金皱褶展开可仿照上述步骤进行。

二、钣金件的校正

1 薄板板料手工校正工艺

手工校正是以手工操作手锤、抵铁、拍板等工具,对变形的钢材施加外力,来达到校正变形的目的。手工校正简便灵活,一般用于薄钢板、小型型钢和小型结构件的局部变形的校正。目前在我国汽车钣金修理作业中,手工校正仍然是主要方法。

(1) 板料中间凸起变形的校正

小技巧

◆如图5-68所示,将板料凸面向上放在平台上,一手按住板料,一手持锤击。

◆敲击应由板料四边缘开始,逐渐向凸起中心靠拢。

◆敲击时,边缘处锤击力要重,击点密度要大,越向凸起中心,锤击力逐渐减小,击点密度逐渐变稀。

◆板料基本校正后,再用木锤进行一次调整性敲击,以使整个组织舒展均匀。

图5-68 薄板中间凸起变形的校正

【2】板料四周呈波浪变形的校正

> **小技巧**
>
> ◆如图5-69所示，将板料置于平台上，一手按住板料，一手持锤敲击。
> ◆敲击时应由板料中间开始，击点逐渐向四周边缘扩散，由密变疏。
> ◆敲击时，中间击力要重，逐渐向四周变轻。
> ◆板料基本校正后，再用木锤进行一次调整性敲击，以使整个组织舒展均匀。

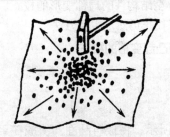

图5-69　薄板四周呈波浪变形的校正

【3】板料对角翘曲的校正

如图5-70所示，校正敲击应先沿着没有翘曲的对角线开始，依次向两侧伸展，使其延伸而趋于平整。

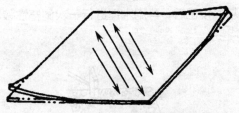

图5-70　薄板对角翘曲的校正

【4】板料曲面凸鼓变形的校正

如图5-71所示，首先使锤与抵座中心对正，然后进行敲击修整。

小技巧

握锤的手不宜过于紧握,以手腕的力量敲击。敲击的速度以 80~100 次/min 为宜。

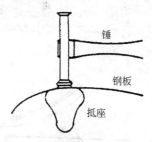

图 5-71　曲面凸鼓变形的校正

(5) 板料曲面凹陷变形的校正　如图 5-72 所示,抵座应放在稍偏于锤击处,锤击点为凹凸不平表面的较高部位,抵座位于较低部位。

小技巧

锤子的敲击逐渐将凸起部分的端部向下压,抵座的压力使凹陷部分趋于平整。

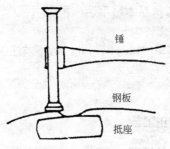

图 5-72　曲面凹陷变形的校正

【6】板料的拍打校正　如图5-73所示，若板料有微小扭曲时，可采用拍板拍打校正。

小技巧

取一长度不小于400mm、宽度不小于40mm、厚度为3～5mm的拍板，在板料上拍打，使板料凸起部分受压缩短，张紧部分受拉伸长，从而达到校正的目的。

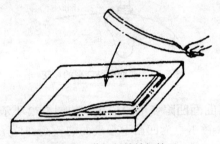

图5-73　薄板料的拍打校正

薄板的校正难度较大。

小技巧

◆校正前，要分析并判明薄板的纤维伸长或缩短部位。

◆校正中，要随时观察板料的形状变化，有针对性地改变锤击点和力度。当板料基本敲平后，再用木锤作一次调整性敲击，使整个板面纤维舒展均匀。

◆校正后，用手按揿板料各处，若不发生弹动，说明板料已与平台贴紧、校平。

2　条料的手工校正工艺

【1】条料弯曲的校正

小技巧

◆若条料在厚度方向弯曲时，只须将条料放在铁砧或平台上，凸起向上，直接锤击凸起部位即可校正。

◆若条料在宽度方向上弯曲时，可以用锤从中间开始依箭头方向向两侧锤击扁钢的内层；或者按内层三角形内进行锤击，使其延展而校正，图5-74所示为条料弯曲的校正。

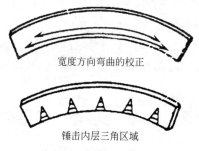

图5-74 条料弯曲的校正

(2) 条料扭曲的校正

① 将扁钢夹持在台钳上，用呆扳手或活动扳手夹持住另一端，用力向扁钢扭转的反方向扭转，如图5-75（a）所示。

② 待扭转变形基本消除后，再用锤击法将其校正。

小技巧

◆锤击时，将扁钢斜置于平面上，平整部分在平面内，而扭转翘曲的部分伸出在平面外，用锤子敲击稍离平台边外向上翘起的部分，其敲击点离开平台的距离约为板厚的2倍，边敲击边将扁钢向平台里移进。

◆然后翻转180°，再进行同样的敲击，直至校正为止，如图5-75（b）所示。

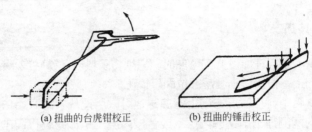

图5-75 条料扭曲的校正

(a) 扭曲的台虎钳校正　　(b) 扭曲的锤击校正

3 型钢的手工校正工艺

(1) 型钢弯曲的校正　如图5-76所示,角钢、槽钢、圆钢的弯曲变形,其校正只需将其放置于平台上,锤击其凸起处(圆钢可选用适当的中间锤置于凸起部),然后敲击中间锤的顶部进行校正。

图5-76 型钢弯曲的校正

(2) 型钢扭曲的校正　如图5-77所示,当型钢产生扭曲变形时,可对扭曲部分施加反扭矩,从而消除变形。当扭转变形基本消除后,再用锤击法将其校正。

图5-77 型钢扭曲的校正

4 火焰校正工艺

(1) 火焰校正原理　火焰校正就是对变形的钢材用火焰局部加热的方法进行校正,火焰校正的原理如下。

> **小技巧**
>
> 采用火焰对钢材的变形部位进行局部加热,利用钢材热胀冷缩的特点,使加热部分的纤维膨胀,而周围未加热部分温度低,使膨胀受到阻碍,产生压缩塑性变形,冷却后纤维缩短,使纤维长度趋于一致,从而使变形得以校正。

(2) 决定火焰校正效果的因素

① 火焰加热的方式。

a.点状加热。加热区域为一定直径范围的圆圈状点,称为点状加热。

> **小技巧**
>
> ◆校正时可根据工件变形情况,加热一点或多点,多点加热常用梅花式,加热点直径一般不小于15mm(厚板适当大些)。
>
> ◆变形量大时,加热点距要小(一般50~100mm),如图5-78(a)所示。

b.线状加热。加热时火焰沿直线方向移动,也可同时作适当的横向摆动,称为线状加热。

> **小技巧**
>
> ◆加热线的横向收缩大于纵向收缩,收缩量随加热线宽度的增加而增加。
>
> ◆加热线的宽度一般为钢材厚度的0.5~2倍。
>
> ◆线状加热一般用于变形较大的工件。它有直线加热、链状加热、带状加热三种,如图5-78(b)所示。

c.三角形加热。加热区域呈三角形的称为三角形加热,如图

5-78（c）所示。

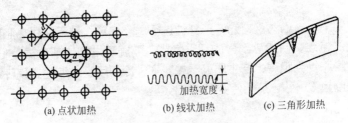

图5-78 火焰加热的方式

火焰加热方式、适用范围及加热小技巧如表5-1所示。

表5-1 火焰加热方式、适用范围及加热小技巧

加热方式	适用范围	加热小技巧
点状加热	薄板凹凸不平、钢管弯曲的校正	① 变形大，加热点距小些，加热点直径适当大些；板薄、加热温度低些 ② 反之，则点距大些，点直径小些，板厚温度高些
线状加热	中厚板的弯曲、T字梁、工字梁焊后角变形等的校正	① 一般加热线宽度为板厚的0.5～2倍 ② 变形较大，加热宽度和加热深度应大些
三角形加热	变形较严重，刚性较大的构件变形的校正	一般加热三角形高度约为材料宽度的0.2，加热三角形底部宽度应以变形程度而定，加热区域大，收缩量也较大

② 火焰加热的位置（图5-79），应选择在金属纤维较长的部位或凸出部位。

③ 火焰加热的温度。校正时加热温度应控制在600～800℃之间。低碳钢不大于850℃；厚钢板和变形较大的工件，加热温度为

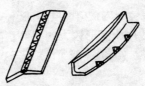

图5-79 火焰加热的位置

700～850℃，加热速度要缓慢；薄钢板和变形小的工件，加热温度为600～700℃，加热速度要快。

> **小技巧**
>
> 为了提高校正效率和质量，还可以施加外力或在加热后用水急冷加热区，以加速金属的收缩，提高校正效率。但对厚钢板（8mm以上），不能用水急冷，以防止较大的内应力产生裂纹；对具有淬硬倾向的材料也不宜采用。

(3) 薄钢板及型钢变形的火焰校正小技巧 薄钢板及型钢变形的火焰校正小技巧如表5-2所示。

表5-2 薄钢板及型钢变形的火焰校正小技巧

变形情况		简图	校正要点
薄钢板	中部凸起		① 中间凸部较小，将钢板四周固定在平台上，点状加热在凸起四周，加热顺序如图中数字 ② 凸部较大，可用线状加热，先从中间凸起的两侧开始，然后向凸起中间围拢
	边缘呈波浪形		将三条边固定在平台上，使波浪形集中在一边上，用线状加热，先从凸起的两侧处开始，然后向凸起处围拢。加热长度为板宽的1/3～1/2，加热间距视凸起的程度而定。如一次加热不能校平，则进行第二次校正，但加热位置应与第一次错开，必要时，可用浇水冷却，以提高校正的效率
型钢	局部弯曲变形		校正时，在槽钢的两翼边处同时向一方向作线状加热。加热宽度按变形程度的大小确定，变形大，加热宽度大些

续表

变形情况		简图	校正要点
型钢	旁弯		在旁弯翼边凸起处,进行若干三角形状加热校正
	上拱		在垂直立筋凸起处,进行三角形加热校正
钢管局部弯曲			采用点状加热在管子凸起处,加热速度要快,每加热一点后迅速移至另一点,一排加热后再取另一排
焊接梁	旁弯		在上下两侧板的凸起处,同时采用线状加热,并附加外力校正
	角变形		在焊接位置的凸起处,进行线状加热。如板较厚,可在两条焊缝背面同时加热校正
	上拱		在上拱面板上用线状加热,在立板上部用三角形加热校正

第二篇
喷漆入门与技巧

第六章
岗位安全知识

第一节 安全操作规程与设备使用

一、安全操作规程

各项汽车喷漆作业都有具体的安全操作规程，必须在掌握安全操作规程的前提下，才能进行汽车喷漆施工。

1 清洗、护理作业安全操作规程

汽车表面清洗、护理中所使用的清洗剂多数都带有一定的毒性和腐蚀性，施工现场有水、电、气等都有一定的危险性。为确保施工安全，人员和设备无损伤，施工人员必须遵守以下安全施工规则。

① 施工人员必须从思想上重视安全工作，以高度的责任感和严肃的态度认真施工。施工中要树立安全第一、客户至上、精心服务的观念，严格遵守操作规程，杜绝事故的发生。

② 施工人员必须熟悉施工现场及周围环境，了解水、电、气等开关的位置及救护器材的位置，以备应急之用。

③ 施工人员必须熟悉施工安全技术、清洗剂的使用方法和急救方法。

④ 注意用电安全。地线必须搭铁，防止漏电，使用电器时要严防

触电，不要用湿手和湿物接触开关。

小技巧

施工结束后，要及时把电源切断。

⑤ 现场施工人员直接接触酸、碱液时，应穿工作服、胶靴，戴防腐蚀手套，必要时应戴防毒口罩。

⑥ 清洗、护理作业现场必须整洁有序，严禁烟火。

⑦ 清洗、护理现场应有消防设备、管路，要有充足的水源和电源，确保施工安全需要。

⑧ 清洗、护理设备在使用前应进行试运转，使用后应用清水冲净。按要求维护，如有故障应及时排除并妥善保管。

⑨ 施工中排放的清洗废液应符合排放要求，不许随地乱排放。

⑩ 施工安全工作要有专人负责，定期检查，并不断总结安全施工的经验，确保安全施工。

2　喷漆作业安全操作规程

修补喷漆施工条件较差，操作者大多在充满溶剂气体的环境中作业，不安全因素较多，操作者应熟知本工种作业特点和所使用设备的合理操作方法，保证安全施工。

① 施工环境必须有良好的通风条件，若室内施工（特别是喷涂时）则要有良好的通风设备。

② 操作前根据作业要求，穿好工作服和鞋，戴好工作帽、口罩、手套、鞋罩和防毒面具。

③ 操作人员应熟悉所使用的设备，使用前应进行检查。

④ 打磨施工中应注意物面有无凸出毛刺，以防划伤手指。

⑤ 在用钢丝刷、锉刀、气动和电动工具做金属表面处理时，需佩戴防护镜，以免眼睛沾污和受伤；如遇粉尘较多，应戴防护口罩，以防呼吸道感染。

⑥ 酸碱溶液要妥善保管，小心使用。搬运酸碱溶液要使用专门的工具，严禁肩扛、手抱。清除旧漆膜时，必须佩戴乳胶手套和防护眼

镜，穿戴涂胶围裙和鞋罩。

⑦ 登高作业时，凳子要牢固，放置要平稳不得晃动，热天严禁穿拖鞋操作。

⑧ 施工场地的易燃品、棉纱等应随时清除，严禁烟火，涂料库房要隔绝火源，并有消防用品及严禁烟火的标志。

⑨ 施工完毕后将设备、工具清理干净，摆放整齐，剩余涂料及溶剂要妥善保管以防溶剂挥发。

⑩ 工作结束打扫施工场地时，用后的残漆、废纸、线头、废砂纸等要随时清理，放置在垃圾箱内。

3 电动、气动工具安全操作规程

① 操作人员应熟悉所使用的工具。使用前应检查各零部件是否安装牢固，各紧固件连接是否牢靠，电缆及插头有无损坏，开关是否灵活及观察内部有无杂物。

② 使用前应该检查所用电压是否符合规定，电源应尽量使用220V，如电源电压为380V时应检查搭铁是否良好，并注意地线标记。

③ 使用电动工具操作时，应检查是否搭铁，电线要有胶管保护。

④ 经检查后可接通电源空运转，检查声音是否正常。

⑤ 使用中如发现有大火花、异响、过热、冒烟或转数不足等现象，应停止使用，修复后再继续使用。

⑥ 各电气元件应保持清洁，接触良好。轴承及变速器内的润滑油每半年更换一次。

⑦ 工具不用时应存放在干燥处，以防受潮与锈蚀。

⑧ 使用风动工具时必须防止由于连接不牢而造成人身事故。

⑨ 工具在转动中不得随处放置，需要放置时应关机，停稳后再放下。

⑩ 使用砂轮机时，开机后砂轮应轻轻接触工件。

4 空气压缩机安全操作规程

① 空气压缩机应设专人开动和管理。

② 开动前认真检查空气压缩机、电动机和电气控制部分是否良好，一切正常无误后，开动试转片刻，再正式使用。

③ 气泵要按规定顺序启动，设备运转时要认真注意运转状况，观

察气压表读数，发现异常现象要及时排除，之后再正式使用。

④ 在工作中严禁工作人员和其他人闲谈或随意离开机房，必要时应停机后再离开，以防事故发生。

⑤ 任何人不经操作者同意，不准开动机器。

5 喷漆车间通风机安全操作规程

① 风机设备必须由专人负责开动和管理，其他人不得随意开动。

② 操作人员在启动风机前必须检查电气设备正常后再启动。

③ 操作人员必须每天清除电动机及输气管道内的灰尘污垢以防通道堵塞。

④ 风机在运转过程中，如果发现不正常现象应立即停机，将故障排除后再工作。

6 照明装置安全操作规程

① 施工场地的照明设备应有防爆装置。

② 涂料仓库照明开关应设在库外。

③ 各种电气开关均应为密封式，并操作方便。

④ 如果使用手灯，必须使用36V安全电压。

7 溶剂和其他易燃物品的安全事项

① 不允许在喷漆车间抽烟和点燃明火（如火柴、打火机等）。

② 在存放易燃性液体的场地上，应对火源实施严格的监控。

③ 输送桶装溶剂时，要用专用泵通过桶上的孔抽送，不允许侧倒装运。

小技巧

抽送完毕，应将容器盖关紧。

④ 用散装容器运送易燃溶剂时，要特别小心。溶剂桶应接地，以防静电引起火灾。

⑤ 用于喷漆的漆料，必须存放在金属柜中（切勿用木柜）。

⑥ 喷漆时按下列程序进行：喷漆之前移开手提灯；打开通风系统；开启喷漆处场地光源；清除可燃残余物；油漆干燥时保持通风。

⑦ 切勿在蓄电池附近打磨，以防蓄电池放出的氢气爆炸。

8 易燃物品的储存注意事项

① 按可燃性不同参照有关法规分类储存。如按闪点不同，分为一、二、三级火灾危险品；有的国家以涂料的燃点分类：燃点低于20℃为高度可燃性（如汽油）；燃点范围22～32℃为可燃性；燃点大于32℃已不属于高度可燃性液体，有的规定燃点在55℃以上的产品标有"可燃物"的警示。

② 储存地（漆库），应备有完善的防火及灭火设备，并应考虑在此区域内装设自动喷水系统，以提高对火灾的防护，漆库应具有良好的排风通风，换气每小时不应小于20次，可监视及连通空气的出入气流。

③ 在喷漆现场存放的漆料数量以足供一工作日的需求为限。厂房内最多可存放50L的漆料和稀释剂，且需放置于防护材料箱柜内，并储放在合宜的地点。

④ 所有存放漆料和稀释剂的容器，除正在使用中外，均需保持紧盖。

⑤ 作为聚酯涂料固化剂的过氧化合物不可与其他物料共同存放。特别是硝基漆必须避免与抹布、硝基漆的干打磨灰屑及有机物质接触。

9 废弃物的处理注意事项

① 用过的脏抹布、棉纱、废纸或其他可燃物必须抛弃时应投入隔开的有盖的金属容器内，并于每日工作完后或换班时清理出喷漆工场，或送往厂房外面的安全区，以避免其自燃。

② 严禁向下水道倒易燃溶剂或涂料，应收集回收处理或送往锅炉房当燃料处理。

③ 喷漆室的废漆渣绝不可与其他产品混合并储存、深埋或当燃料处理。

④ 过氧化物的抛弃应绝对小心，以防引起火警。

⑤ 异氰酸硬化物的残渣需以砂、土或其他无化学变化的物质吸取后，置于密封的容器中。含异氰酸基的涂料和固化剂要废弃时，应先中和。用90%的水稀释，再用8%尿酸溶液及2%的洗衣粉中和。中和后，应放置24h以上，瓶盖应打开，如此产生物质变化，才不会污染环境。

⑥ 空的漆桶比装满油漆的桶更具爆炸的危险，绝不允许堆积在工厂内，必须每天处理。

⑦ 在搬运或喷漆过程中应尽量避免敲打、碰撞和摩擦等动作，开桶应使用非铁质的工具，不穿带钉子的工作鞋，以免发生火花或静电放电，而引起着火燃烧。

10 汽车在厂内的安全事项

① 在汽车上作业时，汽车的制动装置必须处于有效的制动位置，防止自动溜车。

② 在汽车下面作业时，必须先将汽车支离地面。

③ 刚进厂的车辆，不宜马上进行作业，以免被排气管、散热器、尾管等灼热物烧伤。

④ 在车间内移动汽车，一定先要注意察看四周，确保安全。

二、设备的使用

喷漆施工车间使用的工具和设备有手动的、气动的和电动的三类。使用工具和设备基本的安全要求如下。

1 动力工具的安全使用

① 对气源、电源等动力源的管线使用前应检查，不得渗漏、破损，压力要达到规定值方可使用动力源工具，应定期检查导线绝缘程度和各种电源设施的接地保护可靠性。

小技巧

如作业中发现导线受到砸、压、挤的情况，应及时检查其可靠性。

② 动力源工具使用前应检查其安装的防护罩或防护装置是否齐全，不得对原装防护措施随意更改、拆卸。若安装成套工具需要拆卸后应及时复位。

③ 使用动力源工具前，个人应必须佩戴适当的防护用品（如防护眼镜），如图6-1所示。

图6-1　防护眼镜

④ 使用动力源工具应按制造商推荐的操作程序作业，不得过载。

⑤ 使用动力源工具作业时应选择安全场地，考虑安全的作业环境。如不在展不开手脚的地方作业，不在明显有油迹的地方作业，不在危险品尚未测压、清除、洗净的地方作业等。作业时站立时应着力，要保持身体的可靠平衡。

⑥ 不允许将动力源工具对着人开玩笑，尤其不允许将气动工具的发气部位对着人体任何部位作业，空气穿透皮肤进入血液会引起严重的健康问题，甚至死亡。

⑦ 装在动力工具上的安全防护装置一定要齐全、牢靠。

⑧ 对电动工具的电缆，如是三线的，在未确定接地保护脚可靠前不接插电源，插头若有破损和老化，决不凑合使用。

⑨ 对气动工具，使用有鼓胀、破皮等不可靠迹象的气管、工具的作业端头或有压缩气的开口气管不对准人。

⑩ 对液动工具，不允许管路及接头有渗漏，注意管路油压应符合作业工作压力。

⑪ 动力工具作业前应试开动确认有效，对需调整的工具，待调整好后再开动，动力工具必须用时开，不用时关，绝不能将运转着的动力工具随意摆放无人操作。

⑫ 使用动力工具时不与人聊天，工具用完后应及时收管，对存在故障、缺陷的工具应及时交有关人员保存处理，同时反映工具存在的问题。

⑬ 作业后应清点、整理手动工具、管线，关闭动力源，清理作业现场。

2 手动工具的安全使用

① 工具用前应检查使其处于良好状态并保持清洁。

② 应选用合格工具，不可在工具上随意以加接力臂等方法增加不合适的力矩。

③ 严禁使用代用工具。

④ 严禁不合理的敲打、锤击工具。

⑤ 工具手柄应干燥，严禁沾有油等润滑剂。

⑥ 凡是出屑的方向，如有可能要装安全防护网或者该方向不得站人。

⑦ 不得用大锤打击小錾子。

⑧ 对出屑、出灰严禁用嘴吹、用手抹。

⑨ 不可将扳手当锤击工具使用。

⑩ 应随时消除套筒里面的污垢、油污。

⑪ 随身携带的工具应放置在专用的工具袋中，工具不得随意放置，尤其不能放在高处和置于高振动易下滑的地方。

3 压缩空气的安全使用

① 压缩空气除供气动工具和设备使用外，维修企业常用其吹净零件、仪器、设备上的尘垢和残液污物。

② 在进行压缩空气吹净作业时，操作人员要戴防护眼镜，应使用合格的安全喷嘴，不允许一只手抓安全喷嘴，另一只手抓零件、仪器的吹净作业方法。

③ 在进行吹净作业时，严禁安全喷嘴喷出口和喷出方向上站人，严禁用喷嘴吹随身穿的衣服、鞋帽。

④ 应及时清放压缩空气管路中的油、水，对管路中的油、水分离器的渗漏和失效应及时维修。

第二节　人身安全与防护

人身安全保护是从事喷漆作业必须引起足够重视的问题。涂料、填料和稀料的挥发气体对人有麻醉和毒害作用，操作者长期接触会受到很大伤害。只有采取了有效的保护措施才允许从事喷漆等作业。个人安全防护用品如图6-2所示。要根据工作性质的不同，合理穿用或佩戴个人安全防护用品。

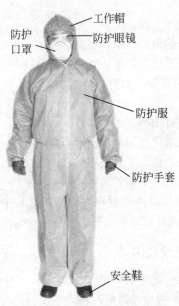

图6-2　个人安全防护用品

一、呼吸系统的保护

磨料的粉尘、腐蚀性溶液和溶剂所蒸发的气体、喷漆时的漆雾都给呼吸系统带来危害。呼吸保护器有三种：通风帽式（供气式）呼吸保护器、滤筒式呼吸保护器和防尘呼吸保护器。

1 通风帽式（供气式）呼吸保护器

供气式呼吸保护器是一种可以防护吸入氰酸盐漆蒸汽和喷雾引起过敏的装置，分为半面式供气面罩和全面式供气面罩两种类型，实物如图6-3所示。

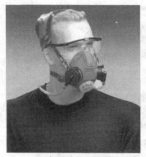

(a) 半面式供气面罩　　(b) 全面式供气面罩

图6-3　供气式呼吸保护器

2 滤筒式呼吸保护器

对于喷涂磁漆、硝基漆以及其他非氰化物的油漆时，可以佩戴滤筒式呼吸保护器，如图6-4所示。这种保护器由一个适应人的脸型并具有的密封作用的橡皮面具构成。它包括可拆卸的前置过滤器和滤筒，可以滤去空气中的溶剂或喷雾。呼吸器还有进气和排气阀门，以保证呼吸顺畅进行。

图6-4　滤筒式呼吸保护器

3 防尘呼吸保护器

图6-5所示为防尘呼吸保护器。此类保护器可以防止喷砂灰尘被吸入，仅用于喷砂作业时佩戴。喷漆时，不能用它代替前两种保护器使用。

图6-5 防尘呼吸保护器

二、人体其他部位的保护

1 头部的保护

工作帽用于保护劳动者的头部，以消除或减轻坠落物、硬质物件的撞击和挤压伤害，还可以防止劳动者头发过长或掉落，对操作施工产生影响。佩戴工作帽是在生产中保护头部的有效方法，如图6-6所示。

图6-6 工作帽

2 眼睛和面部的保护

工作场所各处均有飞扬的灰尘和碎屑，可能会伤及眼睛或面部。防护眼镜、防护口罩、防护面罩等可以有效保护眼睛和面部。

3 耳朵的保护

敲打钢板或喷砂时所发出的噪声,对人们的听觉有不利的影响,重者会损伤耳膜。可用耳塞、耳罩等保护听力。

4 手的保护

为防止溶液、底漆及外层涂料对手的伤害,在喷涂、除油、洗净、使用有机溶剂时需要佩戴耐溶剂手套[图6-7(a)]进行操作,防止有机溶剂吸入皮肤;在打磨或搬运时能佩戴劳保手套[图6-7(b)],可充分保护手部,特别是对引擎盖、车身门板的拐角等较复杂的部位打磨时,对手的保护则更需要。

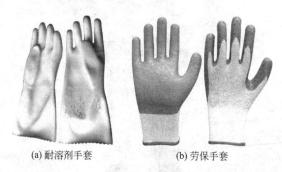

(a) 耐溶剂手套　　(b) 劳保手套

图6-7　手套

5 脚的保护

在喷漆作业时,应穿带有金属脚尖衬垫及防滑的安全工作鞋,如图6-8所示。

图6-8　工作鞋

6 身体的保护

在喷漆工作中,按规定应穿着工作服(图6-9)进行作业,以保护人体在喷涂时不受漆雾的侵害。市场上也销售使用导电材质的喷漆服,可防止静电的产生。

图6-9 工作服

第三节 防火与防毒

一、防火安全措施

1 涂料喷漆过程中的防火措施

① 施工场地必须设置防火设备,应备足够数量的灭火器、石棉毡、沙箱及其他灭火工具。每个工作人员应会使用防火设备,懂得各种灭火方法。

② 涂料喷漆人员必须经过防火安全知识的教育培训，并经考试合格后方能从事涂料作业生产。

③ 涂料车间、工段、小组等必须建立严格的安全操作规程和防火制度，并随时检查贯彻执行情况，不能麻痹大意。

④ 涂料喷漆场所，禁止吸烟、穿带铁钉鞋、化纤服装和严禁携带打火机、火柴等引燃之物。

⑤ 涂料车间需动火检修焊接时，必须先办理动火批准手续，批准后应停止涂料作业。动火前应先将作业场地30m以内的涂料垢及各种可燃物质清扫干净，涂料桶、涂料槽要加盖密封，其空气中有机溶剂蒸汽浓度不得超过爆炸下限的1/3，以防动火时引起火灾。

⑥ 涂料车间必须设置强力通风和抽风设备，自然通风条件要好。调配涂料房、喷涂室以及烘干室，除应设局部通风外，还应随时测定混合气体浓度，以防达到危险极限。

小技巧

如有火灾危险，立即关闭通风和抽风设备。

⑦ 涂料车间除了进行生产直接需要的材料外，不得积存大量易燃及可燃材料，以免引起火灾。

⑧ 涂料车间、调配涂料房、烘房等的门窗应一律向外开启。

⑨ 擦拭涂料用的沾污棉丝、棉布等物品应集中，并应妥善存放在储有清水的密封桶中，不要放置在暖气管或烘房附近，以免引起火灾。

⑩ 喷漆操作时，应避免铁器之间敲打、碰撞、冲击、摩擦，以防发生火花而引起火灾。

⑪ 易燃物品，如涂料、稀释剂等，应存放在储藏柜内，施工场地不得储存。

⑫ 清洗工具用的稀释剂，应集中存放，不得倒入下水道或随意乱倒。

2 涂料喷漆过程中的电气防火措施

① 各种电气设备，如照明灯、电动机、电器开关等，都应使用防

爆型电器，并应设在专门的配电间，有专人定期检查和维修，防止漏电和产生电火花而引起火灾。

② 涂料作业场所的电气设备，必须由专职电工进行安装或维修。在安装检修电气设备时，应停止涂料作业。

③ 凡是喷涂设备，如喷涂柜、抽风机、喷枪、传送带等，均应安装接地装置，其接地电阻不应大于10Ω。各种送电闸刀、配电盘、断路器等，最好安装在室外和安全地点。

④ 在静电喷涂中，为确保防火安全，电压不得高于8万伏，喷枪与涂件距离不得少于250mm，以免电压过高或喷距太近产生放电引起火灾。

3 涂料喷漆过程中的烘烤防火措施

① 严禁使用有电阻丝外露的电烘箱、烘房等烘烤涂料，应用蒸汽、热风、自动烘干机等进行烘烤。若采用红外灯烘烤时，应将红外线灯固定在壁盒内，外面要加玻璃罩保护，以防漏电，造成火灾。

② 烘烤涂膜件时，不要急于放入烘烤设备，以防刚喷好涂料中的大部分溶剂的蒸气散布在烘箱里，遇高温造成火灾或爆炸事故。

③ 在烘箱烘烤涂膜时，必须开动鼓风机，以使溶剂蒸气不致积聚在烘箱内而达到爆炸极限浓度。如果烘箱无鼓风装置时，可延长室外晾放时间，使溶剂充分挥发。

④ 大型烘箱、烘房应在其顶部装设通风管，并在适当位置装防爆门。如$15m^3$的烘房或烘箱，至少应有$1m^2$的防爆门面积，以供事故时起泄压作用。

⑤ 应控制烘烤温度不得高于该涂料中溶剂的自燃点，以防引起自燃。

二、防毒措施

1 涂料喷漆过程的防毒措施

① 在施工过程中，涂料所散发出的大量有机溶剂，超过允许含量时，吸入人体会对人的神经系统有刺激和破坏作用，长期吸入挥发性蒸气和接触溶剂，往往会引起慢性中毒。因此，车间内必须具有良好

的通风、防毒、除尘等设备，力求降低空气中溶剂蒸气，减少有害气体对人体的伤害。

② 饭前洗手，下班淋浴。不要在喷漆场所吃食物，操作后要用肥皂水洗脸，换衣服。喷漆完毕后可用木屑加肥皂水或软泥加洗衣粉等代替有机溶剂洗手，以减少对皮肤的刺激作用。

③ 若皮肤上沾有涂料时，不要用苯擦洗，要用专用洗手膏、去污粉、肥皂及少量松香水等混合物擦洗，再用清水冲洗干净。

④ 在打磨含铅颜料的旧漆膜时，容易将粉尘吸入人体，引起慢性铅中毒。如沾有粉尘时，应在工作完后立即冲洗干净。

小技巧

特别注意在施工含有大量铅的涂料时，不应采用喷涂工艺。

⑤ 聚氨酯漆中含有游离异氰酸根，氨固化环氧涂料用乙二胺、二乙烯三胺等，均能引起中毒，所以使用时一定要采用预防措施，严禁吸入或与皮肤接触。

⑥ 操作人员要注意清洁卫生，每次工作完成后及时洗手，每天工作后应洗澡，工作服要勤换洗，经常更换失效口罩。

⑦ 在室外喷涂施工时，操作者最好站在上风向，以免吸入毒物。

⑧ 在喷涂室喷漆时，应安设排风扇或其他机械排风，同时要戴防毒面具操作。还可以采用水淋除涂料雾，进一步解决涂料雾对周围环境的影响。

⑨ 在大型物体内部（如客车、罐车、船舱等）喷漆时，必须佩戴防毒面具、橡胶手套、工作服、脚盖等防护用具。内部喷漆施工时间每次控制在30～40min，最长不超过1h换人施工。

⑩ 控制喷漆场所有害气体浓度降到最高允许浓度以下。

⑪ 对于红丹防锈涂料等有毒性颜料的涂料品种（包括防污涂料），喷漆时要采用刷涂，不要喷涂，以免飞沫吸入呼吸道引起中毒。

2 中毒治疗措施

以苯类溶剂中毒的治疗为例。

① 急性苯中毒治疗措施。在喷涂喷漆中，如果喷漆人员发生精神欣快、眩晕、头痛、恶心、疲劳、抽搐、麻痹、不省人事、瞳孔放大、对光反应消失等症状时，说明是急性苯中毒，应立即将患者移至空气新鲜场所，使患者呼吸道通畅，保持环境安静，并给予氧气吸入，经过急救可使患者恢复正常。如中毒较严重，应及时送往医院治疗，使患者尽快恢复。

如果苯溶剂溅入眼内，应立即用清水彻底冲洗，并可局部用金霉素眼膏等。如处理后患者感到视力减退、模糊、复视或局部出血，应及时送眼科治疗。

② 慢性苯中毒治疗措施。可用西药药物或其他方法治疗。

第七章
车身表面的预处理

第一节 车身的清洗

一、车身清洗的目的

进行车身损伤程度评估前,首先应进行全车清洗,为后续工作打下良好的基础。虽然涂装操作可能只是针对车身的某一块板件或板件的某一部分,但仍需要彻底清洗车上的泥土、污垢和其他异物,尤其注意门边框、后备厢、发动机罩缝隙和轮罩处的污垢。其目的如下。

> **小提示**
>
> ◆为了清除车身污染物,便于准确、全面地鉴定涂膜损伤程度,评估损伤程度是为了修复做准备。
> ◆如果不清除干净,新涂装的漆膜上就可能会沾上很多污点。
> ◆将车身清洗干净也有利于车间工位和烤漆房的清洁。

二、车身的清洗

1 劳动防护

洗车时，操作人员应穿戴的劳动保护有工作服、防护眼镜或面罩、橡胶手套、防水围裙、防水鞋、工作帽等。

2 设备与工具准备

① 防护眼镜或面罩、橡皮手套、水鞋及防水围裙等。
② 水桶、海绵块或毛手套、刷子、大毛巾、门窗玻璃清洁剂、抹布、鹿皮、车身清洗剂、火山泥、柏油清除剂等。
③ 高压水枪、泡沫机、空气压缩机、气管、气枪等。

3 清洗步骤

① 取出地毯、脚垫等进行清洗、晾干。
② 检查车门、车窗等是否关严，防止高压水冲进驾驶室。
③ 将高压水松调整为高压水柱，冲掉车身表面的沙土等污染物，冲洗的顺序是从上到下、从前到后。

> **小提示**
>
> 注意在车身表面有严重的沙土时不要用手或毛巾擦拭，防止划伤车漆表面。

全车清洗应注意的部位如图7-1所示。

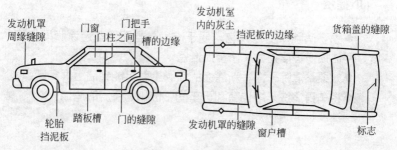

图7-1 全车清洗应注意的部位

车轮附近部位和车身的拐角部位要重点冲洗,如图7-2所示。

④ 用泡沫机喷洒车身清洗剂,要适量、均匀。

⑤ 用软海绵或毛手套蘸清洗剂(肥皂水)擦车,如图7-3所示。

> **小技巧**
>
> 擦车的顺序是车顶、挡风玻璃、发动机罩、保险杠、灯具、车的一个侧面(包括玻璃)、车身后部(包括玻璃、尾灯)、车身的另一侧(包括玻璃)以及车轮。

图7-2 车轮附近部位的清洗

图7-3 用海绵蘸肥皂水擦车

⑥ 如果车身上有沥青等顽固污渍,需要用柏油清洁剂清除,如图7-4所示。

a. 将柏油清洁剂晃匀,距车体半尺左右将清洁剂喷于车体污垢处。

b. 稍等3～5min,待柏油等污渍明显乳化后,用湿毛巾擦拭干净即可。

c. 重垢部分可重复清除一次。

> **小技巧**
>
> ◆ 使用时,要保持气雾罐正立喷射,且与水平面的夹角不得小于45°。
>
> ◆ 不要在阳光直射下或车体过热时使用。

(a) 柏油清洁剂　　　　　　　(b) 将清洁剂喷于车体污垢处

图7-4　清除车身上的沥青

如果车身附着有漆雾、铁粉等污染物，需要用火山泥擦除。

⑦ 将高压水枪调整为扇面状水流，冲洗全车，将清洗剂泡沫冲洗干净，如图7-5所示。

⑧ 用大毛巾擦拭全车，对于玻璃、边角等部位用鹿皮精细擦拭，缝隙等容易存水的地方可用压缩空气吹干，如图7-6所示。

图7-5　冲洗全车　　　　　　　图7-6　吹干边角位置

⑨ 将取出清理并晾干的车内物品装回原位。

⑩ 检查。清洗完毕后，将车辆置于光线良好处，仔细检查整个车身表面，将车身表面仍然遗留的污物擦拭干净。

4 安全注意事项

① 一定要穿戴好劳动保护用品。

② 注意用电安全。电气设备（空气压缩机、电气工具、照明设备）发生故障时，应立即切断电源，并且立即报告，由专业人员进行检修。修理电气设备时，要切断电源，能够接通电源的配电柜或开关箱都要上锁，并且挂上禁止开启的警告标牌。

③ 操作人员要熟悉所使用的设备（空气压缩机、通风设备及其他设备），定期检查有关设备和装置（如气筒、安全阀等）。

④ 使用空气压缩机时，随时注意压力计的指针不要超过极限红线。

⑤ 严禁将高压水枪对着人喷水。

第二节　涂层损坏程度的评估

一、涂层的结构

鉴别车身钣金件上的涂层类别，在重涂工艺中是非常重要的。如果涂膜没有正确鉴别，在施涂面漆时会出现严重的问题。例如，准备修理的车身钣金件以前涂装的是硝基漆，那么在二道底漆后面的涂层中，所含有的稀释剂就会透入以前施涂的硝基漆，这会引起涂装了的表面产生皱纹（收缩）。为了防止发生此类问题，在处理底材时必须正确鉴别涂层的类型。

> **小提示**
>
> ◆正确的评估损坏程度，是确定维修成本，保证涂装质量的关键因素之一。
>
> ◆对损坏进行正确的评估后，才能确定修补范围，从而确定各道处理工序的范围、确定过渡区域、需遮盖保护的部位、需拆卸的零件等，为后续工序的正确实施及保证满意的修补质量奠定基础。

对于轿车，一般有以下几种形式的涂层结构。

① 原厂涂层。一般包括底漆层、中涂层和面漆层三层结构，如图7-7所示。

图7-7 原厂涂层结构

② 对于修补后的涂层，若采用标准的工艺，其涂层结构如图7-8所示。如果采用简化工艺，其涂层结构如图7-9所示。

图7-8 标准修补后涂层结构

二、鉴别涂层的方法

（一）涂膜是否经过修补的鉴别

判断汽车是否经过涂膜修补时，常用打磨法和测量涂层厚度法进行鉴别。

图7-9 简化的修补后涂层结构

1 打磨法

① 裁一小块砂纸（粒度为$60^{\#}$）。

② 在漆膜受损区域内选一小块漆面，用打磨块配合对漆膜进行打磨，直到露出金属，如图7-10所示。

③ 通过涂层的结构可以看出这辆汽车过去是否经过重新喷涂。

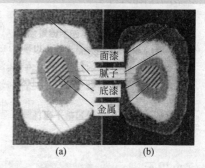

图7-10 采用打磨的方法确定是否以前做过修补涂装

小技巧

◆图7-10（a）的面漆单一均衡，未曾喷涂过。

◆图7-10（b）面漆明显分层，或因曾喷涂过与原车不一样，油漆呈现不同颜色的两层面漆层，由此可以判断过去曾重新喷涂过。

2 测量涂层厚度法

① 裁一小块砂纸（粒度为$60^{\#}$）。

② 在漆膜受损区域内选一小块漆面，用打磨块配合对漆膜进行打磨，直到露出底材，并尽量打磨出一个垂直的漆膜边缘。

③ 用直尺或游标卡尺上的深度尺测量涂层的厚度。如果涂层厚度大于新车涂层的标准厚度，说明这辆汽车曾经进行过重新喷涂。各种新车的涂层标准厚度如下。

> **小提示**
>
> ◆美国汽车：76～127μm。
> ◆欧洲汽车：127～203μm。
> ◆日本汽车：76～203μm。

（二）车身原有涂层类型的确定

确定车身原有涂层的类型时，常用打磨法、涂抹溶剂法和加热法。

1 打磨法

① 裁一小块砂纸（粒度为$1200^{\#}$）。

② 在漆膜受损区域内选一小块漆面，用打磨块配合对漆膜进行轻打磨。

③ 观察砂纸打磨面上的漆粉状况。

> **小技巧**
>
> ◆如果布上沾有车身颜色漆迹，则说明漆面是单层式面漆；如果没有沾上漆色（粉末为白色透明状），则说明漆面是双层（色漆+清漆）式面漆。
>
> ◆如果漆面表层结构粗糙，经摩擦后产生一种类似抛光的效果，则说明涂敷的是一种抛光型漆；出现一种聚丙烯尿烷特有的光泽，可以判定涂敷的是聚丙烯型漆。

◆如果用砂纸打磨漆面,漆层有弹性且砂纸黏滞,则说明是未全硬固的烤漆。

2 涂抹溶剂法

① 用棉纱浸硝基稀释剂。

② 戴好橡胶手套,用棉纱在涂膜表面上摩擦。

③ 观察棉纱表面状况。如果棉纱上粘有车身色漆,说明漆膜面漆为自然干燥型(硝基型),如图7-11所示;擦不掉色的面涂层是烘烤型或聚氨酯型;如果原漆膜膨胀或收缩,则为未完全硬固的烘烤漆。

图7-11 用溶剂涂抹法确定车身原有涂层类型

小提示

虽然聚氨酯型和烘烤涂料通常不受溶剂影响,但是如果涂层固化不足或涂层变质,它们在受到摩擦时,也会有些掉色或褪色,但掉色程序会很轻。

表7-1列出了几种类型涂料与硝基稀释剂反应的情况。

表7-1 几种类型涂料与硝基稀释剂反应情况

涂料类型	对硝基稀释剂的反应	涂料类型	对硝基稀释剂的反应
热固性氨基酸醇酸	不溶解	CAB丙烯酸清漆	溶解
热固性丙聚氨酯	不溶解	NC丙烯酸清漆	溶解
丙酸聚氨酯	不溶解		

3 加热法

① 用800#砂纸湿磨,消除原漆面光泽。

② 用红外线灯加热打磨过的部位。
③ 观察打磨并加热的部位。

> **小提示**
> ◆ 如果这时漆面上的光泽重现，表明涂层是树脂型漆。
> ◆ 一般涂层加热后会发生一定程度的变软。

三、评估涂膜损伤程度

评估涂膜损伤程度时，常用的方法有目测（也称观察）、触摸和直尺评估法。

1 目测评估

目测评估车身损伤的内容主要有观察车身有无锈蚀损伤、车身覆盖件有无凹坑和凸起变形等。根据光照射钣金件的反射情况，以评估损坏的程度及受影响的面积的大小。稍微改变人的眼睛相对于钣金件的位置，即可看到微小的变形。

① 对于板件外表破损形成锈蚀的部位，一般都会有红色或黄色的锈渍，观察起来很简单，如图7-12所示。需要注意的是有些锈蚀是从板材的底部开始的，尤其是经过车身修复的部位，从外表看不到锈渍，只是在板件表面有不规则的凸起。把凸起部分敲破就能看到板材的锈蚀情况，一般情况下在表面产生凸起的，基本上板材已经被锈蚀穿了。修复锈蚀损伤时，必须要处理到金属板材，并做适当的防腐处理。

② 如图7-13所示，观察车身覆盖件的凹坑和凸起变形。根据光线照射到不同形状板件后反射的情况进行判别，观察时目光

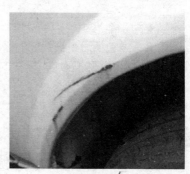

图7-12　车身锈蚀

图7-13 观察车身覆盖件的凹凸变形

不要与板件垂直,而是有一定的角度,角度的大小根据光线来调整,以能看清板件表面情况为准。如果板件表面有变形,由于变形部位与良好部位反射光线不同,眼睛就会很容易观察到变形的部位。找到损伤部位以后,要及时做好标记,便于维修。

2 触摸评估

如图7-14所示,戴上手套(最好为棉质),从各个方向触摸受损的区域,但不要用任何压力。触摸的时候要将注意力集中在手掌上的感觉。

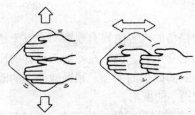

图7-14 触摸法评估损坏程度

小技巧

◆为了能准确地找到受影响区域的不平整部分,手的移动范围要大,要包括没有被损坏的区域,而不是只触摸损坏的部分。

◆有些损坏的区域,手在向某个方向移动时,可能比向另一个方向移动时更易感觉到。

3 直尺评估

如图7-15所示,将一把直尺放在车身没有被损坏的区域上,检查车身和直尺间的间隙;然后将直尺放在被损坏的车身钣金件上,评估被损坏的和未被损坏的车身板之间的间隙相差多少,来判断损伤的情况。

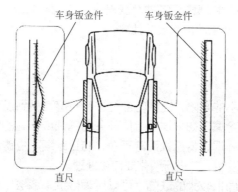

图7-15 用直尺法评估损坏程度

如果在用直尺评估时,损坏件有凸出部分,将影响评估操作,此时可用冲子或鸭嘴锤,将凸起的区域敲平或稍稍低于正常表面,如图7-16所示。

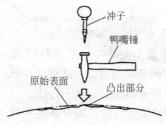

图7-16 敲平损坏件的凸出部分

第三节 旧漆膜的清除

汽车清洗好后,要仔细检查车身漆面,寻找漆膜破损迹象,如气泡、龟裂、脱落、锈蚀以及在烤补、气焊等修理过程中引起的部分损坏。对于上述破损,必须将旧漆膜清除掉,清除程度可根据旧漆膜的损坏程度和重新涂装后的质量要求,进行全部和部分清除。

① 底材表面没有大缺陷的旧涂层处理方法。一般情况下，其面漆的下面涂层基本没有损坏或只有很少地方需要修补。所以，只要将面层表面进行适当地打磨，磨掉已经氧化变差的一层，露出良好的底层即可。

② 表面有缺陷的旧涂层的处理。

小技巧

◆对于小的缺陷，在缺陷部位进行打磨，直到没有受到损伤的涂层或裸金属。如果裸露金属部分有锈蚀或穿孔的情况，还要进行除锈或补焊，将锈蚀清除干净，防止继续产生锈蚀或结合力变差的情况发生，并进行磷化或钝化处理。

◆对于面积较大的缺陷，可以用喷砂机除漆法（或化学除漆法）清除旧漆膜，然后根据需要进行除锈及必需的清洁处理。对裸露的金属表面仍需做除锈、磷化或钝化处理。

一、手工打磨

1 砂纸打磨法

砂纸手工打磨法就是用砂纸（配合打磨块）将旧漆膜除掉的方法。这种方法简单，但劳动强度大，工作效率低，是涂装工施工中常用的方法，也是部分清除旧漆膜的唯一方法。

在进行手工除旧漆膜操作时，需穿戴的劳动保护如图7-17所示。

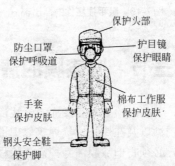

图7-17 除旧漆膜时的劳动保护

① 选择合适的磨料，采用氧化铝磨料的疏式砂纸比较适合干打磨，粒度为60$^{\#}$。

② 裁剪砂纸。根据打磨的需要，将砂纸裁成适合打磨的大小。国内外一些汽车修理厂普遍采用以下几种方式（图7-18）。

图7-18　砂纸的剪裁

小技巧

◆对于小面积打磨：将砂纸裁成原来的1/3。将这三条砂纸叠成三叠，这样每一叠就有三片砂纸厚，打磨起来比较顺手。每当打磨的砂纸面被磨平时，就更换新的一面继续打磨。

◆对于大面积打磨：将砂纸裁成原来的1/4，这是漆工普遍欢迎的尺寸，因为这种形状操作方便。

◆标准打磨用：一般情况下用7cm×23cm的砂纸固定在打磨块上进行打磨。

③ 准备好气枪，将气枪连接到压缩空气管道上。
④ 用合适的手法握住砂纸，在需要清除旧漆膜的表面上进行打磨。
⑤ 在没有打磨块只用砂纸情况下，比较常用的砂纸握法如下。

小技巧

◆将砂纸夹在拇指和手掌之间，手平放于表面上，这是一种最自然的握法。如图7-19（a）所示。

◆将砂纸夹在小指和无名指之间，再将手平放于表面上，如图7-19（b）所示。

◆多数油漆工则是综合了上述两种握法，也就是将砂纸用拇指和小指握住进行打磨。

⑥ 打磨时,也可采用砂纸与磨块配合的方法。此种方法比较省力,打磨速度快。用砂纸与磨块配合时的操作方法如下。

小技巧

◆将砂纸裁成适合磨块的尺寸,长度与磨块长度相当,宽度为磨块宽度加上2倍磨块厚度。
◆将砂纸平贴于磨块下面,两边多出的部分向上折,贴靠到磨块边缘以便用手握住,如图7-20所示。
◆将磨块平放于打磨表面,前后及左右移动进行打磨。
◆打磨时,磨块须保持平移,用力要适当。

(a) 将砂纸夹在拇指和手掌之间　(b) 将砂纸夹在小指和无名指之间

图7-19　常用的砂纸握法

图7-20　打磨块的握法

⑦ 手工打磨的姿势应该以舒服、顺手为原则。对于较大表面,最好是采用拇指和小指夹住磨块,中间三指配合手掌用力的握法。

⑧ 打磨时施加于表面的压力仅仅限于手掌的重量。有时还必须经常改变打磨姿势，以适应不同部位表面结构。

⑨ 在打磨较大面积的表面时，最好采用走直线的方法。在过渡区对相邻表面打磨时，应采用交叉打磨法，如图7-21所示，就是打磨时经常改变打磨方向，因为这样操作获得的基材表面较平整。改变打磨方向可以起到和切削差不多的作用，砂平表面的速度最快。如果以90°的角改变方向，就无法采用交叉打磨法，这主要是受汽车表面绝大部分结构所限。只有在角度为30°或45°时改变方向才有可能。

⑩ 打磨时来回的行程应长而直，如果掌心没有平压在表面上，手指就会接触到打磨表面，这将导致手指与表面之间受力不均匀，所以应避免手指接触打磨表面。

⑪ 打磨时也不要进行圆周运动，否则会产生在表面涂层下可见的磨痕。为了获得最好的打磨效果，应该始终与车身轮廓相同的方向进行打磨，如图7-22所示，也可采用45°角方向交叉打磨。此时如果进行的是大面积的打磨，则应该分成块，一块一块地进行打磨。每一块面积最好不大于$0.1m^2$。不得将身体的重量支撑在砂纸上，而只能轻轻地压着砂纸进行打磨。

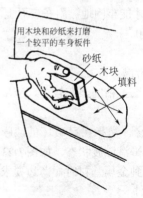

图7-21 交叉打磨法

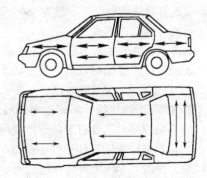

图7-22 沿车身轮廓线的方向进行打磨

在打磨过程中，应随时用手摸、眼看的方法，检查打磨是否符合要求。

> **小技巧**
>
> 如果打磨的表面经过钣金处理，表面凸凹不平，则旧的涂层需完全清除掉，以便刮涂腻子；如果打磨表面没有经过钣金处理，表面平整，只是旧漆膜损坏，则应打磨到原底漆层，若由于失误将底漆打磨过度，则应重新喷涂底漆。

⑫ 用 180# 或 220# 砂纸对涂有底漆的表面进行精打磨。砂纸上粘了底漆，应及时用气枪吹干净或用刷子刷掉。

⑬ 采用黏性抹布或气枪对整车进行清理。

> **小技巧**
>
> 由于清除旧漆膜时，通常要清除到露金属为止，如果此时金属表面沾上水，会引起金属表面生锈，给后续工作带来很大麻烦，甚至使接下来的涂膜产生缺陷，因此，清除旧漆膜时建议用干磨法。

⑭ 砂光。砂光是对损伤部位周围区域（过渡区）的表面进行处理，使表面无光、粗糙，这样新喷的漆膜才能牢固地黏附在表面上。

a. 选择合适的砂纸，一般为 360# 或 400#。

b. 将砂纸按需要裁开。

c. 按干打磨的工艺走直线的方式进行打磨。

d. 经常检查砂纸的表面状态，如果砂纸上粘的漆灰较多，应用手刷、钢丝刷或压缩空气将它清理干净。

⑮ 砂薄漆膜边缘。所谓砂薄漆膜边缘，是指在已破坏的漆膜周围，将完整漆膜的边缘打磨成逐渐变薄的平滑过渡状态，如图 7-23 所示。当待修补漆膜的破坏程度还没有深入到金属基材时，薄边要求更为精细、平滑，为无痕迹修补创造先决条件。

图 7-23 边缘的砂薄过渡

a. 选择合适的砂纸，一般为320$^{\#}$。如原损坏处有腻子，则可先用粗砂纸快速处理，后用细砂纸砂光。

b. 采用由内向外砂或由外向内砂均可以。对于小面积用画圆圈砂的方法，对于大面积则用走直线砂。

c. 换成细砂纸（400$^{\#}$～600$^{\#}$）继续打磨，以除去粗砂纸打磨时留下的痕迹。

如果除旧漆部位原涂层较厚（曾经过修补），并且准备施涂腻子，则可用80$^{\#}$砂纸进行砂薄边缘操作。

2 用铲刀铲除旧漆

铲刀的常见类型如图7-24所示，铲刀用于旧漆膜有剥离或裂纹处，以刀尖部插入剥离层间或缝隙处可以一块块铲掉旧漆膜。但如果旧漆膜粘接较实，尤其是旧漆膜下层涂有腻子处，则很难除漆。

对于粘接较实的旧漆或凹槽、拐角等特殊部位，可配合使用其他手工工具（图7-25）清除。

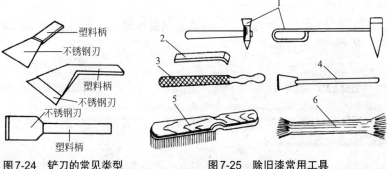

图7-24 铲刀的常见类型

图7-25 除旧漆常用工具
1—尖头锤；2—弯头刮刀；3—粗锉刀；4—刮铲；
5—钢丝刷；6—钢丝束

小技巧

铲刀的尖部非常锐利，一定小心不要损伤不需修补的表面，注意尖部不要在底层表面留下较深的沟槽。

3 加热法除旧漆

加热法除旧漆就是利用火焰、烤灯（图7-26）或热风枪（图7-27）的高温使旧漆膜软化或炭化（烧焦），从而配合铲刀等工具清除旧漆的一种方法。加热法清除旧漆膜适用于漆膜较厚、需要大面积清除的情况。

图7-26　用烤灯除旧漆

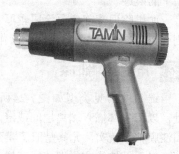

图7-27　热风枪

火焰可由喷灯、气焊枪产生，由于一般的维修厂均有气焊设备，所以气焊枪加热法最为常见。

加热法除旧漆的缺点是：如果加热温度过高，板件会产生热变形，从而产生不良后果。

小技巧

使用中一定要注意控制加热温度，必要时可采用多层多次清除。

图7-28　用热风枪清除旧漆

用热风枪对漆膜进行加热如图7-28所示，在等到漆膜软化以后用铲刀整块将其清除。加热时要控制好加热的程度（如果将漆面烤焦相反，则更不容易清除了），等到漆面变白时停止加热，用铲刀将漆层分离，如此反复，直到清除完毕。

二、用打磨机打磨

所谓打磨机打磨除漆，就是采用专用电动（气动）打磨机来进行清除旧漆的方法。一般适用于小面积的旧漆膜剥离。由于采用电动（气动）工具，使工人的劳动强度降低，除漆效率高。

1 打磨操作安全注意事项

① 打磨工应该佩戴防护眼镜和防护面罩。

② 检查打磨机叶轮的品种及规格是否与当前操作所要求的性能相一致。

小技巧

破损的叶轮，哪怕只有很小一点缺陷，也绝不能继续使用。

③ 检查电源是否在该产品所规定的范围内。

④ 将电源插头插入电源插座之前，应仔细检查打磨机的电源开关是否关闭。

⑤ 更换叶轮时，务必认真按照说明书的要求。

⑥ 绝不可采用电动打磨机打磨铝材、塑料等。

⑦ 绝不可采用电动打磨机交叉打磨曲面弧度较大、凸出很高的表面或非常凹的表面。

⑧ 绝不可采用电动打磨机打磨边角、皱褶缝、焊缝、粘接处或刮涂过塑料密封胶的区域。

⑨ 操作打磨机时，一定要在接触到钣金件表面后，才能开动打磨机。

小提示

如果打磨机在接触到钣金件表面之前开动，由于空转转速过高，会在初始接触的区域产生很深的划痕并且使打磨机控制困难。

⑩ 为了防止钣金件过热变形，不要将打磨机在一个位置打磨时间过长。

⑪ 不允许采用粗砂磨料以90°角交叉打磨凸出很高的表面，这样做将会造成很深的打磨伤痕，以后将很难将其除去。

⑫ 千万不要让粗砂磨料接触打磨区域附近完好的油漆表面，最好用胶带把完好的涂层部位保护起来。

2 打磨机的选择

① 打磨机。打磨机可以利用电力驱动，也可以利用压缩空气驱动。电动打磨机与气动打磨机外形如图7-29和图7-30所示。

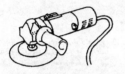
图7-29　电动打磨机

图7-30　气动打磨机

由于喷漆车间内有易燃物品，要尽量减少电动工具的使用，所以主要采用压缩空气驱动的气动打磨机。气动打磨机主要有4种类型。

a. 单作用打磨机。打磨盘垫绕一固定的点转动，砂纸只作单一圆周运动，称为单一运动圆盘打磨机或单作用打磨机，如图7-31所示。这种打磨机的扭矩大。低速打磨机主要用于磨去旧涂层，钣金磨就属于这类打磨机；高速打磨机主要用于漆面的抛光，也就是抛光机。

(a) 实物

(b) 示意图

图7-31　单作用打磨机

b. 轨道式打磨机。轨道式打磨机的砂垫外形都呈矩形，便于在工件表面上沿直线轨迹移动，整个砂垫以小圆圈振动，此类打磨机主要用于腻子的打磨，如图7-32所示。该类打磨机可以根据工件表面情况采用各种尺寸的砂垫，以提高工作效率，轨迹直径亦可改变。

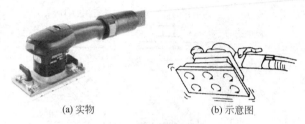

(a) 实物　　　　　　　　(b) 示意图

图7-32　轨道式打磨机

c. 双作用打磨机（偏心振动式）。打磨盘垫本身以小圆圈振动，同时又绕其自己的中心转动，因而兼有单运动及轨道式打磨机的运动特点，如图7-33所示。其切削力比轨道式打磨机强。在确定打磨机用于表面平整或初步打磨时，要考虑轨道的直径，轨道直径大的打磨较粗糙，反之较细。

图7-33　双作用打磨机

d. 往复直线式打磨机。砂垫作往复直线运动的，称为直线式打磨机，主要用于车身上的特征线和凸起部位的打磨。

电动打磨机的类型与气动式基本相同。

② 打磨机的选择。电动打磨机的主要优点是转速高，打磨力量大，使用方便。所谓使用方便，一是指只要有电源的地方就可以使用，不必专门的气源；二是指使用方法简单，故障少；三是可以通过更换打磨头，实现多用途。

电动式打磨机选择时，首先应根据操作者的体格和体力，选择大小适宜的打磨机，否则，太大则很快疲劳，不能持续作业，太小则效率低。然后再选择转速稳定，输出力量大，振动小的为宜。

打磨头的形状有两种,如图7-34所示。其中有倒角的一种使用起来比较方便,对于板件的边角均能进行很好的打磨。

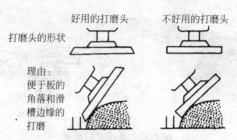

图7-34 两种形状打磨头的使用比较

打磨头尺寸的大小选择应视打磨面积来决定。如对车顶和发动机罩等大面积的打磨时,可使用直径为18cm的打磨头,以加快作业速度;小面积剥离时,可以使用直径为10～12cm的打磨头,使用起来比较方便。

小技巧

◆电动打磨机在剥离涂膜作业时,如果使用的是硬的打磨头,要保持与涂膜表面相平行,否则会在金属表面留下划痕。

◆如果是柔性打磨头,与涂膜表面的接触方式应采用如图7-35所示的方式。

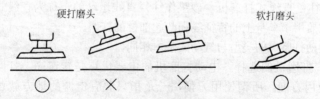

图7-35 硬性磨头与软性磨头的正确使用

气动式打磨机在使用方法上与电动式有一定差异。由于其转速高,打磨力量不及电动式,对旧涂膜的打磨,主要是靠旋转力切削,故与旧涂膜的接触方式应如图7-36所示,保持与涂膜表面15°～20°

的夹角；除此之外，压力不能过重。

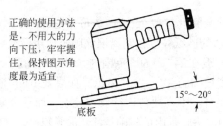

图7-36　气动打磨机的使用

小技巧

由于打磨机转速非常高，使用时一定要牢牢握持住打磨机，以避免脱手的危险。

③ 与打磨机配套的砂纸和砂纸磨盘。与打磨机配套的砂纸分为没有黏性的砂纸和自粘贴砂纸片。

没有黏性的砂纸要用黏结剂粘贴在打磨机的砂纸磨盘上；自粘贴砂纸片，只要将两者中心对正压紧即可。打磨操作完成后立即把砂纸从衬盘上取下来，以免黏结剂凝固后砂纸与衬盘牢固地粘贴在一起。图7-37所示的是常用的粘扣式砂纸，能紧扣托盘，砂纸易于装卸，可重复使用。安装砂纸时，砂纸上的孔与研磨盘上的孔对齐，则尘粒可

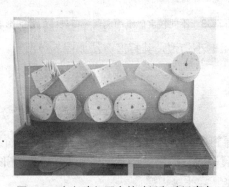

图7-37　与打磨机配套的砂纸和砂纸磨盘

从孔中经吸尘器吸出，不会尘粒飞扬，减少了环境污染，改善了工人的劳动条件。

最常用的砂纸磨盘有12.7cm、15.7cm、20.3cm（5in、6in、8in）三种。

④ 选择合适的砂纸粒度。剥离旧涂膜时所用砂纸粒度要视旧涂膜的状况选用，一般在$24^\#$～$60^\#$范围内。如果旧涂膜是膜厚较薄的烤漆，可采用粒度较细的$50^\#$～$60^\#$砂纸。如果采用$60^\#$砂纸，剥离后的边缘部位将很整齐，不需要再进行修边处理，而且金属表面也不会留下砂轮划痕。当旧涂膜是丙烯酸硝基漆、涂膜较厚时，采用$24^\#$砂轮片较为适宜。如果有腻子层和复合油灰层时，就需要用更粗的$16^\#$砂纸。

砂纸粒度的选择对剥离接口表面质量以及对后续工序的影响如图7-38所示。由图可见，即使进行旧涂膜的剥离，也应考虑对下一道工序的影响。比如涂膜薄的烤漆，不会因打磨发热而软化，就可以采用细粒度的$60^\#$砂纸剥离旧涂膜，这可以省去边缘接口的修整工序；但对于有腻子层或有复合油灰层、涂膜较厚的情况，若采用细粒度砂纸，打磨过程中，涂膜会因发热而软化，使打磨工作难以顺利进行，这种情况就只能采用粒度较粗的砂纸。

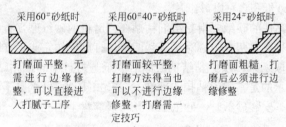

图7-38　不同粒度砂纸原剥离接口表面质量的影响

对于涂膜上的小伤痕，其打磨方法如图7-39所示，采用砂纸粒度以$80^\#$为宜。

小技巧

◆要注意打磨面应比原划痕稍大，不能形成台阶状。

◆若划痕较浅，打磨后不需刮抹油灰时，打磨形成的边缘交面应更宽一些，以平缓过渡。

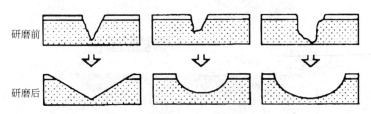

图7-39　不同形式的小伤痕打磨形式

3　打磨操作

① 穿戴好安全劳保用品。

② 戴好手套,然后轻轻地摸一遍待打磨表面,这有助于操作工人决定如何进行打磨。

③ 握紧打磨机,打开开关并将其以5°~10°角移向待加工表面。

④ 使打磨机向右移动,打磨机叶轮左上方的1/4对准加工表面,如图7-40所示。

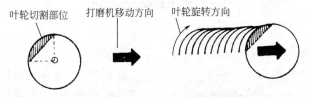

图7-40　打磨机右向移动的操作

⑤ 当打磨机从右向左移动时,叶轮右上方的1/4对准加工表面,如图7-41所示。

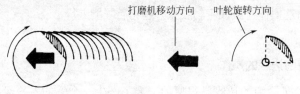

图7-41　打磨机左向移动的操作

⑥ 打磨较为平整的表面时的移动方式如图7-42所示。

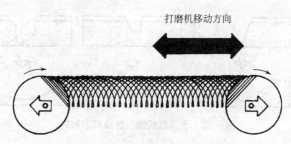

图7-42　打磨较为平整表面时的移动的操作

⑦ 对于较小的凹穴处,应采用如图7-43所示的方法。

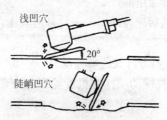

图7-43　打磨小凹穴的操作

4　检查

经常检查磨料是否清洁,以保证打磨效率。如果磨料被塑料密封胶污染,则应该及时用毛刷、钢丝刷或气枪进行清理。如果出现类似情况,则表明密封胶固化不完全。

小技巧

打磨操作应该在密封胶充分固化后才能进行。

5　打薄边缘的操作

清除了涂膜的边缘是很厚的,为了产生一个宽的、平滑的边缘,使施涂的各涂层平和过渡,可以将涂膜的边缘打磨,也称为磨缘。正确的磨缘操作如图7-44所示,将整个打磨机压在车身板上,提起一边,仅向板上标的"A"区域施压,然后沿边界线移动打磨机。边界线和打磨机之间的关系必须保持恒定。

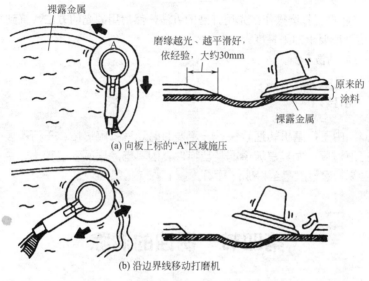

图7-44 磨缘的方法

6 砂光

砂光是对经粗打磨的表面所做的一项精细加工,目的是获得更加平整的表面。

① 将旋转着的砂轮前方对着表面,而后方稍稍离开表面一点。保持这个方位,上下移动打磨机进行打磨。每一道磨痕之间覆盖面积为50%~60%,如图7-45所示,这将有利于砂平作用。

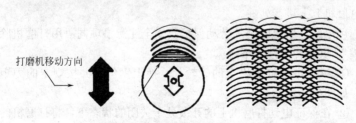

图7-45 砂光操作时砂轮叶片的移动

② 用戴着手套的手在打磨过的表面上来回摸一下，检查打磨效果。重复上述打磨过程，直到完成打磨工作的3/4左右。

③ 更换细砂纸。

④ 重复打磨操作，先用打磨的方法，然后用砂光的方法，直到表面达到所要求的平整度。

⑤ 清洗车身。

> **小技巧**
>
> 由于打磨机转速较快，一定要时时观察打磨进度，千万不要打磨过度。尤其是玻璃钢及塑料件，因其与涂层颜色差较小，更容易打磨过度甚至将板件打漏。

第四节　锈蚀的清除

汽车在使用过程中，车身漆面由于漆膜损坏、碰撞损坏和修理加工损坏，造成车身金属与空气中氧气或水产生化学反应，生成金属氧化物，即生锈。因此在涂装前必须进行除锈，以保证金属面获得良好的附着力。

一、刷光法除锈

刷光除锈是用弹性很好的钢丝刷或铜丝刷，搓刮金属表面的铁锈和氧化皮以及污垢等。可以用手工进行，也可以装在电动的装置（电动打磨机）上进行处理。

用电动打磨机除锈的劳动保护及安全注意事项同"用打磨机除旧漆膜"，其操作方法如下。

① 拆下电动打磨机上的砂轮片，换上钢丝刷并按规定的力矩紧固，如图7-46所示。

② 在保证电动打磨机上的开关处于关闭的状态下，将打磨机的电插头插入插座内。

图7-46　装上钢丝刷的电动打磨机

③ 双手握住打磨机,置于身体前方,身体正对需打磨部位,将打磨机靠近需打磨的板件表面。

④ 扣动开关,将打磨机以大约15°的倾角移向待打磨表面,以手腕的力量轻压,使钢丝刷紧贴金属表面进行切削除锈。

⑤ 用前后或左右移动的方式移动打磨机,直到将全部表面打磨至光亮无锈迹为止,如图7-47所示。

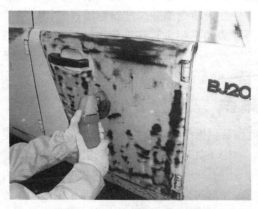

图7-47　用带钢丝刷的电动打磨机除锈

⑥ 关闭电源开关,待钢丝刷完全停止转动后,将电插头拔下,妥善放置打磨机。

二、打磨法除锈

手工砂纸打磨法除锈与用砂纸法除旧漆膜的方法相似,只是除锈时一般不用打磨块,更不能用水磨法。

> **小技巧**
>
> ◆ 对于比较轻微的锈蚀，可用打磨机（配合60#）采用与除旧漆膜相似的方法进行。
>
> ◆ 如果锈蚀比较严重，可以用砂轮机直接打磨除锈。

三、其他方法除锈

在汽车维修厂，除锈一般采用上述的两种方法。如果是整板件，除旧漆或整车除锈以及在汽车制造厂除锈外，还有以下几种方法。

1 滚光法除锈

滚光处理是利用装有磨料和零件的滚筒，在电动机的带动下做旋转运动，零件在滚筒内不断与磨料翻滚磨搓，以清除零件上由于铸造或冲压所形成的毛刺、氧化皮和铁锈。与抛光、磨光处理的方法相比较，能降低生产成本和费用、提高生产率。滚光处理也称为甩砂处理。

2 高压水除锈

高压水处理是利用高压水流的冲击力来进行除锈，是较先进的除锈工艺方法，适用于处理大面积的金属锈蚀物、氧化皮、旧涂膜等。该方法应利用专用的处理设备，在自动化程度很高的地方应用高压水处理，具有处理效率高、成本低的优点。常用的高压水连续射流压力为20～80MPa。

3 喷砂法除锈

其设备和操作方法与前述喷砂的法除旧漆膜相似。

干喷砂方式有吸入式、压力式、自流式、离心式等，企业中常用的是吸入式和压力式。吸入式设备简单，但效率低，适用于小零件的生产。压力式设备大（主要适用于中、大型零件），功率大，效率高，因此适用性广，多用于批量大、产品多的生产单位。

湿喷砂的方式通常有雾化喷砂、水-气喷砂和水喷砂三种。湿喷砂是在砂料中加入定量的水和防锈剂使之成为砂-水混合物。湿喷砂能减缓砂料对金属材料的冲击作用，减少金属材料的去除量，使金属的表面粗糙度更细。湿喷砂的工作原理及特点如表7-2所示。

表7-2　湿喷砂的工作原理及特点

种类	工作原理	特点
雾化喷砂	也就是低压雾化喷砂，砂料从装有文氏管的压缩空气系统喷至喷头，以雾化水-砂流冲击零件表面	只有通过改变砂料粒度才能改变被喷砂表面的粗糙度
水喷砂	不使用压缩空气的水-砂流喷砂	只有通过改变水压才能改变喷砂表面的粗糙度
水-气喷砂	由泥砂泵以高压将水-砂料经软管输送到喷头，并在喷头处通入压缩空气，以喷出的高速水-砂流冲击零件表面	改变压缩空气就可以改变喷砂表面的粗糙度

表面处理最适用的是水-气喷砂，砂料为氧化铝Al_2O_3。其特点是不易粉化、砂料可以循环使用、劳动条件得到改善、污染减轻，还可以用碳化硅砂、锆镁砂等，但由于价格昂贵，很少采用。

在不易采用湿喷砂时，根据涂装件形状、结构的复杂程度，进行干喷砂处理，此时喷砂件应干燥，砂料需烘干或晒干。干喷砂的空气压力应根据被处理件的材质、结构形状、工件厚度以及加工件的余量来确定。其中工件厚度小于3mm的不采用喷砂处理，主要是由于工件壁薄，易发生工件变形，而应采用手工打磨和机械打磨的处理方法。厚度大于3mm的工件才采用喷砂处理。

干喷砂分间断工序和连续工序两种。间断工序在一个封闭或敞开式的喷砂场地进行，适用于大件。其特点是形状复杂的部位均可以喷到，但劳动强度大、工作效率低。

干喷砂施工工艺程序为脱脂—干喷砂—清理—磷化处理—冷水水洗—热水洗—自干或风干—涂装（涂底漆）。湿喷砂的工艺流程与干喷砂的基本相同。

干喷砂后，表面为均匀的无光泽灰色（喷砂色）表面，要求达到规定的表面处理级别。

湿喷砂后，表面为均匀、致密、无光泽或半光泽的灰色（喷砂色）表面，要求与干喷砂的相同。

喷砂的工作压力应在0.04～0.56MPa范围内，湿喷砂一般选用0.56MPa的工作压力。

4 抛丸法除锈

抛丸法除锈工作原理是：丸粒从旋转的叶轮经分配室的窗口射向转动轮的叶片上，在离心力的作用下，以80m/s的速度向被处理表面喷射多达130kg/min的丸粒（丸粒喷流呈扇形）。抛丸设备分断续工作式和连续工作式两种。可通过改进叶片方向、扩大抛料流密度以及增大被处理件的包容面积，达到提高生产能力的目的。

小技巧

固定抛丸设备的自动化程度高，但只适用于板材和型材的表面处理。

在抛丸处理前应将待处理件预热到40～45℃，目的是去掉金属表面的潮气，同时也缩短处理和涂装的干燥时间。处理氧化皮和铁锈使用丸粒粒径为0.5～1.5mm。粒径过细不能保证完全清除掉氧化皮，粒径过大则会产生粗糙度不均匀的粗糙表面，影响涂膜的外观质量。

5 化学法除锈

化学除锈法有酸洗除锈、综合除锈、碱洗除锈、电解除锈、无污染循环除锈等方法。

① 酸洗除锈。酸洗除锈是利用酸与金属表面的锈蚀物（铁的氧化物）反应生成可溶于水的盐类来进行处理的。

② 综合除锈。综合除锈即是在一个槽液中，同时进行脱脂、除锈等的处理方法。有脱脂、除锈"一步法"，脱脂、除锈、磷化"三合一法"，脱脂、除锈、磷化、钝化"四合一法"。综合处理法简化了生产工序，提高了处理效率，减少了清洗设备和占地面积，节省了清洗

用水及处理材料。采用弱酸磷酸作溶液,对人体和环境污染减轻,越来越得到推广使用。

③ 碱洗除锈。即使用碱性络合物溶液来溶解铁锈。

④ 电解除锈方法。电解除锈是把处理件浸放在电解液中通以直流电,通过电化学反应达到除锈目的。

⑤ 无污染循环除锈剂除锈法。它通过分解金属表面的氧化物锈蚀,破坏所有有助于氧化的媒介物,从而使金属表面达到干净无锈的状态。在此过程中,金属表面形成完整的钝化微元,以阻止进一步氧化锈蚀,并为涂漆或电镀提供额外的附着点及洁净的附着面,而金属加工精度及各种性能均不改变。

6 超声波清洗除锈

超声波清洗设备主要由清洗槽和超声波发生器组成,超声波发生器包括电源和换能器。

超声波电源将50Hz的工频电通过逆变转化成20kHz以上的高频电输送到换能器上,换能器的压电元件将电能转换成强有力的高频振动,这种振动振幅很小,一般为几微米到几十微米,但具有很高的加速度。当多个换能器被施加相同频率及电位的电压时,就合成一个巨大的无形活塞做高频往复振动,这种振动在液体中传播,在适当的条件下,产生"空化"作用,对于表面的油污、氧化皮等起到撞击、剥离作用,从而达到清洗除锈的效果。

第五节　油污的清除

一、劳动保护

使用溶剂清除板件表面的油污时,需穿戴的劳动保护用品如图7-48所示。

二、擦拭法除油

① 戴好胶皮手套。

② 双手各持一块干净的除油擦布，其中一块蘸有脱脂剂。

③ 先用带脱脂剂的擦布擦拭待除油表面，一次不要多于一个来回。

④ 紧跟着用干爽的擦布擦拭沾有脱脂剂的表面。

⑤ 重复这样的动作，直到待清理表面全部清理完毕，如图7-49所示。注意及时蘸脱脂剂和更换擦布，并且不要摸碰已经除过油的表面。

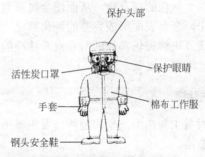

图7-48 除油时的劳动保护

图7-49 擦拭法除油

三、喷擦结合法

① 将除油剂装入喷液壶内，如图7-50所示。

② 反复按压喷液壶操纵手柄，直到感觉有足够的反弹力。

③ 手持喷液壶，对准需除油表面，保持20cm左右的距离，按压喷水开关，将除油剂均匀地喷到工件表面，如图7-51所示。

图7-50 喷涂壶

图7-51 喷淋除油剂

④ 手持一块干净的擦布，将喷淋的除油剂擦拭干净。

第六节　非金属表面的处理

汽车上常用的需要涂装的非金属材料主要有塑料（和玻璃钢）及木材，在对这些材料表面进行涂装前，应进行正确的表面处理，否则会产生严重的涂膜缺陷。

一、木材的表面处理

木材除本身的纤维外，还含有松脂、单宁、色素、水分等，这些成分的存在，都会影响涂装后涂膜的附着力、装饰性和干燥性。为了得到平滑、光洁、无节疤、花纹颜色一致的表面和良好的涂膜，就需要对木制品进行表面预处理。常用的预处理工序如下。

1 干燥

木材涂装前应进行干燥处理。最简单的处理方法是对木制品所用的木材，在制作前进行自然干燥，也可置于低温烘房、火炕上进行人工干燥，使木材的含水率质量分数不超过8%～12%，而后再制成木制品。否则，会引起木制品翘曲变形，同时涂膜也会出现起泡、脱落等现象。

2 除毛刺

木制品经精刨或研磨后,其表面仍会残留木质纤维,当这种纤维吸收水分或溶剂后,会因润湿而膨胀竖起,类似毛刺。这种毛刺的存在将影响涂层外观质量。涂漆时,颜色会积聚在其周围,造成色调的不均匀;而毛刺内部未着上颜色,当磨去毛刺时,又会露出木材本色。因此,涂装前要除去毛刺。

常用的去毛刺方法有以下几种。

小技巧

◆砂磨法,可用砂纸或砂布打磨,将毛刺去掉,此法适用于一般木制品。

◆火燎法,用排笔蘸酒精涂于木制品表面上,立即用火点燃,经过燃烧后的木质表面毛刺变硬变脆,易于打磨去掉。这种方法只可一面一面处理,操作时应特别注意安全。

◆在木制品表面刷上稀的虫胶清漆(虫胶:酒精=1:7~1:8),这时毛刺不但能竖起,而且发脆,很容易打磨去掉。

◆用湿润的清洁抹布擦拭表面,使毛刺吸收水分后膨胀竖起,待表面干燥后打磨去除。

3 去除污物

木制品表面的污物会影响涂层的附着力、干燥性和颜色的均匀性,涂装前应清除干净。木制品表面的污物,可根据不同污物情况加以清除。例如,弄脏的表面可以采用砂磨法去除;油迹可以用相应的溶剂清洗去除;胶迹可以用板凿紧靠木制品表面将其去除。

4 去除树脂

针叶树材如各种松材和云杉等都有树脂,在节缝处树脂更多。松脂含松香和松节油,木材含松脂会降低涂层的附着力,影响涂层的干燥和颜色的均匀性。如树脂从木材内部向表面渗出,还会使涂层发

第七章 车身表面的预处理

黏、损坏。因此，涂装前应将树脂去除。清除树脂可用下列方法。

小技巧

◆将有松脂的部位挖掉，再补上同样大小的木材，但应保持纤维方向一致。

◆用有机溶剂溶解除去松脂，同时刷1～2道虫胶漆作为阻挡层，以防松脂从木材内部渗出。常用有机溶剂有乙醇、松节油、汽油、甲苯及丙酮等。

◆用碱液清洗。可用5%～6%的碳酸钠水溶液或4%～5%的苛性钠水溶液清洗，使松脂皂化，再用热水洗，待表面干燥后，刷1～2道虫胶漆。

◆用碱液-丙酮混合溶液清洗。用碱液80g（用浓度为5%～6%的碳酸钠）和丙酮水溶液200g（丙酮50g加水150g）混合均匀，涂抹在松脂处，然后用水洗干净，待干燥后刷1～2道虫胶漆。

5 漂白

木材含有天然色素，有时这种色素可作为装饰，需要保留，可以省去漂白工序。但是木材的固有颜色，特别是深色，会影响着色色调的鲜明性，因此，需要漂白。

通常可采用漂白的方法及具体操作如下。

小技巧

◆氧化分解漂白：用质量分数为15%过氧化氢与质量分数为25%的氨水的混合液（体积比为过氧化氢：氨水=1：0.2），刷在木制品表面，利用过氧化氢分解出来的新生的氧气来分解木材中的色素，以达到漂白目的。

◆气体漂白：将木制品放入密闭室内，燃烧硫磺，利用产生的二氧化硫气体对木制品进行漂白。

◆脱脂漂白：在1L质量分数为5%碳酸钠水溶液中加入50g漂白粉，将该溶液涂刷在木制品表面即可漂白。

◆草酸漂白：在质量分数为3%草酸水溶液中加入氨水，将该溶液涂刷在木制品表面进行漂白。

6 底材着色

底材着色的方法很多，除使用染料、颜料作为着色剂外，还有一些特殊的着色方法，如火力着色法、染色剂着色法、药品着色法等。

7 填孔

填孔是木材涂装，特别是为获得平整光滑的表面必须进行的一个重要工序。除非根据材料种类和涂装方式，不填孔也能获得要求的加工表面，才能省去这一前处理工序。

填孔施工根据要求，可以是木纹色的填孔，也可以是着色填孔。前者可以使天然木纹装饰性更强，而后者是一个最基本的填孔方法，它可以消除材质自身缺陷和加工缺陷，并且着色，使木材制品更平滑美观。施工步骤如下。

小技巧

◆清除木制品表面的木粉和灰尘。

◆用刮刀或硬毛刷、喷涂等方法把适量的填孔剂涂敷到木材缺陷部位，使其填平。

◆要掌握填充剂的干燥情况，当它处于半干状态时，应用棉纱布或麻布充分擦拭，使填充剂充分进入缺陷部位内，多余的填充剂边擦边除去。填充剂过湿时擦拭则缩孔大，过干时擦拭则既不能把填充剂擦入缺陷内，又不能去除多余的填充剂。

◆用不带硬块的抹布顺着木纹轻轻地进行最终擦拭。

◆用抹布或刷子彻底清理除去填孔剂粉尘。

◆填孔剂干燥后，转入下道工序。

二、塑料的表面处理

尽管塑料制品不会生锈，易于着色，本身就有抗腐蚀及装饰性能，但在塑料制品上加涂一层合适的涂层，可以延长它们的使用寿命，提高它们的各项性能。

1 塑料涂装的目的

塑料涂装主要有以下三个目的。

① 装饰性能。塑料虽然能够着色（整体着色），颜料多采用有机颜料或珠光颜料，成本很高，且不易与钢铁件涂膜做成同样的效果。用装饰性涂料，在塑料件表面涂装一薄层涂膜，可以提高塑料件装饰性能和配套性能。

② 保护作用。塑料虽然种类很多，耐紫外线、氧、水分、各种化学的腐蚀能力、耐磨性和力学性能等各不相同。外露件的耐候性能要求很高，但能满足要求的塑料材料不多。因此采用塑料件上喷涂一层耐候性、耐化学品性能、抗石击性能良好的涂料来进行保护，可以很好地满足产品的要求。

③ 特种功能。在塑料制品表面涂布特种功能的涂料，可以将特种涂料的功能移植到塑料表面，如在丙烯酸酯、聚碳酸酯等透明塑料上涂布抗划伤的透明涂料，可以代替光学玻璃制造汽车窗玻璃及灯罩。

2 对裸露塑料板件的表面处理

由于大多数塑料的极性小，表面光滑，润湿性差，因而对涂料的附着力不好。解决这一问题除了在制漆技术上下工夫，使之与塑料匹配外，在相当大程度上还得依赖表面处理来增加塑料的表面能。表面处理是通过一系列的化学或物理的方法，提高涂层对塑料的附着力。

对于裸露的塑料板件，需经过以下处理后，方可进行喷涂作业。

① 脱脂处理。塑料表面的油污及脱模剂（如蜡、硅油或硬脂酸等）会大大降低涂料的附着力和引起漆膜缩孔等弊病，因此在涂漆前应当彻底地除去，一般可采用溶剂清洗或采用与金属件类似的

碱液清洗。

　　a. 溶剂清洗。采用溶剂清洗，对塑料件的脱模剂和油污的去除特别有效，一般可以采用人工擦拭或含氯溶剂蒸汽清洗。采用人工擦拭可采用低级醇或脂肪族溶剂（如异丙醇、$200^\#$溶剂汽油等），加入少量的有机酸或碱（如甲酸、乙二胺等）能提高清洗的效果。溶剂清洗除了将油污、脱模剂溶解除去，使表面形成凹凸不平的状态外，还有溶涨的作用。溶涨作用使塑料表面聚合物发生松弛，涂料分子在扩散作用下，部分线型端部进入塑料的聚合物内部。待溶剂挥发后，塑制表面收缩恢复为原态，而涂料的线型端部被紧束在塑料表面上，发生"锚固"作用，从而增加了涂料对塑料的附着力。

　　b. 碱液清洗。用强碱（NaOH、KOH等）水溶液对塑料进行脱脂处理，也可提高塑料表面的漆膜附着力，对于具有极性的塑料，处理时随着碱的浓度升高和温度升高，其附着力有升高的趋势。

　　在有机胺类的水溶液中加入少量烷基苯磺酸用于处理聚碳酸酯塑料，能改善其润湿性，提高漆膜的附着力。

　　② 化学处理。塑料件表面通过适当的化学物质（如酸、氧化剂、聚合物单体等）的处理，使其表面发生化学变化，形成活性基团或选择性地除去表层低分子成分，使表面呈多孔状态，从而改善涂料在塑料表面上的附着力。如铬酸、硫酸混合液的氧化处理，是通过铬酸、硫酸混合液对塑料表面的氧化而导入极性基团，从而提高表面的润湿性。

> **小技巧**
>
> 　　采用电晕放电或火焰处理也可改变塑料表面的状态，提高塑料表面的粗糙度，从而提高涂膜的附着力。

　　③ 退火处理。塑料成形时，一般采用高温注塑，冷却过程中易形成内应力，在涂装时与溶剂接触，产生溶涨，在应力集中处产生开裂。因此，为了消除内应力，一般在脱脂清洗以后，将塑料件加热到低于热变形的温度下并维持一定时间，这就是退火处理。

> **小技巧**
>
> 塑料件在经过物理或化学处理后要进行烘干,烘干的过程就完成了退火处理的过程。

④ 静电除尘。塑料是绝缘体,容易产生静电,在干燥冷却的过程中易吸附灰尘,因此在涂装之前常用离子化的空气来除尘。用压缩空气通过装有高压电极的喷嘴,利用电晕放电使空气电离,离子化的空气喷到塑料表面,使塑料表面和灰尘的电性被中和并使之带有相同的电荷,由相吸变成相斥,因而容易被清除掉。

3 检查塑料表面处理质量的方法

塑料件表面处理的程度是保证随后的涂装质量的关键。通常检查塑料表面处理质量的方法是将处理过的塑料件浸入水中,取出后观察水膜的完整情况。水膜均匀润湿,则证明处理程度好。

> **小技巧**
>
> 在处理过的塑料件上滴上水滴,水滴的扩散程度越好,表明处理越好。

三、在用已涂装塑料件的表面处理

1 柔性塑料部件的表面处理

塑料件有刚性的(硬的)和柔性的(半硬的)之分,对柔性塑料部件进行喷涂之前,可按下列方法进行表面处理。

① 使用清洗剂将整个部件表面的蜡、油脂和硅酮等清洗干净,然后擦干。

② 用320#砂纸将变形处或用腻子修补处的四周打薄,然后把粉尘吹掉,并用黏性擦布擦干净。

③ 调制并刮涂四层中等干燥的软性腻子。在调制中确保按照生产

厂家的要求调配好规定的混合比例和添加剂。

④ 让表面干燥1h以上，然后用400#砂纸进行打磨。再使用400#砂纸打磨整个表面，以清除所有的光泽，为涂装面漆做好准备。

小技巧

◆ 当使用柔性添加剂改变涂层的性质时，可能会产生混合的适用期问题，因此喷涂设备在使用完之后必须立即冲洗干净。

◆ 由于半硬性塑料比其他材料更加容易膨胀、收缩和弯曲，因此需要使用柔性添加剂。柔性添加剂可以保持涂膜的伸缩性，也可以顺应材料的变形以避免产生裂缝。

2 聚丙烯塑料的表面处理

喷涂聚丙烯塑料部件需要先喷涂一层特殊的底层涂料。因为聚丙烯塑料是硬性的，使用底漆打底后才能喷涂面漆。其表面处理工作如下。

① 用清洗剂将部件表面的蜡和硅酮清洗干净。

② 喷涂一层薄薄的聚丙烯底漆湿涂层。在充足光照条件下，观察涂层反射的光泽，可以确定底漆的湿度。要确保底漆遮盖住所有的边缘，让底漆快速干燥1～10min。

③ 在上述快速干燥时间内（1～10min），喷涂普通内饰用丙烯酸面漆，这样可使表面涂层的附着性能最好。

3 硬塑料部件的表面处理

外部刚性（硬性）部件如不清楚是何种材料时，可当做玻璃纤维处理。玻璃纤维在进行喷涂面漆之前的表面处理工作与车身钢材的处理方法相似。其步骤如下。

① 使用干净的擦布蘸上酒精对部件表面进行清洗。

② 用清洗剂将部件表面的蜡和油脂彻底清洗干净。

③ 打磨暴露的玻璃纤维表面。用手打磨时选择220#或280#的砂纸，用机械打磨时选择80#或120#的砂纸。

④ 重新清洗部件表面,并用干净的擦布擦干净。
⑤ 按要求涂敷原子灰,干燥后使用细砂纸打磨光滑,以减少砂痕。

小技巧

用压缩空气吹除表面上的灰尘,并用黏性擦布擦拭干净。

第八章
底漆的喷涂

第一节 涂料的准备

一、涂料入门

涂料是指涂于物体表面,能形成具有保护、装饰或特殊功能(如绝缘、导电、示温、隐身等)的固态涂膜的一类液体或固体材料的总称。

涂装是将涂料涂覆于经处理后的被涂表面上,再经干燥成膜的工艺过程。

1 涂料组成

汽车的涂料一般由四种基本成分组成:成膜物质(树脂)、颜料(包括体质颜料)、溶剂和添加剂,如图8-1所示。

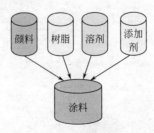

图8-1 涂料组成

① 树脂。树脂是涂料的基本成膜物质，是涂料的基础，因此叫作基料、漆基。按树脂的来源可分为三大类。

> **小提示**
>
> ◆第一类是自然界的天然树脂（如松香、虫胶、生漆等）。
> ◆第二类是用天然高分子化合物加工制得的人造树脂（如改性松香、纤维素衍生物、橡胶衍生物等）。
> ◆第三类是化工原料合成的合成树脂（如丙烯酸树脂、醇酸树脂、聚氨酯树脂、环氧树脂等）。

② 颜料。颜料是涂料中不挥发物质之一，它赋予面漆色彩和耐久性，起美观装饰作用，同时使涂料具有遮盖力，并提高强度和附着力，改变光泽，改善流动性和涂装性能。颜料分着色颜料、体质颜料和防锈颜料三类。

③ 溶剂。溶剂是涂料的重要组成部分，起着辅助成膜的作用。它能溶解或稀释油料或树脂，降低其黏稠度以便于施工，并改善涂料的流平性，避免涂膜过厚、过薄起皱等弊病。

④ 辅助材料。辅助材料又称为助剂，它虽然不是主要或次要的成膜物质，用量一般又很少，但它对改善涂料的性能，延长储存时间、扩大涂料的应用范围、改进和调节涂料施工的性能、保证涂装品质等方面都起很大的作用。

> **小提示**
>
> 涂料的辅助材料品种很多，根据它们的功能来划分，主要品种有催干剂、防潮剂、固化剂、紫外线吸收剂、悬浮剂、流平剂和减光剂等。

2 涂料命名

涂料的名称由三部分组成，颜色或颜料的名称、成膜物质的名称、基本名称。

颜色位于名称的最前面,若颜料对漆膜性能起显著作用,则可用颜料的名称代替颜色的名称,如铁红醇酸底漆、锌黄酚醛防锈漆等。

涂料名称中的成膜物质名称应作适当简化,如聚氨基甲酸酯简化成聚氨酯等。

如果基料中含有多种成膜物质,则选取起主要作用的一种成膜物质命名,必要时也可选取两种成膜物质命名,主要成膜物质名称在前,次要成膜物质在后,如环氧硝基磁漆、硝基醇酸磁漆等。

基本名称仍采用我国广泛使用的名称,如清漆、磁漆等,基本名称如表8-1所示。

表8-1 涂料基本名称代号

代号	基本名称	代号	基本名称	代号	基本名称
00	清油	22	木器漆	53	防锈漆
01	清漆	23	罐头漆	54	耐油漆
02	厚漆	30	(浸渍)绝缘漆	55	耐水漆
03	调和漆	31	(覆盖)绝缘漆	60	耐火漆
04	磁漆	32	(绝缘)磁漆	61	耐热漆
05	粉末涂料	33	(粘合)绝缘漆	62	示温漆
06	底漆	34	漆包线漆	63	涂布漆
07	腻子	35	硅钢片漆	64	可剥漆
09	大漆	36	电容器漆	66	感光涂料
11	电泳漆	37	电阻漆、电位器漆	67	隔热漆
12	乳胶漆	38	半导体裁漆	80	地板漆
13	其他水溶性漆	40	防污漆、防蛆漆	81	渔网漆
14	透明漆	41	水线漆	82	锅炉漆
15	斑纹漆	42	甲板漆、甲板防滑漆	83	烟囱漆
16	锤纹漆	43	船壳漆	84	黑板漆
17	皱纹漆	44	船底漆	85	调色漆
18	裂纹漆	50	耐酸漆	86	标志漆、马路划线漆
19	晶纹漆	51	耐碱漆	98	胶液
20	铅笔漆	52	防腐漆	99	其他

在成膜物质和基本名称之间,必要时可加以标明专业用途及特性的说明,如过氯乙烯防腐底漆、醇酸导电磁漆、硝基外用磁漆等。

凡须烘烤干燥的漆,名称中应加"烘干"(或"烘""烤")字样,如果没有,则表明该漆是常温干燥或烘烤干燥均可。如环氧树脂烘漆等。

3 涂料型号

为了区别同一类型的各种涂料,在涂料名称之前必须加有型号。

涂料的型号由三部分组成,即一个汉语拼音字母和两组阿拉伯数字。字母表示涂料类别,前面一组阿拉伯数字表示产品的基本名称,见表8-1,后面一组阿拉伯数字则表示涂料产品序号,如表8-2所示,用以区别同一类型的不同品种,前后两组阿拉伯数字之间加一短横使基本名称代号与序号分开。

表8-2 涂料产品序号代号

涂料品种		代号	
		自干	烘干
清漆、底漆、腻子		1~29	30以上
磁漆	有光	1~49	50~59
	半光	60~69	70~79
	无光	80~89	90~99
专业用漆	清漆	1~9	10~29
	有光磁漆	30~49	50~59
	半光磁漆	60~64	65~69
	无光磁漆	70~74	75~79
	底漆	80~89	90~99

例如:

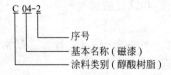

辅助材料的型号由两部分组成，即一个汉语拼音字母和1～2位阿拉伯数字。字母表示辅助材料的类别，数字为序号，用以区别同一类型的不同品种，字母与数字之间加一短横。

例如：

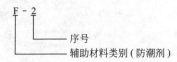

由于各国对涂料制定的标准不一样，名称及型号的含义也有所不同，使用时一定要仔细阅读涂料说明书。表8-3所示为涂料的型号、名称实例。

表8-3 涂料的型号、名称实例

型号	名称	型号	名称
Q01-17	硝基清漆	G64-1	过氯乙烯可剥漆
Q04-36	白硝基球台磁漆	A04-81	黑氨基无光烘干磁漆
C04-2	黄醇酸磁漆	Q20-34	天蓝硝基抽条铅笔漆
H36-51	中绿环氧烘干电容器漆	S07-1	浅灰聚氨酯腻子（分装）
H52-98	铁红环氧酚醛烘干防腐底漆	X-5	丙烯酸漆稀释剂
Y53-31	红丹油性防锈漆	H-1	环氧漆固化剂

二、常用底漆的选配

1 金属基材常用底层涂料

金属基材常用的底层涂料可分为钢铁制品用底层涂料和铝材（包括铝合金）用底层涂料两大类型。钢铁制品在汽车制造过程中常用的底层涂料主要有防锈漆和铁红底漆两种类型。铝材常用的底层涂料主要有锌黄底漆等。

选配防锈底漆时，可参考表8-4进行。选配常用的喷涂型头道底漆时可参考表8-5进行。

表8-4 汽车涂装常用的防锈漆品种

序号	型号标准号	名称	组成、特性和用途	备注
1	F53-32 HG2-582 HG2-74	灰酚醛防锈漆（灰防锈漆）	由氧化锌与长油度酚醛漆料等颜料、体质颜料研磨并加催干剂和200号油漆溶剂油等调配而成；防锈性能较好，主要用于普通中档客车的钢制骨架等防锈打底	施工方式采用浸涂、刷涂均可，但不适于喷涂，否则易产生流漆
2	F53-33 HG2-583 HG2-74	铁红酚醛防锈漆，也称磁性铁红防锈漆或铁红防锈漆	由长油度或中油度酚醛漆料与铁红和适量的防锈颜料、体质颜料研磨并加催干剂、200号油漆溶剂油调制配成；附着力好，但漆膜较软，主要用于涂覆室内外防锈要求不高的钢铁结构表面	采用刷涂、喷涂均可，但不适于喷涂
3	F53-34 HG2-24 HG2-74	锌黄酚醛防锈漆，也称锌黄防锈漆	由长油度酚醛漆料与锌黄、氧化锌等颜料、体质颜料研磨并加催干剂、200号油漆溶剂油调配而成；因锌黄能使金属表面钝化，故有良好的保护性；适于铝及其他轻金属物体的表面涂装，作防锈打底用，不适于钢铁表面防锈	施工方式采用刷涂或浸涂均可
4	F53-36	铁黑酚醛防锈漆，也称黑防锈漆（企标）	由长油度酚醛漆料与铁黑等颜料、体质颜料研磨并加催干剂、200号油漆溶剂油调制而成；涂刷性好，用于室内外要求不高的建筑表面作打底或盖面用，也可用作钢铁的防锈漆	适用于客车的发动机盖罩、脚踏板及挡泥板等部件的表面防锈涂装，也可作一般黑面漆用
5	F53-39	硼钡酚醛防锈漆	由长油度酚醛树脂漆料、偏硼酸钡、体质颜料研磨并加催干剂、200号油漆溶剂油调配而成；防锈性及附着力良好，适用于各种钢铁制件表面的涂装	施工方式以刷涂为主
6	F53-40	云铁酚醛防锈漆	由酚醛漆料与云母氧化铁粉、铝粉浆、滑石粉研磨并加催干剂及200号油漆溶剂油调制而成；防锈性能好且涂刷方便；用于涂刷钢铁物件，起防锈打底作用	适于刷涂

续表

序号	型号标准号	名称	组成、特性和用途	备注
7	C53-32	锌灰醇酸防锈漆（企标）	由长油度醇酸树脂与氧化锌等防锈颜料及少量体质颜料混合研磨后再加入催干剂与有机溶剂等调制而成；干燥和防锈性及耐久性比酚醛防锈漆好；适用于涂灰色的汽车钣金件、底架等打底防锈	刷涂、喷涂均可；刷涂用松节油调稀，喷涂用二甲苯调稀
8	C53-34	云母铁红醇酸防锈漆（企标）	由长油度季戊四醇酸树脂、云母氧化铁颜料、催干剂、有机溶剂等调制成；漆膜坚韧，附着力好并具有较好的耐候性、防潮性及抗污气的侵蚀等性能，适用于各种汽车车架等起防锈打底作用	喷涂、刷涂均可；刷涂时用松节油调稀，喷涂时用二甲苯调稀
9	KC	磁化铁醇酸快干防锈漆（新型防锈漆）	由亚麻油、磁化铁颜料（黑色或棕色）与适量的填料、催干剂、有机溶剂等调制而成；干燥快，防锈性优，适用于一般汽车零部件表面防锈与打底	施工方式采用刷涂、浸涂均可
10	C53-33	锌黄醇酸防锈漆，也称726醇酸锌黄防锈漆（企标）	由酚醛改性醇酸树脂与锌铬黄等防锈颜料经研磨后加入催干剂，并用200号油漆溶剂油、二甲苯调制而成；漆膜防锈性能好，干燥较快；适用于铝金属及其他轻金属器材、物件等，起表面防锈及打底作用	刷涂、喷涂均可

表8-5　汽车涂装常用的底漆品种

序号	型号标准号	名称	组成、特性和用途	备注
1	L06-33	沥青烘干底漆	由石油沥青、松香改性树脂、干性油、黑颜料、体质颜料、200号溶剂、苯类溶剂等组成；附着力强、防潮、耐水、耐热、耐润滑性能良好；适用于发动机等金属表面打底	施工方式采用浸涂、喷涂均可，烘干条件为180℃/30min

续表

序号	型号标准号	名称	组成、特性和用途	备注
2	L06-34	沥青烘干漆	由沥青漆料、炭黑、200号汽油等溶剂组成;附着也好、遮盖力强、漆膜坚硬;适用于汽车发动机等底漆涂装	施工方式采用喷涂、浸涂均可
3	L06-39	沥青烘干漆	由石油沥青、松香改性酚醛树脂、黑颜料、体质颜料、200号溶剂、苯类溶剂等组成;性能优,耐200℃高温;主要用于耐烘烤的汽车零部件打底	施工方式采用喷涂、浸涂均可
4	C06-1 HG2-113 HG2-74	铁红醇酸底漆	由改性的中长油度醇酸树脂、氧化铁红、铬黄等颜料、体质颜料、催干剂、有机溶剂等混合调制而成;防锈性能和附着力均良好,同硝基、醇酸等多种面漆涂层的结合力良好;适用于各种车辆、机器等金属表面打底	施工方式采用喷涂,调稀用二甲苯或X-6稀料
5	C06-17	铁戏醇酸底漆(企标)	由铁红颜料、酚醛改性醇酸树脂、体质颜料、催干剂、有机溶剂等组成;干燥快、附着力及耐硝基性良好;适用于普通汽车车身及零部件等打底漆	喷涂施工,自干、烘干均可
6	106-4 HG2-614 HG2-74	各色硝基底漆	由硝化棉、醇酸树脂、松香甘油酯、防锈颜料、体质颜料、稀料等组成;干燥快,易打磨,但性能不如其他底漆,主要用于汽车局部补修底漆,加快修补施工进度	喷涂施工,采用X-1、X-2硝基稀料调稀
7	G06-4 HG-623 HG2-74	锌黄过氯乙烯底漆	由过氯乙烯树脂、醇酸树脂、颜料、体质颜料及酯、酮类、二甲苯、有机溶剂等混合而成;干燥比硝基底漆快,防锈及耐化学性比底漆好,附着力不太好,但低温烘烤可提高附着力;适用于普通车辆打底防锈	喷涂施工

续表

序号	型号 标准号	名称	组成、特性和用途	备注
8	806-1 HG2-27 HG2-74	（分装）乙烯磷化底漆	漆料和磷化液分装，使用时按比例混合，用于钢铁基材表面能代替磷化处理，可防锈蚀和增强有机涂层结合力	喷涂施工
9	H06-1	云母环氧底漆（分装）（企标）	组分一：由601环氧树脂、煤焦沥青、云铁、铝粉浆和二甲苯、丁醇等组成 组分二：己二胺乙醇按比例使用；自干性好，附着力强，漆膜耐盐雾、耐温热、耐水等性能优；适用于沿海地区及亚热带地区汽车骨架底漆涂装	喷涂施工
10	H06-2 HG2-605 HG2-76	铁红、锌黄环氧酯底漆	由环氧酯与铁红或锌黄等防锈颜料与体质颜料混合研磨后加入少量氨基树脂、催干剂、有机溶剂制成漆膜；耐久坚韧、附着力强，同乙烯磷化底漆配套用可提高漆膜的三耐性能（耐湿热、耐盐雾、耐水）；适用于沿海及湿热带气候地区的汽车金属基材作底漆，其中铁红色用于钢铁表面，锌黄用于铝材表面，自干、烘干均可	喷涂施工为主，用环氧稀料调稀
11	H06-3	铁红、锌黄环氧底漆	组成简单且具有良好的耐化学性能和耐水性，附着力强；适用于能烘烤的汽车金属件打底及驾驶室覆盖件	同H06-2
12	H06-19	铁红、锌黄环氧酯底漆	组成同H06-2基本相同，漆膜坚硬，耐久性及附着力好，可与磷化底漆配套用于驾驶室、覆盖件	同H06-2
13		防护绿底漆	双组分环氧树脂底漆，适用于车身或汽车底盘打底，表面平滑易磨，对金属附着力好，可作为原子灰的底层	启迪维新汽车用涂料

2 非金属基材常用的底层涂料

汽车制造使用的非金属材料主要有玻璃钢和塑料两类材质,如各种轿车的保险杠、客车的保险杠多用玻璃钢或塑料材料制成,而各种中、高档客车的前后围则主要使用玻璃钢材料,同时各种汽车的前面罩、挡泥板、仪表板、轮罩等也由塑料或玻璃钢制成。对于这些基材的底漆涂装,必须使用专用底漆或多功能底漆进行涂装,才能保证涂层的质量达到优良,并提高外表装饰性。而对于竹制底板或各种公交普中档长途客车的里部使用木制或塑料制地板,也要使用专用底漆进行涂装,如竹材压缩制成的底板(车架上铺用),可用防蛀的沥青漆作为底漆,塑料地板多用铁红或紫红色地板漆涂装。

三、涂料的准备

1 不使用涂料搅拌机时的涂料准备

① 涂料罐开盖与搅拌。如果涂料罐为永久性密封的包装,开罐时需用钢錾子与手锤配合,如图8-2所示。顺罐盖的边沿,依次将顶盖打开或大半打开,使搅漆棒能够顺利进入搅拌工作。各种防锈漆、二道浆等都含有较多的体质颜料,在涂料储存过程中颜料易产生沉淀而影响施工质量,故在使用必须充分搅拌。

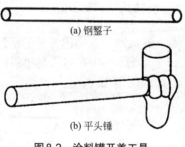

(a) 钢錾子

(b) 平头锤

图8-2 涂料罐开盖工具

小技巧

搅拌时,用专用的搅拌棒或调漆比例尺,深入涂料罐的底部,用正逆时针方向旋转的方式将涂料充分搅拌均匀。

一些涂装设备制造商根据开启的需要,特别制作了用于开罐的专门工具,图8-3所示为德国萨塔公司生产的SATA Dosenboy开罐器,它可以切除圆形或方形罐的密封盖，切口平整，高度可调，适于开启各种规格的封闭式涂料罐。

图 8-3　SATA Dosenboy 开罐器

② 如果涂料桶顶部只设计有小的用于倒出涂料的小盖，为防止倾倒料时射流不稳，出现一股一股的漆流而造成浪费（即在倒料时射流不稳而溢到地面上），有必要在涂料桶的顶部开一个通气孔。

> **小技巧**
>
> 开孔时，先将包装桶的密封小盖打开，然后用木榔头配合钢铣子（图 8-4）在与密封小盖的对称边沿部位打一小孔，作为倒料时的回气孔。

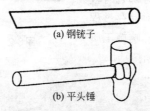

(a) 钢铣子

(b) 平头锤

图 8-4　涂料罐开通气孔工具

2　使用涂料搅拌机时的涂料准备

涂料搅拌机是专门为搅拌涂料而设计的机器，如图 8-5 所示。使用时，只需启动搅拌电机，即可完成机架上安装的所有涂料罐的搅拌,搅拌迅速、均匀、省力。

图8-5 涂料搅拌机

如果使用涂料搅拌机进行涂料的搅拌,应按下述程序准备涂料。

① 用专用工具或一字旋具,沿涂料罐盖周边撬起顶盖并拆下(此种涂料罐均为整体式顶盖,如图8-6所示)。

② 将合适规格的专用搅拌头(图8-7)压装于涂料罐顶部。

小技巧

注意涂料倒出口的方向应面向涂料说明签的侧面(图8-8),以防止涂料流滴于说明签上,影响阅读说明书。

图8-6 用专用工具打开涂料罐盖

图8-7 搅拌头

图8-8 装搅拌头后的涂料罐

③ 将带有搅拌头的涂料罐安装于涂料搅拌机架上。搅拌机架一般设计成4～6个格档,各格档的高度是按照涂料罐的高度尺寸设计的。

> **小技巧**
>
> 安装涂料罐时,应根据所安装的涂料罐规格,选择合适的格档安装,并确认机架上的搅拌蝶形头与涂料罐搅拌头上的卡口销之间位置正确,使蝶形头能够顺利带动搅拌头旋转。

四、涂料的调制

1 工具准备

涂料的调制也称为调黏度。调黏度所用工具为电子秤、黏度计、调漆比例尺和调漆杯等。

常用的国产涂-4黏度计有金属和塑料两种。其形状如图8-9所示,上部为圆锥形,底部有不锈钢制成的可以更换的漏嘴,圆筒上沿有环形凹槽,用于盛装溢出的多余试样涂料,黏度计容量为100mL。

2 劳动保护

调制涂料时需穿戴的劳动保护如图8-10所示,图中所示的手套应为橡胶手套。

图8-9 涂-4黏度计 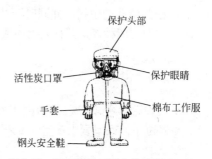 图8-10 调制涂料时需穿戴的劳动保护

3 用电子秤调黏度

在调配单组分涂料时，根据涂料的种类和施工方式，与配套的稀释剂种类进行混合调配。

① 将所选涂料（主剂）充分搅拌均匀。
② 启动电子秤并预热足够时间。
③ 将调漆杯置于电子秤秤盘上，对电子秤清零。
④ 将适量的涂料主剂倒入调漆杯内，倒入的量不要过多，以免在后续加入稀释剂时由于杯内盛装太满而无法搅拌。

> **小技巧**
>
> 可根据工艺制订的黏度标准（主剂与稀释剂的配比比例估算加入稀释剂后的总量，使其不超过调漆杯的3/4～4/5）调黏度。

⑤ 根据电子秤显示的质量及规定的稀释剂添加比例，计算需加入稀释剂的量。
⑥ 按计算的稀释剂的质量，逐渐加入稀释剂至符合规定。
⑦ 为确保调制的涂料黏度符合要求，应对调制后的涂料充分搅拌均匀后，用黏度计测量其黏度，具体做法如下。

a. 使用台式黏度计测试黏度时，可先将黏度计台面下的四个螺栓在工作台上调放平稳，并用左手的中指堵严黏度杯底部的流孔，然后将加入稀料并充分搅拌均匀的漆料倒满黏度杯，用玻璃棒将液面刮平之后,松开堵孔的中指,并同时开动秒表,待杯中的漆料流完(断流)时,立即关闭秒表,其秒表上的数据即为该漆的黏度。

小技巧

◆一般需要测试3次,取其平均值,做好记录。
◆测试条件通常要求在室温(25±1)℃条件下进行。

b.使用手提式黏度计测试时,可在施工现场将黏度计直接浸入调好的漆料中灌满漆液,提起黏度计,待仪器脱离液面的同时立即开动秒表,观察黏度计底部的流孔,待漆料快流完且出现断流时,快速关闭秒表,其表上的数据即为测试的黏度。其黏度测试方法如图8-11所示。

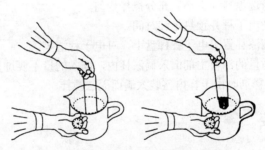

图8-11 用手提式黏度计测试黏度示意图

小技巧

◆如果通过上述方法测量的黏度不符合要求,应重新调整黏度(添加适量的稀释剂或主剂)。
◆如果调制涂料时的环境温度与标准温度20℃相差较大,应查阅涂料制造商提供的黏度与温度对比表格,确定当时条件下的合适黏度。
◆在调配双组分涂料时,应先将主漆料与固化剂按产品规定的比例混合均匀,然后加入稀料至规定调配黏度。

4 用调漆比例尺调制涂料

下面以调配 ICI AUTOCOLOR P420 纯色漆为例介绍用比例尺调漆的工艺。

① 将比例尺放置于调漆杯内,用手扶正。

② 因色漆与固化剂的比例为2∶1,应采用黑/绿色的一面,假设色漆的用量为4,把色漆倒进容器至刻度4,再将固化剂倒入直到固化剂刻度4,其比例刚巧是2∶1。

③ 从尺的最上端可看到P420的稀释剂份量为5%～15%,一般建议用量为10%,再将稀释剂倒进并至稀释剂的刻度10为止。

④ 各成分加好后,一定要充分搅拌均匀。

按上述方法调制涂料后,也应该用黏度计测量黏度,并应环境温度的影响。

第二节 车身的遮盖

在准备喷涂过程中,遮盖是很重要的一步。对于不需要涂装的表面一定要遮盖好,否则会引起不必要的麻烦。图8-12所示为喷涂车门时的遮盖。

图8-12 喷涂车门时的遮盖

常用的遮盖材料为遮盖纸和遮盖胶带。不仅在车身修补涂装中使用,而且在汽车生产厂涂装过程中也广泛使用。

一、整板或整车涂装的遮盖

1 劳动保护

遮盖时需穿戴的劳动保护只需普通的工作服即可,为使遮盖时定位准确,尽量不要戴手套。

2 胶带的基本粘贴方法

胶带应选用质量好的,若质量差,使用后会出现粘贴剂残留或其他问题,造成不必要的麻烦。聚氨酯涂料需加热干燥,应使用耐热胶带纸。胶带的基本贴法如图8-13所示。

3 装饰条和嵌条的遮盖

① 当用胶带粘贴装饰条、嵌条等表面时,用一只手的手指塞入胶带卷中间的孔中,把大拇指放在胶带的外面,控制胶带的方向。

② 拉伸胶带时,胶带的粘贴面背向操作者。

③ 不要把胶带拉的过紧,然后把胶带的起始端粘到嵌条或车轮罩的边缘上,如图8-14所示。

④ 粘贴时,拉伸的胶带面与漆面的间距至少应有0.7mm,这样可以方便粘贴并可以很好地控制胶带的方向。

⑤ 嵌条或需粘贴面的宽度决定所需胶带的条数。但是,一定要记住在所需喷漆的表面与嵌条间应留有一个小间隙,涂料特别是清漆会填补这个间隙。

⑥ 用足够的压力把胶带压牢。但是在曲面上粘贴胶带时,还必须拉伸胶带,以适应曲面的要求。

⑦ 如果胶带太宽,应用剪刀把胶带多余的宽度剪去。

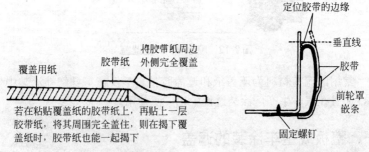

图8-13 粘贴带的基本贴法   图8-14 轮罩嵌条的遮盖

⑧ 对于装饰条的遮盖。可使用一条宽度为19mm胶带。把胶带

粘贴在嵌条的顶部并在胶条与板面之间留有一定的间隙,如图8-15所示。

4 铭牌和标牌的遮盖

① 把胶带粘贴到标牌的顶部,并与板面留有一定间隙。
② 把两边粘到标牌上,应用力把胶带粘牢。

5 侧窗玻璃的遮盖

① 当遮盖侧车窗时,需要先用胶带遮盖该区域的周边。
② 选用合适尺寸的遮盖纸,遮盖纸的底边粘贴到底部的胶带上,把遮盖纸周边折叠,折叠边用短的胶带粘好,然后全部粘到周边预先贴好的胶带上。

6 前后风窗的遮盖

覆盖窗玻璃时,主要使用50cm宽的纸,不够的部分再用10～20cm宽的纸粘贴上。如图8-16所示,四周用12～15mm的宽的粘贴带粘住。

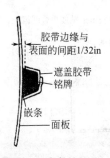

图8-15 嵌条的遮盖

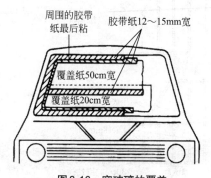

图8-16 窗玻璃的覆盖

7 车门的遮盖

① 如图8-17所示,如果要将车门入口全部覆盖,先要按入口宽度准备好覆盖纸,一般是取50cm宽的纸两张,搭接成1m宽,对准入口,先贴住上部。在贴下边之前,要先将纸放松弛,办法是从中间折

一下，这样车门才能关住。

②如果宽度还不够，再加一张30cm宽的纸。

③如果边切得不整齐，可用胶带补齐。

④纸与纸相重合的部分，要用胶带粘住，不能留缝隙。

⑤如果用报纸覆盖，可以像图8-18那样，用三张报纸接成110cm宽的正方形，对准车门入口，先从便于粘贴的部位开始粘贴，边粘边将报纸多余部分按车门入口的外形曲线向内折或裁掉。

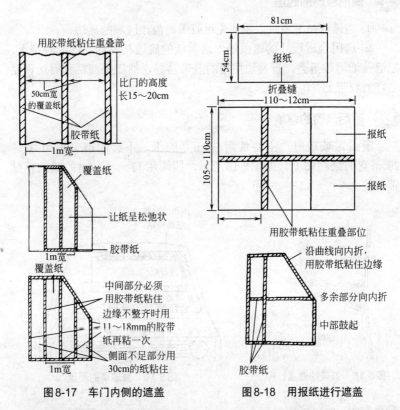

图8-17 车门内侧的遮盖　　图8-18 用报纸进行遮盖

8 尼龙车顶的遮盖

①沿车顶的周边粘贴一周胶带。

②采用合适尺寸的遮盖纸彻底地把车顶遮盖住。

③ 遮盖纸应光滑，多余的边应褶叠起来。
④ 所有的边缘均应用胶带粘住，以免涂料和灰尘进入。

9 散热器面罩和保险杠的遮盖

对于大多数新型号的汽车，散热器面罩与保险杠分别进行遮盖。

① 用胶带沿散热器面罩的周边进行遮盖，然后选用合适的遮盖纸进行遮盖。

② 保险杠是采用铝制结构面板还是采用氨基甲酸乙酯面罩决定了所选用的遮盖方法。如果保险杠采用金属材料制造，应选用合适尺寸和形状的遮盖纸进行遮盖，下部边缘进行折叠，与保险杠的下部粘贴牢固。

③ 对于有些汽车，可以把散热器面罩和保险杠一起进行遮盖，但保险杠与翼子板前端间的塑料遮盖件应进行单独遮盖。这些板件通常与汽车的其他部分一起进行喷涂。

10 喷涂两种颜色时的遮盖

① 当汽车被喷涂成两种不同的颜色时，应首先喷涂一种颜色。
② 涂料干燥后，用19mm的胶带把这种颜色的周边遮盖。
③ 有些车身喷漆工喜欢选用细胶带，因为细胶带薄，可以精确地把两种颜色的漆面分开，留下的条纹少。
④ 把该颜色的漆层用合适尺寸形状的遮盖纸遮盖好。
⑤ 遮盖纸上的胶带粘到已粘好的周边胶带上，多余的边折叠，粘贴牢固。
⑥ 根据需要，可以再用遮盖胶带沿遮盖纸的底部和边缘粘贴，清晰地标出另外一种颜色涂料的喷漆面。

11 门槛嵌条的遮盖

门槛上的宽嵌条可以用合适宽度的预先粘贴好胶带的遮盖纸，很容易地进行遮盖，但一定应留有足够的间隙，使涂料有很好的搭接区。

12 大灯的遮盖

① 采用152mm宽的遮盖纸，把遮盖纸上胶带粘到密封大灯或灯框的边缘上，形成一个圆形或四方形。

② 然后把遮盖纸向中间对折，再将遮盖纸折叠的对边也粘住，保持遮盖纸的平整。

③ 对于尾灯和驻车灯应采用同样的方法，只不过选用76mm宽或更窄的遮盖纸就足够了。

13 天线的遮盖

用遮盖纸套管套在天线上，底部用胶带粘牢即可。

另一种方法就是选用合适宽度的胶带，把天线包裹住。

14 车门侧壁的遮盖

① 如果车门侧壁需要喷涂，一定要遮盖车门装饰件、车门密封条、锁和撞板。

② 通常应采用152mm宽或更宽遮盖纸进行遮盖。

③ 车门侧壁通常采用丙烯酸树脂清漆喷涂，因为这种漆干燥快。但有时也选用丙烯酸树脂瓷漆，尽管这种漆干燥较慢。

④ 对于一个完整的涂装工作，如果需要的话，应首先喷涂车门侧壁、后备厢流水槽、翼子板内沿、发动机罩边缘。把一张152mm宽的遮盖纸，每隔101～152mm的间距，褶一个13mm的褶，可以很方便地遮盖车轮。

⑤ 遮盖纸的胶带由轮胎粘贴到轮缘上。

⑥ 用胶条把遮盖纸固定在轮胎上。

二、局部涂装的遮盖

1 遮盖注意事项

涂装硝基涂料时，遮盖面积小一点也没有多大关系，但聚氨酯涂料一定要遮盖宽一些。

为提高局部涂装速度，可采用各种方法。例如可以采用市面上出售的车身覆盖板，或用大的包装纸将大面积盖住，再用20～30cm宽的纸覆盖修补处的四周。

如果事先用厚纸做成长5～7m、宽2m的覆盖罩，用起来就很方便，如图8-19所示。

当要对侧门和挡泥板等部位进行涂装时，从发动机罩、车顶到后备厢盖，一下子就能盖住，然后用磁铁压住几个主要部位，再局部用胶带粘住就可以了，如图8-20所示。

要修补部位的四周，必须用纸仔细盖住，这种罩子可以折叠起来放好，反复使用。

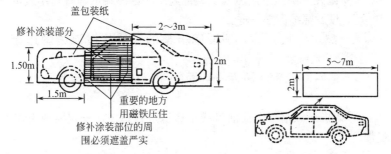

图8-19　制作大型覆盖罩　　　图8-20　利用车身罩或包装纸遮盖

2　反向遮盖和流线边缘遮盖法

反向遮盖和流线边缘遮盖法常用在局部板件需要喷漆的情况下，图8-21所示为翼子板顶部和发动机罩局部的遮盖方法。

① 在曲面弯曲前的平面上轻轻地粘贴一条胶带，然后，再用另外一条胶带粘贴弯曲的表面。这样，可以对喷漆产生足够的扰动，从而当胶条揭除后，不会留下明显的痕迹。

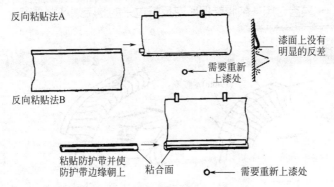

图8-21　用胶带和遮盖纸进行反向遮盖

② 沿流线边缘进行反向粘贴时可以采用预先粘贴好胶带的遮盖纸。

小技巧

◆首先把遮盖纸沿流线型板件边缘的最高端放置好,用胶带固定,使遮盖纸自然下垂。

◆然后反向折叠,使反向折叠的弧线超过流线型边缘12～20mm。

◆最后,把遮盖纸的另一边固定到板件合适的位置上。

③ 如果必须沿一个曲面流线型边缘进行遮盖,一定要使用遮盖胶带。

小技巧

◆首先把19mm宽的胶带以正确的角度分别粘贴到流线型边缘上。每条胶带应有10～13mm长,胶带与胶带之间应有足够的重叠量,整个胶带的粘贴边缘应形成一个与流线型边缘相平行的曲线。

◆然后,把胶带条反折,应从最后一条胶带开始,并保证有一个正确的弧度,如图8-22所示。

◆最后,用一条胶带把所有反折过来的胶带端粘贴固定。

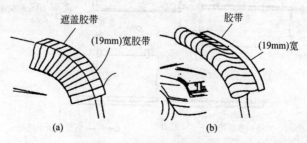

图8-22 用胶带进行反向遮盖

第三节　底漆的喷涂

目前，涂装方法主要有浸涂、喷涂、刷涂、辊涂、电泳、刮涂、静电喷涂、搓涂等，其中电泳、喷涂、静电喷涂和刮涂在汽车涂装中应用较多。而汽车修补涂装中最常用的方法是喷涂。

空气喷涂法就是以压缩空气的气流为动力，以喷枪为用具，使涂料从喷枪的喷嘴中喷出呈漆雾而涂布到工件表面的一种施工方法，它是一种最为常用的喷涂方法。

一、空气喷涂的基本原理

典型喷枪空气喷涂的原理如图8-23所示。

> **小技巧**
>
> ◆当扣动喷枪的扳机时，压缩空气经接头进入喷枪从空气喷嘴急速喷出，在漆喷嘴的出口处形成低压区，漆壶盖上有小孔使漆壶内与大气相通，漆壶气压始终等于大气压。
>
> ◆这样，在压力差的作用下使涂料从漆喷嘴喷出，并被压缩空气吹散而雾化，喷到工件上实现空气喷涂。

空气喷涂是当前车身修补中应用最广的一种方法。

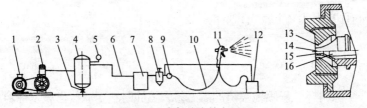

图8-23　空气喷涂基本原理

1—电机；2—空气压缩机；3—排污阀；4—储气罐；5,9—气压表；6—输漆管路；7—空气滤清器；8—减压阀；10—软管；11—喷枪；12—供漆装置；13—空气喷口；14—漆喷口；15—漆喷嘴；16—供漆针阀

二、喷枪的使用与调整

（一）喷枪的使用

1 喷枪的品种

喷枪的种类和型号很多，各家涂装设备制造公司的命名方法和分类有所不同。

> **小提示**
>
> 常用的分类方法有按涂料供给方式、按涂料雾化技术和按用途等三种。

（1）按涂料的供给方式分类 可分为重力式、虹吸式和压送式三种类型，如图8-24所示。

重力式（上壶式） 虹吸式（下壶式） 压送式（压力罐式）

图8-24 按涂料供给方式分类的三种喷枪

① 重力式（上壶式）喷枪。

> **小技巧**
>
> 涂料杯位于喷枪喷嘴的后上方，喷涂时利用涂料自重及涂料喷嘴尖端产生的空气压力差使涂料形成漆雾。杯内涂料黏度的变化对喷出量影响小，而且杯的角度可由漆工任意调节，但是它的容量较小（约0.5L），仅适用于小物件涂装，且随着杯内涂料的减少，喷涂稳定性降低，同时不宜仰面喷涂。

② 虹吸式（下壶式）喷枪。

小技巧

涂料杯位于喷枪嘴的后下方，喷涂时利用气流作用，将涂料吸引上，并在喷嘴处由压力差而引起漆雾。喷涂时出漆量均匀稳定。大面积喷涂时可换掉涂料杯，抽料皮管直接从容器中抽吸涂料连续工作，但当黏度变化时易引起喷出量的变化。

③ 压力式喷枪。

小技巧

涂料喷嘴与气帽正面平齐，不形成真空。漆料被压力压向喷枪，压力由一个独立的压力瓶（罐）提供。它适合连续喷涂，喷涂方位调整容易，涂料喷出量调整范围广。缺点是需要增添设备、清洗麻烦、稀释剂损耗大，不适合汽车修理厂修补漆方面应用。

（2）按雾化技术分类 可分为高气压、低流量中气压和高流量低气压三种，如图8-25所示。

小提示

此三种喷枪在外形上没有多大区别，只是在内部结构上会有所不同，从而产生不同的雾化效果，并且为便于区别，也会在外形和颜色设计上有所不同。

图8-25 按涂料雾化技术分类的三种喷枪

高气压喷枪，即为传统喷枪，其雾化气压较高，耗气量大，上漆率低。高流量低气压喷枪也称为HVLP喷枪，其雾化气压低，上漆率高。低流量中气压喷枪的各项性能居中。

表8-6所示为以上三种喷枪的使用技术参数差异比较。

表8-6 三种喷枪的使用技术参数差异比较

技术参数	传统（高压）	RP（中压）	HVLP（低压）
	气压雾化	气压、气流雾化	气流雾化
进气压力/bar	3~4	2.5	2
雾化压力/bar	2~3	1.3	0.7
耗气量/（L/min）	380	295	430

【3】按用途分类 可分为底漆用喷枪、中涂用喷枪、面漆用喷枪、清漆用喷枪、金属漆专用喷枪、小修补用喷枪等。

图8-26所示为SATA minijet4 HVLP型小修补喷枪的外形，其特点是体积小，操作方便，备有标准的喷嘴及独特的SR喷嘴，喷嘴采用空气扰流原理设计，采用较低的气压即可达到较好的雾化效果，特别适合小面积修补使用。

图8-26 小修补喷枪

2 喷枪的雾化原理

空气喷枪是指利用空气压力将液体转化为液滴的喷涂工具，该过程称为雾化。雾化过程就是喷枪工作过程，雾化使涂料成为可喷涂的细小且均匀的液滴。当这些小液滴被以正确的方式喷到汽车表面后，就会结合形成一层厚度极薄的像镜子一样平整的膜。

雾化分为以下三个阶段进行（图8-27）。

小提示

◆第一阶段，涂料从喷嘴喷出后，被从环形口喷出的气流包围，气流产生的气旋使涂料分散。

◆第二阶段，涂料的液流与从辅助孔喷出的气流相遇时，气流控制液流的运动，并进一步使其分散。

◆第三阶段，涂料受到从空气帽喇叭口喷出的气流作用，气流从相反的方向冲击涂料，使其成为扇形液雾。

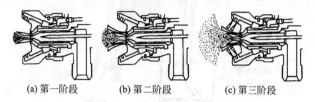

(a) 第一阶段　　(b) 第二阶段　　(c) 第三阶段

图8-27　雾化的三个阶段

3　喷枪的组成及各部分的作用

小提示

◆虽然不同的喷枪有许多通用的零部件，但每种类型或型号的喷枪只适用于一定范围的作业。

◆选择合适的工具是以最短时间高质量完成作业的保证。

典型的喷枪由枪体和喷枪嘴组成，如图8-28所示。枪体又分空气阀、漆流控制阀、雾形控制（即漆雾扇形角度调节）阀、控漆阀、压缩空气进气阀、扳机、手柄等。喷枪嘴由气帽、涂料喷嘴、顶针组成。

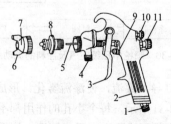

图8-28　典型喷枪构造

1—压缩空气进气阀；2—手柄；3—扳机；4—控漆阀；5—顶针；6—气帽角；
7—气帽；8—涂料喷嘴；9—空气阀；10—雾形控制阀；11—漆流控制阀

图8-29所示为上吸式空气喷枪的结构纵剖图。

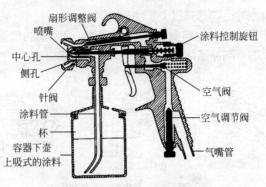

图8-29 上吸式空气喷枪结构纵剖图

小技巧

扳机为两段式转换，扣下喷枪扳机时，空气阀先开放，从空气孔以高速喷出的压缩空气在涂料喷嘴前面形成低压区，再用力扣下时，涂料喷嘴打开，吸引涂料。

喷枪中压缩空气及涂料的流动路线如图8-30所示。

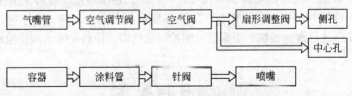

图8-30 喷枪中压缩空气及涂料的流动路线

气帽把压缩空气导入漆流，使漆流雾化，形成雾形。涂料喷嘴上有很多小孔，如图8-31所示，每个小孔的作用都不同。

主空气孔的作用是形成真空，吸出漆液；侧面空气孔是2～4个，它借助空气压力控制雾束形状；辅助空气孔是4～10个，它促进漆液雾化。各孔的排列方式有多种，如图8-32所示。

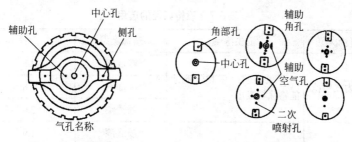

图8-31 气孔的名称　　　图8-32 空气帽气孔排列

辅助空气孔对喷枪性能有明显影响，如图8-33所示。

> **小技巧**
>
> ◆孔大或多，则雾化能力强，能以较快的速度喷涂大型工件。
> ◆孔小或少，则需要的空气少，雾形小，涂料雾化程度差，喷涂量小，但便于小工件的喷涂或低速喷涂。
> ◆空气也从两个侧孔流出，其作用是控制雾束形状。
> ◆雾形控制阀关上，雾束呈圆形；控制阀打开，雾束呈扁椭圆形。

图8-33 辅助孔的大小与喷枪工作性能的关系

　　顶针和涂料喷嘴的作用都是控制喷漆量，并把漆流从喷枪中导向气流。涂料喷嘴内有顶针内座，顶针顶到内座时可切断漆流。从喷枪喷出的实际漆量由顶针顶到内座时涂料喷嘴开口的大小决定。控制阀可以改变扳动扳机时顶针离开其内座的距离。

　　涂料喷嘴有各种型号，可以适应不同黏度的涂料。涂料喷嘴的口径越大时涂料喷出量越大，因此防锈底漆等下层涂装用大口径的涂料喷嘴。喷枪喷嘴口径的选用如表8-7所示。

表8-7 喷枪口径的选用

喷枪类型	主要特点	喷涂类型	喷枪口径/mm
吸力式喷枪	要求高的气压和气流才能将涂料吸出	喷底漆	2.5
		喷面漆	1.8
		喷清漆	2.0
重力式喷枪	出漆量不受黏度限制,故压力、流量小一些	喷底漆	1.9
		喷面漆	1.3
		喷清漆	1.4
压力式喷枪	出漆压力高	喷各种漆	0.5左右

> **小提示**
>
> 喷枪的性能取决于涂料喷出量与空气消耗量的关系,即涂料喷出量少而空气消耗量大时涂料粒度较小,涂料喷出量多而空气量少时涂料粒度较大、较粗,涂面的效果较差。

通常涂料喷出量,小型喷枪为10～200mL/min,大型为120～600mL/min。空气使用量,小型为40～290L/min,大型为280～520L/min。涂料喷出量大,则空气使用量须越大,其关系如表8-8所示。

表8-8 涂料喷嘴口径、涂料喷出量和空气使用量关系

喷枪类型	涂料喷嘴口径/mm	空气使用量/(L/min)	涂料喷出量/(mL/min)	涂料喷幅宽度/mm
重力式	0.5	40以下	10以上	15以上
	0.6	40以下	15以上	15以上
	0.7	50以下	20以上	20以上
	0.8	60以下	60以上	25以上
	1.0	70以下	50以上	60以上

续表

喷枪类型	涂料喷嘴口径 /mm	空气使用量 /（L/min）	涂料喷出量 /（mL/min）	涂料喷幅宽度 /mm
虹吸式	1.2	170以下	80以上	100以上
	1.3	180以下	90以上	110以上
	1.5	190以下	100以上	130以上
	1.6	200以下	120以上	140以上
压力式	1.0	350以下	250以上	200以上
	1.2	450以下	350以上	240以上
	1.3	480以下	400以上	260以上
	1.5	500以下	520以上	300以上
	1.6	520以下	600以上	320以上

喷枪主要零件的作用列于表8-9中。

表8-9 喷枪主要零件的名称及作用

序号	零件名称	作用
1	气帽	把压缩空气导入漆流，使漆液雾化，形成雾形
2	涂料喷嘴上的中心孔	形成真空，吸出漆液
3	涂料喷嘴上的侧孔	借助空气压力控制雾束形状
4	涂料喷嘴上的辅助孔	① 促进漆液雾化 ② 孔大或多，则雾化能力强，能以较快的速度喷涂大型工作 ③ 孔小或少，则需要的空气少，雾形小，喷涂量小，便于小工件的喷涂或低速喷涂
5	雾形控制阀	① 控制阀关上，雾束呈圆形 ② 控制阀打开，雾束呈偏椭圆形

续表

序号	零件名称	作用
6	顶针	控制液体涂料喷离喷嘴的流量。喷涂时,通过扳机的动作来控制。连接顶针的尾部有一个螺母,用以调节顶针的伸缩幅度,这是喷枪调整的最基本的操作
7	顶针填料套	起密封作用
8	顶针弹簧	当扳机放开时,将顶针顶进喷嘴,封闭喷嘴,控制液体涂料的流动
9	漆流控制阀	当扳动扳机时,控制液体涂料的流量。当其全关时,即使扣死扳机也没有液体涂料流出。当其全开时,液体涂料的流量最大。这是调节喷枪的最为重要的元件之一
10	空气阀	空气阀的开关由扳机控制。打开空气阀所需的扳机行程可由一个螺钉控制。扳机扳到一半时空气阀打开,再扳扳机,喷漆嘴打开
11	扳机	扳机用来控制空气和液体涂料的流量。扣动扳机时,最先启动的仅仅是空气,然后才带动顶针运动,开启漆流控制阀,使液体涂料喷出

(二)喷枪的调整

1 劳动保护

喷涂施工时,一般需要配备的劳动保护用品有呼吸器、喷漆服、工作鞋、胶手套、护目镜等。

2 检查

> **小提示**
>
> ◆喷杯上的气孔无污垢堵塞。
> ◆喷杯上密封圈无渗漏等。

3 调整

(1) 压力调整 严格按照油漆产品说明书所提供的施工参数调整喷枪的压力。对任何涂料系统而言,最适当的空气压力只有一个,就是能使涂料获得最好雾化的最低空气压力。由于有摩擦,空气从干燥器调压阀流到喷枪时压力有所损失,损失量取决于输气管的长度和直径。最好在软管接头和喷枪之间接一个调压阀(阀上带有气压表),用来检查和调整喷枪压力。最佳的压力是指获得适当雾化、挥发率和喷雾扇形宽度所需的最低压力。

小提示

◆压力太高会因飞漆而浪费大量涂料,抵达构件表面前溶剂挥发快导致流动性差,容易产生橘皮等缺陷。
◆压力太低会因溶剂保留的多而造成干燥性能差,漆膜容易起泡和流挂。

不同涂料喷涂时所需的空气压力都有最佳值,如表8-10所示。

表8-10 推荐的气压范围

	涂层	喷枪气压/MPa		涂层	喷枪气压/MPa
外涂层	聚氨酯型涂料	0.35 ~ 0.39(纯色漆)	内涂层	硝基填实底漆	0.18 ~ 0.31(点部)
		0.42 ~ 0.46(金属漆)			2.5 ~ 3.2(板部)
	丙烯酸清漆	0.14 ~ 0.32		普通填实底漆	0.21 ~ 0.28
	丙烯酸瓷漆	0.35 ~ 0.42		普通填实底漆	0.25 ~ 0.28
	醇酸树脂瓷漆	0.35 ~ 0.42		不需打磨的底漆	0.32
	可塑面漆	0.25 ~ 0.28		瓷漆填实底漆	0.32
				环氧树脂瓷漆	0.32
				铬化锌底漆	0.32

续表

涂层		喷枪气压/MPa	涂层		喷枪气压/MPa
密封层	丙烯酸清漆	0.18～0.21	其他	统一面漆	0.25～0.28
	通用密封漆	0.25～0.32			
	混合密封漆	0.25～0.28			

(2) **雾束大小、方向调整** 喷枪的调整见图8-34。

① 大小。把雾型控制阀全拧进去可得到最小的圆形雾束，把旋钮全拧出来得到的雾型最大。

② 方向。调整空气帽可改变雾束的方向。将空气帽的犄角调整成与地面平行，喷出的雾束呈平面且垂直地面，叫垂直雾束，这种方式用得最多；如果空气帽的犄角与地面垂直，喷出的雾束呈平面且平行地面，叫水平雾束，这种方式在施工中少见，在大面积施工进行垂直扫枪时用。

(3) **漆流量调整** 用漆流控制阀按选定雾型调整漆流量，将控制阀拧出时漆流量增大，控制阀拧进时漆流量减少。

(4) **涂料分布测试** 如图8-35所示，通过雾形测试，看流挂情况，检查调整是否正确。

松开空气帽定位环并旋转空气帽，使喇叭口处于竖直位置，此时喷出的图案将是水平的，如图8-36所示。再喷一次，按住扳机直到涂料开始往下流，即产生流挂，检查流挂情况。

小技巧

◆ 如果各项调整正确，各段流挂的长度应近似相等。

◆ 如果流挂呈分开的形状，是由于喷束太宽或气压太低，把雾形控制阀拧紧半圈，或把气压提高一些，交替进行这两项调整直到流挂长度均匀。

◆ 如果流挂中间长两边短，则是因喷出的漆太多，应把漆流量控制阀拧紧，直到流挂长度均匀。

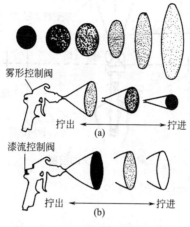

图 8-34　喷枪的调整

图 8-35　转动空气帽调整试喷图形

(a) 合适的喷涂图形　　(b) 分离的喷涂图形　　(c) 中间过重的喷涂图形

图 8-36　雾形测试

三、喷涂施工方法

1　喷涂操作

（1）喷枪扳机的控制　扳机扣得越深，液体流速越大。传统走枪，扳机总是扣死，而不是半扣。为了避免每次走枪行将结束时所喷出的涂料堆积，有经验的漆工都要略略放松一点扳机，以减少供漆量，如图 8-37 所示。

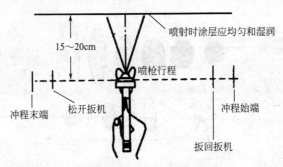

图8-37 扳机的控制

扣扳机的正确操作一般分4步。

小技巧

◆先从遮盖纸上开始走,扣下扳机一半,仅放出空气。
◆当走到喷涂表面的边缘时,完全扣下扳机,喷出涂料。
◆当走到另一头时,松开扳机一半,涂料停止流出。
◆反向喷涂前再往前移动几厘米,然后重复执行上述操作步骤。

在"斑点"修补或者新喷涂层与旧涂层的边缘润色加工时都要进行"收边"操作。意思就是在走枪开始时不扣死扳机,也就是说,开始时的供漆量很小,随着喷枪的移动,逐渐加大供漆量,直到走枪行将结束时再将扳机放开,使供漆量大大减少,从而获得一种特殊的过渡效果。

〖2〗喷枪与工件表面的角度　喷枪与工作表面必须保持垂直(90°),绝对不可由手腕或手肘作弧形的摆动,如图8-38所示。

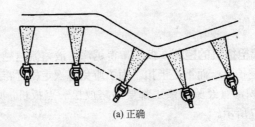

(a) 正确

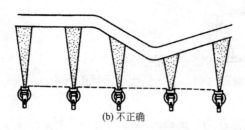

(b) 不正确

图8-38 喷枪与工件表面的角度

【3】喷枪嘴与工件表面的距离 正常的喷涂距离应与喷枪的气压、喷枪的扇面调整大小以及涂料的种类相配合。一般喷涂距离为20cm左右（可按涂料供应商提供的工艺条件操作）。实际距离可通过对贴在墙上的纸张试喷而定，如图8-39所示。

> **小提示**
>
> ◆如果喷涂距离过短，喷涂气流的速度就较高，从而会使涂层出现波纹。
> ◆如果距离过长，就会有过多的溶剂被蒸发，导致涂层出现橘皮或发干，并影响颜色的效果。

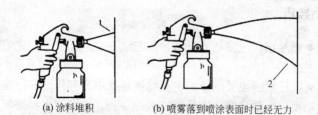

(a) 涂料堆积　　(b) 喷雾落到喷涂表面时已经无力

图8-39 喷枪与工件表面的角度和距离

【4】喷枪的移动速度 喷枪的移动速度与涂料干燥速度、环境温度、涂料的黏度有关，约以30cm/s的速度匀速移动。

> **小提示**
>
> ◆喷枪移动过快,会导致涂层过薄。
> ◆喷枪移动过慢,会导致出现流挂的现象。

【5】喷涂压力 正确的喷涂气压与涂料的种类、稀释剂的种类、稀释后黏度有关,一般调节气压 0.35～0.5MPa,或进行试喷而定。

> **小提示**
>
> ◆压力过低极有可能雾化不好,会使稀释剂挥发过慢,涂料像雨淋一样喷涂到工件的表面,容易产生"流泪""针孔""气泡"等现象。
> ◆压力过高极有可能过蒸发,严重时形成所谓干喷现象。

【6】喷涂方法、路线的掌握 喷涂方法有纵行重叠法、横行重叠法、纵横交替喷涂法。

> **小技巧**
>
> ◆喷涂路线应按从高到低、从左到右、从上到下、先里后外顺序进行。
> ◆在行程终点关闭喷枪,喷枪第二次单方向移动的行程与第一次相反,喷嘴与第一次行程的边缘平齐,雾型的上半部与第一次雾型的下半部重叠,两次走枪重叠幅度应为 1/3 或 1/2 左右,如图 8-40 所示。

【7】走枪的基本动作 汽车修补涂装中,被涂物的情况不同,喷漆走枪的手法也不同,以下叙述几种常用的喷漆走枪手法。

① 构件边缘的走枪手法。

小技巧

在构件边缘喷涂时，一般采用由右至左而喷涂，并采用纵喷（喷出涂料呈垂直方向），如图8-41所示。

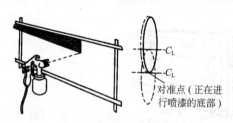

图8-40 喷程的重叠方式

图8-41 构件边缘喷涂

② 构件内角的走枪手法。

小技巧

在构件内角喷涂时，一般采用由下而上、再由上而下喷涂，并采用横喷（喷出涂料成水平方向），如图8-42所示。

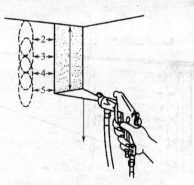

图8-42 构件内角的喷涂

③ 小而直立的构件平面的走枪手法。

小技巧

喷涂小而直立的构件平面时如图8-43所示,是按由上而下的行程进行(1—2),然后由左至右(2—3),再由下而上进行(3—4),依次完成(4—5—6—7—8—9)。

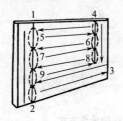

图8-43 小而直立平面的喷涂

④ 长而直立的构件平面的走枪手法。

小技巧

如图8-44所示,喷涂长而直立的构件平面时也是由上而下行程进行,再由左而右,依次沿横向行程,每行程45～90cm,即按板长方向分段进行,每段之间交接处,有10cm左右的行程重叠。

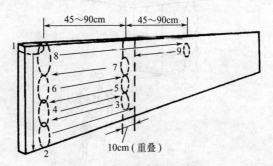

图8-44 长而直立平面的喷涂

⑤ 小圆柱构件的走枪手法。

小技巧

如图8-45所示，喷涂小圆柱构件时，由圆柱顶自上往下再自下往上，分3~6道垂直行程喷完。

⑥ 大圆柱构件的走枪手法。

图8-45　小圆柱体、中圆柱体的喷涂

小技巧

喷涂大圆柱体时，则由左至右再由右至左，水平行程，依次喷完，如图8-46所示。

图8-46　大型圆柱体的喷涂

⑦ 棒状构件的走枪手法。

小技巧

喷涂较长的、直径不大的棒状构件时，最好将雾束调窄一些与之配合。然而很多漆工为了省事，不愿经常调整喷枪，而是将喷枪雾束的方位与棒状构件相适应。这样既可达到完全覆盖又不过喷的目的，如图8-47所示。

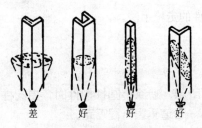

图 8-47 狭长面的喷涂

⑧ 大型水平表面的走枪手法。喷涂大型水平表面（如发动机罩、车顶、后备厢盖等），可以采用长而直立构件平面的走枪手法。

> **小技巧**
>
> ◆由左至右移动喷枪至临近基材表面时扣扳机，继续移动喷枪至离开基材表面时放开喷枪。这样可以获得充分润湿的涂层，而不过喷或干喷最少。
>
> ◆在喷枪使用上，最好使用压送式喷枪，如果采用的是虹吸式喷枪，当需要倾斜喷枪时，千万小心，不要让涂料滴落到构件表面上。
>
> ◆为了防止涂料泄漏、滴落，在喷杯中涂料不要装得太满，整个操作过程要平稳、协调，随时用抹布或纸巾擦净泄漏出来的涂料。

2 不同板件的走枪顺序

(1) 车门 车门的喷涂顺序如图 8-48 所示。

> **小技巧**
>
> 首先喷涂车门框的顶部，然后下移直到车门的底部。如果只喷涂一个车门，首先应喷涂车门边缘；喷涂门把手时应该特别小心，因为某点的涂料太多将会导致下垂。

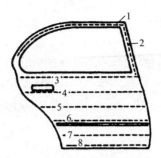

图8-48 车门的喷涂顺序

(2) 前翼子板 前翼子板的喷涂顺序如图8-49所示。

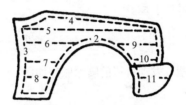

图8-49 前翼子板的喷涂顺序

> **小技巧**
>
> 发动机罩的边缘和前翼子板的翻边应该首先喷涂,然后是前大灯周围部分、面板的穹起部分,最后是面板的底部。

(3) 后翼子板 后翼子板的喷涂顺序如图8-50所示。

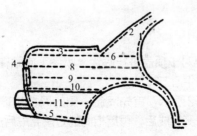

图8-50 后翼子板的喷涂顺序

小技巧

首先喷涂边缘，然后喷漆工站在面板的中间，以一个长的连续的行程喷涂面板。如果无法一次完成，就把这个区域分成两个部分。

小技巧

使用这种方法时，一定要特别注意中间的重叠。如果重叠的涂料太多，将会发生下垂。

【4】**发动机罩** 发动机罩的喷涂顺序如图8-51所示。

小技巧

首先喷涂发动机罩的边缘，然后是发动机罩的前部，下一步是在前翼子板的侧面，从中心开始向边缘进行喷涂；另一侧也使用相同的方法喷涂。

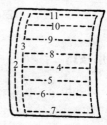

图8-51 发动机罩的喷涂顺序

【5】**车顶盖**

小技巧

◆为了方便对车顶盖进行喷涂，喷漆工应站在长凳上，以便能够喷到车顶的中心。

◆如图8-52所示，首先喷涂一侧的风挡玻璃边缘，然后从中心到外边；一侧完成后，再用相同的方法完成后部和侧面。

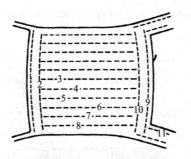

图8-52 车顶盖的喷涂顺序

(6) 整车喷涂 当修整整个汽车时,对汽车不同部位喷漆顺序可能不同。通常,在横向排风的房间里,离排风扇最远的地方首先喷涂,从而能保证落在喷漆表面的灰尘最小,使漆面更光滑。具体操作如图8-53所示。

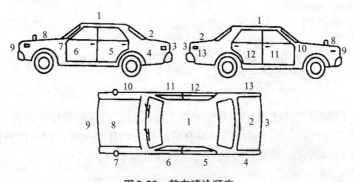

图8-53 整车喷涂顺序

1~13—喷涂顺序号

小技巧

◆首先对车顶盖喷涂,然后是左侧或右侧车门,下一步是同侧的后翼子板,接着是后备厢盖和后围板。

◆对汽车另一侧的喷涂是从后翼子板开始,然后是车门和前翼子板、发动机罩、前裙板、门窗框,最后对另一侧的前翼子板喷涂。

在向下排风的喷涂房里，因为空气是从天花板顶向汽车底部的检修坑流动，所以喷漆工必须改变喷漆方法。

小技巧

为了能够保持涂料边缘的湿润，车顶盖应该首先喷漆，接着是发动机机罩和后备厢盖，然后对车身右侧喷涂，跟着是后围板，最后是车身左侧，并逐渐向前移动直到全部完成。

四、喷枪的维护

1 喷枪的清洗

小技巧

使用后，应立即清洗喷枪及其附件，不注意维护和清洗喷枪是喷枪发生故障的主要原因。

清洗吸力式喷枪时，首先应卸下涂料罐，将吸料管留在杯内。接着松开空气帽2～3圈，用一块叠好的抹布挡住空气帽，然后扣扳机，如图8-54所示。这能使喷枪内的涂料流回涂料罐内。

图8-54　利用压缩气使枪内的漆流回涂料罐

小技巧

注意：使用的气压要低，当涂料罐还装在枪上时，不要进行上述操作，否则涂料会从罐内飞溅出来。

重新将空气帽拧紧，并把涂料罐中的涂料倒回废料罐中。用溶剂和稀毛刷清洗杯内和杯盖，用一块浸过溶剂的抹布擦掉残余物。然后向杯内倒入少许干净的清洁剂，扣动扳机，将清洁剂喷出，清洗输料管，如图8-55所示。

最后将空气帽卸下，泡在稀释剂或溶剂中，用像圆头牙刷或稻草扫帚样的软刷子清洗堵塞的小孔，如图8-56所示。

图8-55 用稀释剂冲洗喷枪

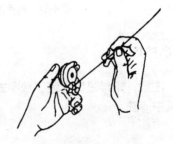

图8-56 通气帽的孔

小技巧

注意：决不能用铁丝或铁钉类的东西清理这些小孔，因为这些小孔都是精加工钻出的。应用喷枪刷和溶剂清洗喷嘴，并用泡过稀释剂的抹布将枪体外部擦干净，擦掉所有涂料的痕迹。

目前，一些维修厂开始使用喷枪自动清洗机，结合人工手洗来清洗喷枪，清洗效果非常好。将喷涂设备（包括喷枪、储料杯、搅拌器和滤网等）放到喷枪清洗机的大桶内，盖上桶盖，然后打开气动泵使清洗桶内的清洗液旋转。不用1min，该设备就能清洗干净各部件。

新型超声波清洗机效果更好。只要在机器内注入清洗液，将零件放入容器中，打开开关即可，并可以人工设定清洗时间，如图8-57所示。

图8-57　超声波机清洗喷枪

小技巧

注意，如果喷枪选装了数字式气压表，则不能放入超声波清洗机中清洗。

2　喷枪的润滑

图8-58　喷枪需要润滑的部位
1—扳机转轴；2—喷雾扇形控制钮；
3—涂料控制旋钮；4—空气阀

最好每天工作完后进行润滑喷枪，用轻机油润滑如图8-58所示的各部件。由于正常的磨损和老化，密封圈、弹簧、针阀和喷嘴必须定期更换。更换应按生产厂家的说明进行。由于机油过量就会流入涂料和机油通道，造成喷涂缺陷，因此润滑时必须非常小心，机油和涂料混合后就会降低喷涂质量。

第八章 底漆的喷涂

小技巧

◆不要把整把喷枪长时间泡在清洗液中，这样会使密封圈硬化，并破坏润滑效果。

◆为了获得最佳的修补效果，在不同的涂层和情况下要使用不同的喷枪。建议每人配四把喷枪，一把用于底漆、中涂层喷涂，一把用于面漆、清漆层喷涂，一把用于银粉漆喷涂，还有一把小修补喷枪用于点修补。如果这些喷枪保持良好的清洗和工作顺序，就会节省大量的换枪时的调整和清洗时间。

3 气流分配环的更换

对于HVLP类喷枪，其装配的橡胶气流分配环需定期更换。其更换步骤如下。

（1）拆下喷嘴套装件 如图8-59所示，旋开涂料流量控制钮，取下弹簧和枪针，取下空气帽，用专用扳手取下喷嘴。

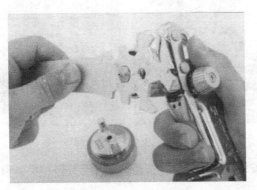

图8-59 拆下喷嘴套装件

（2）取出气流分配环 如图8-60所示，用专用工具、小旋具等工具，把工具用力推进气流分配环上的两个圆孔。使用专用工具用力拉出气流分配环，并把枪体气流室内的污垢清洁干净。

 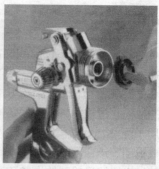

图8-60 取出气流分配环

(3) 安装新的气流分配环 如图8-61所示,将新的气流分配环蓝色箭头所指的塑料定位脚对准红色箭头所指的枪体定位孔,然后推进气流分配环,装上喷嘴并轻轻旋紧,再把喷嘴旋出,检查气流分配环是否已经贴紧枪体各部位。

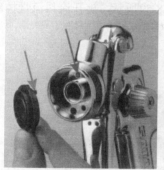 

图8-61 安装新气流分配圤

(4) 安装喷嘴套装件 按与拆卸叶套装件相反的顺序安装喷嘴套装件。

4 喷枪常见故障的诊断与排除

如果对喷枪维护、清洁、使用不正确,喷枪本身会产生许多问题。空气喷枪容易发生故障的部位如图8-62所示,喷枪常见故障的原因及处理办法如表8-11所示。

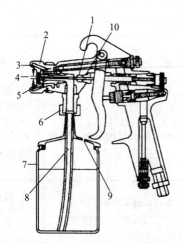

图8-62 空气喷枪容易发生故障的部位

1—针阀;2—空气帽;3—侧孔;4—中心孔;5—喷嘴;6—储料杯安装螺母;
7—储料杯;8—涂料管;9—储料杯盖进气口;10—针阀套螺母

表8-11 喷枪常见故障诊断

故障	可能的原因	建议采取的措施
喷涂过厚或底部过厚	① 喷气角部分堵塞(外部混合物) ② 涂料喷嘴堵塞、损坏或安装不正确 ③ 空气帽座或涂料喷嘴座有脏东西	① 拆下空气帽清洗干净 ② 清洗、更换或重新安装喷气嘴 ③ 拆下来清洗干净
喷涂图案向左偏或向右偏	① 空气帽发脏或量孔部分堵塞 ② 空气帽损坏 ③ 喷嘴堵塞或损坏 ④ 喷雾形状控制旋钮调节的太低	① 要判断故障原因,可将空气帽旋转180°进行喷涂测试,如果喷涂图案仍向原来的方向偏,则问题出在涂料喷嘴上;如果喷涂图案和原来正相反,则问题出在空气帽上。相应的清洗空气帽、量孔以及涂料喷嘴 ② 更换空气帽 ③ 清洗或更换喷嘴 ④ 调节设置

续表

故障	可能的原因	建议采取的措施
喷涂图案的中心过厚	① 雾化压力过低 ② 涂料的黏稠度过大 ③ 涂料压力相对空气帽通过能力过大（压力供料式） ④ 喷嘴的口径由于磨损而增大 ⑤ 中心量孔过大	① 增加压力 ② 使用适当的稀释剂稀释 ③ 降低涂料压力 ④ 更换喷嘴 ⑤ 更换空气帽和喷嘴
喷涂图案分散	① 涂料不够 ② 空气帽或涂料喷嘴发脏 ③ 空气压力过高 ④ 涂料黏稠度过小	① 降低空气压力或增加涂料流动速度 ② 拆下来清洗干净 ③ 降低空气压力 ④ 加大涂料的黏稠度
针眼	① 喷枪距离工作表面太近 ② 涂料压力过大 ③ 涂料过重	① 喷枪应距工作表面 6～8in ② 降低压力 ③ 使用稀释剂稀释涂料
清漆涂层发红或发白	① 涂层吸潮 ② 清漆干燥过快	① 避免在潮湿和寒冷的气候进行喷涂 ② 在清漆中适当地加入阻干剂
橘皮（涂层表面看起来就像橘子的外皮）	① 雾化压力过高或过低 ② 喷枪距离工作表面过近或过远 ③ 涂料没有稀释 ④ 表面预处理不正确 ⑤ 喷枪移动过快 ⑥ 使用的空气帽不合适 ⑦ 多余的漆雾喷到已喷涂的表面 ⑧ 涂料没有完全溶解 ⑨ 涂层表面气流过强（合成涂料和清漆） ⑩ 湿度过低（合成涂料）	① 根据需要调节合适 ② 喷枪应距工作表面 6～8in ③ 进行正确的稀释操作 ④ 表面必须进行预处理 ⑤ 小心缓慢地移动喷枪 ⑥ 根据涂料和供料形式的不同选择合适的空气帽 ⑦ 正确安排喷涂操作的顺序 ⑧ 彻底混合涂料 ⑨ 消除涂层表面的气流 ⑩ 增加室内的湿度

续表

故障	可能的原因	建议采取的措施
过量的多余喷雾	① 雾化气压过高或涂料压力过低 ② 喷射经过喷涂部件的表面 ③ 空气帽或涂料喷嘴不合适 ④ 喷枪距离工作表面太远 ⑤ 涂料稀释得太过分	① 根据需要正确调整 ② 喷枪经过目标时松开扳机 ③ 确定并使用正确的组合 ④ 喷枪应距离工作表面 6～8in ⑤ 应适量使用稀释剂
无法控制喷雾锥形的大小	① 空气帽座已损坏 ② 空气帽座内进入过大的异物颗粒	① 检查损坏的情况，必要时更换 ② 确保空气帽座的表面干净
流挂或流失	① 空气帽和涂料喷嘴发脏 ② 喷枪距离工作表面太近 ③ 行程的末端没有松开扳机 ④ 喷枪与工作表面的角度不对 ⑤ 涂料堆积过厚 ⑥ 涂料稀释得太过分 ⑦ 涂料的压力过大 ⑧ 喷枪移动太慢 ⑨ 雾化不正确	① 清洗空气帽和涂料喷嘴 ② 喷枪应距离工作表面 6～8in ③ 每一行程的末端都应该松开扳机 ④ 喷枪与工作表面应成直角 ⑤ 学会计算涂层湿润时的厚度 ⑥ 加入稀释剂时应仔细量好适当的使用量 ⑦ 调节涂料流量控制旋钮降低涂料的压力 ⑧ 提高喷枪通过工作表面的速度 ⑨ 检查空气和涂料的流量，清洗空气帽和涂料喷嘴
条纹	① 空气帽和/或涂料喷嘴发脏或损坏 ② 行程重叠不正确或不充分 ③ 喷枪通过工作表面太快 ④ 喷枪与工作表面的角度不正确 ⑤ 喷枪距离工作表面太远 ⑥ 空气压力过高 ⑦ 喷雾分散 ⑧ 喷雾形状与涂料流量控制旋钮的调节不正确	① 和处理流挂现象一样 ② 准确地沿着上一行程 ③ 小心缓慢地移动喷枪 ④ 和处理流挂现象一样 ⑤ 喷枪距离工作表面应为 6～8in ⑥ 必须降低空气压力 ⑦ 松开空气调节阀或更换空气帽和（或）涂料喷嘴 ⑧ 重新调节

续表

故障	可能的原因	建议采取的措施
喷枪的喷射持续呈脉冲状	① 连接和密封不严或不当 ② 供料管或涂料控制针阀套的连接处泄漏（虹吸供料式喷枪） ③ 储料杯内的涂料不足 ④ 储料杯倾斜成锐角 ⑤ 涂料通路堵塞 ⑥ 涂料过重（虹吸供料式） ⑦ 储料罐顶部的进气口堵塞（虹吸供料式） ⑧ 储料罐顶部的接头螺母发脏或损坏（虹吸供料式） ⑨ 供料管与压力储料罐或储料杯盖的连接不紧 ⑩ 筛网堵塞 ⑪ 密封螺母没拧紧 ⑫ 输料管没拧紧 ⑬ 喷嘴上O形圈磨损或发脏 ⑭ 从储料罐接出的输料管没拧紧 ⑮ 锁紧螺母垫圈安装不正确或锁紧螺母没拧紧	① 按使用说明拧紧或更换 ② 拧紧连接处；润滑针阀套 ③ 加满储料杯 ④ 如果必须倾斜储料杯，改变杯内输料管的位置，并保持储料杯的装满涂料 ⑤ 卸下涂料喷嘴，针阀和供料管清洗干净 ⑥ 稀释涂料 ⑦ 清理干净 ⑧ 清理或更换 ⑨ 将其拧紧，检查可疑部位 ⑩ 清洗筛网 ⑪ 确保将密封螺母上紧 ⑫ 按使用说明指示的转矩将输料管上紧 ⑬ 必要时，更换O形圈 ⑭ 拧紧 ⑮ 检查并正确安装，或拧紧螺母
涂料从储料罐出不来	① 储料罐内气压不足 ② 储料罐上的进气口被干燥的涂料堵塞住 ③ 储料罐盖的垫圈泄漏 ④ 喷枪在不同的储料罐之间不能通用 ⑤ 供料管堵塞 ⑥ 气压调节器的连接不正确	① 检查有无气不漏，调节气压以得到充分的气流 ② 这是常见的问题，定期清理进气口 ③ 更换新垫圈 ④ 按使用说明调整正确 ⑤ 清理干净 ⑥ 按使用说明调节正确
涂层缺乏液态材料	① 空气压力过高 ② 涂料稀释不正确（仅对虹吸供料式） ③ 喷枪距离工作表面太远或调节不当	① 降低气压 ② 将涂料稀释的要求的程度，使用合适的稀释剂 ③ 调节喷涂距离，清洗喷枪的涂料与喷雾形状控制阀

续表

故障	可能的原因	建议采取的措施
起斑点,涂层不均匀,成膜慢	① 涂料流量不足 ② 雾化气压过低(仅对虹吸供料式) ③ 喷枪移动过快	① 将涂料控制旋钮调至最紧 ② 增加空气压力,重新将喷枪调平衡 ③ 按适当的速度移动喷枪
得不到圆润的喷涂效果	喷雾形状控制旋钮回位不正确	清洗或更换
涂料喷嘴滴漏	① 针阀套发干 ② 针阀卡滞 ③ 锁紧螺母太紧 ④ MBC型喷枪的喷头调节不当会导致针阀堵塞	① 润滑针阀套 ② 润滑 ③ 调节 ④ 用小木棍或生皮鞭轻敲喷头的周围,并拧紧锁紧螺母
多余喷雾过量	① 雾化气压过大 ② 喷枪距离工作表面太远 ③ 喷枪移动不正确,如弧线运动或速度太快	① 降低气压 ② 调节距离 ③ 以合适的速度移动,并且注意与喷涂表面平行
涂层过度模糊	① 稀释剂过量或干燥太快 ② 雾化气压过大	① 重新混合 ② 降低
压力供料式喷枪不能工作	① 开展手柄或储料罐盖没有打开 ② 储料罐没有密封 ③ 涂料没有过滤 ④ 干燥的涂料黏附在储料罐顶部的螺纹上 ⑤ 储料罐垫圈或错位 ⑥ 没有空气供应 ⑦ 涂料过浓 ⑧ 筛网堵塞	① 调节手柄以得到喷涂所需的压力 ② 确保储料罐密封良好 ③ 工作前必须过滤干净 ④ 清洗螺纹并抹上油脂 ⑤ 检查清楚,必要时更换 ⑥ 检查气压调节器 ⑦ 使用合适的稀释剂进行稀释 ⑧ 清理或更换筛网
虹吸供料式喷枪不能工作	① 涂料过浓 ② 使用的喷嘴内部混合 ③ 涂料没有过滤 ④ 储料罐盖上的进气口堵塞 ⑤ 储料罐垫圈磨损或错位 ⑥ 筛网堵塞 ⑦ 涂料流量控制旋钮调节不当 ⑧ 没有空气供应	① 使用稀释剂进行稀释 ② 安装外部混合的喷嘴 ③ 工作前必须过滤干净 ④ 确保该口通畅 ⑤ 检查清楚,必要时更换 ⑥ 清洗或更换筛网 ⑦ 正确调节 ⑧ 检查调节器

续表

故障	可能的原因	建议采取的措施
松开扳机后,喷枪仍然喷射空气(对无泄放口的喷枪)	① 空气阀泄漏 ② 针阀卡滞 ③ 柱塞卡滞 ④ 锁紧螺母拧得太紧 ⑤ 控制阀弹簧错位	① 将阀拆下来,检查有无损坏并清洗干净,必要时更换 ② 清洗或疏通针阀 ③ 清洗柱塞,并检查O形环有无损坏,必要时更换 ④ 调节锁紧螺母 ⑤ 确保弹簧复位
储料罐的储料罐垫圈处有空气泄漏	储料罐的盖子没有密封	检查储料罐的垫圈,清洗螺纹,并盖紧储料罐
储料罐顶部的定位螺钉处有空气泄漏	① 螺钉没拧紧 ② 定位螺钉的螺纹损坏	① 清洗螺纹,并拧紧螺钉 ② 检查,必要时更换
储料罐的盖子和喷枪之间有空气泄漏	① 定位螺母没拧紧 ② 储料罐的垫圈或垫圈座损坏	① 拧紧螺母 ② 检查,必要时更换
储料罐盖顶部有空气泄漏	① 垫圈位置不对或有损坏 ② 翼形螺母没有拧紧 ③ 管接头泄漏 ④ 空气压力过高	① 放掉储料罐内的所有空气,使垫圈复位。重新拧紧翼形螺母,然后重新放进空气。罐盖应该拧紧 ② 确保拧紧所有的翼形螺母按上面①介绍的处理方法处理,可以使螺母拧得更紧 ③ 检查所有管接头,必要时使用密封胶布 ④ 最大气压不应超过60psi,正常气压的范围应为25~30psi
喷枪喷不出涂料	① 储料罐压力不足 ② 涂料用完 ③ 涂料通道堵塞	① 调节气压,直到有涂料喷出,但气压不应超过0psi ② 检查涂料供应 ③ 检查输料管、管接头和喷枪。清洗干净上述部件,确保没有残留涂料

第九章
腻子的施工

第一节 腻子的刮涂

一、腻子的刮涂入门

1 腻子的作用

如图9-1所示,腻子属于中间涂料的一种。对于非常平整的板件,喷完底漆后,即可进行面漆的涂装。但是,对于不够平整的表面,特别是经过钣金处理后的表面,由于凸凹较大,底漆很难将其填平。此时就应用刮涂腻子的方法来处理。

图9-1 腻子的作用

腻子学名为原子灰(严格地讲,原子灰与通常所指的腻子是有区别的),又称为聚合型腻子,是一种膏状或厚浆状的涂料,它容易干燥,干后坚硬,能耐砂磨。腻子一般使用刮具刮涂于底材的表面(也有使用大口径喷枪喷涂的浆状腻子,称为"喷涂腻子"),用来填平底材上的凹坑、缝隙、孔眼、焊疤、刮痕以及加工过程中所造成的物面缺陷等,使底材表面达到平整、匀顺,使面漆的丰满度和光泽度等能够充分地显现。

> **小提示**
>
> ◆腻子是一种加有添加剂的底层涂料,填充在表面缺陷部位,提高表面质量。
>
> ◆所谓填充就是把足够的填充材料堆积到一个表面上,当填充物干燥、收缩后,可以对多余的填充物进行打磨,从而减小整个表面的不平度,便于施涂面涂层。

为达到上述目的,要求腻子中要包含大量的固体成分,包括颜料等物质,涂抹在板件表面上后,能够快速固结,形成有一些厚度的涂层。

2 刮腻子常用工具

刮腻子又称打腻子,是一项手工作业。常用工具有调拌腻子盒(木制或金属制作)、托腻子板、腻子铲刀、腻子刮刀(又分牛角刮刀、橡胶刮刀、钢片刮刀)等,如图9-2所示。

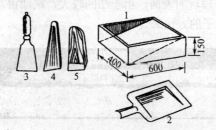

图9-2 刮腻子的常用工具
1—调拌腻子盒;2—钢制腻子板;3—腻子铲刀;4—牛角刮刀;5—橡胶刮刀

① 钢刮刀(也称腻子刮刀)。如图9-3所示,由木柄和刀板构成。木柄可用松木、桦木等制作,刀板用弹性较好的钢板制作。要

求刃口应平直。

图9-3 钢刮刀（腻子刮刀）

② 橡胶刮板。如图9-4所示，采用耐油、耐溶剂的橡胶板制成，外形尺寸和形状根据需要确定。新制的橡胶刮板用100#砂纸将刃口磨齐磨薄，不得有凸凹。

图9-4 橡胶刮板

小提示

◆ 橡胶刮板有很好的弹性，对于刮涂形状复杂面非常适用，尤其是圆角、沟槽等处特别适用。

◆ 还可根据工件形状将刃口做成相应形状。

③ 嵌刀。如图9-5所示，用普通钢制成，两端有刃口，一端为斜刃，另一端为平刃。也有用钳工手锯条磨出刃口缠上胶布即可。用于将腻子嵌入孔眼、缝隙或剔除转角、夹缝中的异物使用。

④ 腻子盒。如图9-6所示，采用1.0～1.5mm低碳钢板制成，用于调配腻子或盛装腻子用。

⑤ 腻子托板。如图9-7所示，用钢板或木板等制成，在刮腻时放少量腻子以方便施工，也可用较厚的大型钢刮刀代用。

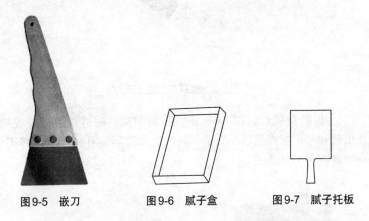

图9-5　嵌刀　　　　图9-6　腻子盒　　　　图9-7　腻子托板

二、刮腻子流程入门

常用的刮腻子（聚酯型）的流程如图9-8所示。

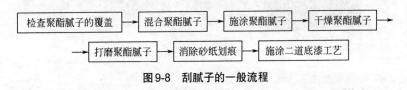

图9-8　刮腻子的一般流程

1　劳动保护

刮涂腻子时，应穿戴的劳动保护一般只需要普通工作服和棉手套即可。

2　安全注意事项

腻子在固化中会产生热。如果遗留在混合板上的腻子在腻子施涂工作以后立即放在垃圾筒里，腻子产生的热可能引燃易燃物品。

小技巧

一定要确认腻子已经凉透了,才能将之弃置。

3 刮腻子前金属表面的处理

① 清除掉受损伤或老化的旧涂膜,修整好与保留旧涂膜的边缘交接部位之后,对于需刮涂腻子的表面,必须用压缩空气彻底清除粉尘。

② 对于外露的金属表面,要用洗件汽油和溶剂进行脱脂处理。

③ 雨天和湿度高的季节,金属表面往往黏附有湿气,应该用红外线灯和热风加热器,提高金属表面温度,除去湿气。寒冷季节也可采用相同的办法处理,这既可以提高腻子的附着力,又可以避免面漆涂装后出现起层、开裂等质量事故,同时腻子层的干燥速度也随之而提高。

4 腻子的选择

① 要求与金属和旧涂膜的附着性能好。

② 要求耐热性,要能在120℃条件下,承受30min以上,也不产生起层、开裂、气泡等现象。

③ 刮腻子后要求30min左右就能进行打磨,腻子的刮涂和打磨作业性能好。

5 检查腻子的覆盖面积

为了确定需要准备多少腻子,需再次估计损坏的程度。但是,此时不能触及有关的区域,以防止在有关部位沾上油迹。

6 腻子的调和

(1) 取腻子

① 腻子通常装于铁制的罐内,固化剂装在软体的管子内,如图9-9所示。用专用工具撬开腻子盒盖,可使用长柄腻子刮刀或搅拌棒

之类工具将腻子充分搅拌均匀。

(a) 腻子（原子灰）　　　(b) 原子灰固化剂

图 9-9　腻子与固化剂的盛装

② 将适量的腻子基料放在混合板上，然后按规定的混合比添加一定量的固化剂。一般是以（100∶2）～（100∶3）的比例拌和。若固化剂过多，干燥后就会开裂；如果固化剂过少，就难以固化干燥。

小技巧

注意：一次不要取出太多的腻子调和，因为调和后的腻子会很快固化，如果还没刮涂到规定部位即固化，则调和的腻子便不能再用，造成浪费。

【2】拌和腻子（图 9-10）

① 用刮刀的尖端舀起固化剂，将其均匀散布在腻子基料的整个表面上。

② 抓住刮刀，轻轻提起其端头，再将它滑入腻子下面，然后将它向混合板的左侧提起。

③ 在刮刀舀起大约 1/3 腻子以后，利用刮刀右边为支点，将刮刀翻转。

④ 将刮刀基本上与混合板持平，并将它向下压。

> **小技巧**
>
> 一定要将刮刀在混合板上刮削，不要让腻子留在刮刀上。

⑤ 拿住刮刀，稍稍提起其端头，并且将上述中的在混合板上混合的腻子全部舀起。

⑥ 将腻子翻身，翻的方向与第③步中的操作相反。

⑦ 与第④步相同，将刮刀基本上与混合板持平，并将它向下压，从第②步开始重复。

⑧ 在进行第②步到第⑦步时，腻子往往向上朝混合板的顶部移动。在腻子延展至混合板的边缘时，舀起全部腻子，并且将它向混合板的底部翻转。重复执行第②步到第⑦步，直到腻子充分混合。

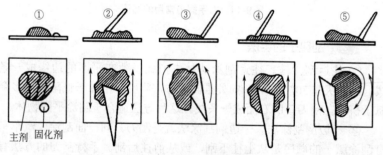

图 9-10　腻子的拌和法

7 刮腻子的方法

(1) 刮刀的握法　刮腻子时，以左手握腻子托板，右手拿刮刀。刮刀有以下几种握法。

① 直握法。如图 9-11 所示，直握时食指压紧刀板，拇指和另外四指握住刀柄。适用于小型钢刮刀。

② 横握法。如图 9-12 所示，横握时拇指和食指夹持住刮刀靠近刀柄的部分或中部，另外三指压在刀板上。

③ 其他握法。刮刀的其他握法如图 9-13 所示。对于右手握刀的人，图 9-14 所示是较常用的握法。

  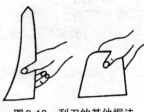

图9-11 刮刀的直握法　　图9-12 刮刀的横握法　　图9-13 刮刀的其他握法

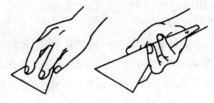

图9-14 右手握刀常用的握法

(2) 刮腻子的手法

① 往返刮涂法。往返刮涂法是先把腻子敷在平面的边缘成一条线,刮刀尖呈30°～40°向外推向前方,将腻子刮涂于低陷处,多余腻子挤压在刮刀口的右面成一条线。这种方法适合于刮涂平面物体。

② 一边倒刮涂法。一边倒刮涂法就是刮刀只向一面刮涂。汽车车身刮涂腻子的顺序是从上往下刮,或从前往后刮。手持刮刀的方法有两种:

小技巧

◆一种是用拇指与中指等握住刮刀,食指压在刮刀的一面,腻子打在托板上,刮刀将腻子刮涂于物面,即从上往下刮涂,依次进行,最后将多余腻子刮回到托板上。

◆另一种是用拇指与食指握刮刀,腻子黏附在刮刀口内面,从外向里刮涂,依次进行。这种方法适合于刮涂汽车翼子板、发动机罩等。

刮涂腻子时应将刮具轻度向下按压，并沿长轴方向运刮［图9-15（a）］。每次涂刮腻子的量要适度，避免造成蜂窝和针孔。对于区域性填补，应按图9-15（b）中所示的方向运刮。

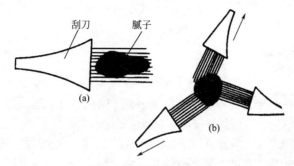

图9-15　刮具的运刮方向

【3】刮涂腻子的方式　刮涂腻子的方式有满刮和软硬交替刮两种，其中满刮又分填刮和靠刮；软硬交替刮又分"先上后刮"和"带上带刮"；另外还有"软上硬收""硬上硬收"和"软上软收"等。

① 填刮。目的是用较稠的腻子分若干次将构件表面凹陷填平，填刮时主要用硬刮具靠刀口上部有弹力的部位与手劲配合进行操作。

② 靠刮。所用的腻子稠度稍低，用于最后一两次的刮涂，并用于平滑的表面。刮涂时使硬刮具在刮口起主要作用而将腻子刮涂，使腻子刮得薄、刮得亮。

③ 先上后刮。先将腻子逐一填满或挂平，然后再用硬刮具将其收刮平整，适应较大面积的刮涂。

④ 带上带刮。边上腻子边将其收刮平整，适用于较小面积或形状较复杂部位的刮涂。

⑤ 软上硬收。先用软刀刮在垂直平面上刮挂腻子，然后再用硬刮具将腻子收刮平整，这样腻子不容易发生掉落现象。

⑥ 硬上硬收。上腻子和收腻子都用硬刮具以利于刮涂面平整，适合刮涂有平面又有曲面的构件。

⑦ 软上软收。上腻子和收腻子时均采用软刮具，以利于按构件表面的图形刮出圆势来，适合刮涂单纯曲面构件。

【4】**不同表面刮腻子的操作** 拌和结束后,用刮刀刮涂。腻子和复合油灰的刮涂要领是相同的,关键在于要仔细地刮出平面,同时尽量避免出现气孔。

① 平面局部修补腻子时,一般采用填刮的刮涂方法,如图9-16所示。

> **小技巧**
>
> ◆第一步,先将腻子往金属表面上薄薄地抹一层,刮刀上要加一定的力,以提高腻子与金属表面的附着力。
> ◆第二步,逐渐用腻子填满修补的凹坑,刮涂时刮刀的倾斜角度,随作业者的习惯而存差异,通常以35~45°为好。要注意腻子中不要混入空气,否则会产生气孔和开裂。
> ◆第三步,用刮刀轻轻刮平修补表面。
> ◆如果是曲面,第一和第二步可采用填刮,第三步应换用橡皮刮刀进行刮涂,以刮出正确的曲面形状。

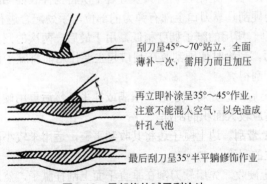

图9-16 局部修补腻子刮涂法

② 大面积刮腻子时,使用宽刮刀比较方便。比如车顶、发动机罩、后备厢盖、车门等,使用宽的刮板,可以提高刮涂速度。另外曲面刮涂,应使用橡胶刮刀。如图9-17和图9-18所示,根据被刮涂面的形状,使用弹性不同的刮刀,可以促使作业合理化。

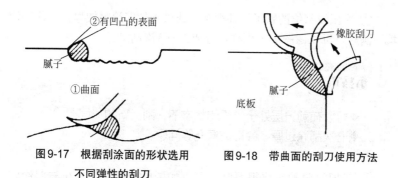

图9-17 根据刮涂面的形状选用不同弹性的刮刀

图9-18 带曲面的刮刀使用方法

③ 对于冲压形成按一定角度交接的两个面,若需在冲压线部位进行刮腻子修补,其方法如图9-19所示。

小技巧

◆ 沿交接线贴上胶带纸遮盖住一侧,刮好另一侧的腻子。
◆ 稍隔片刻待腻子干了,揭下胶带,再在已刮好的一侧贴上胶带纸遮盖,接着刮涂好余下的一侧。

如此进行,可很好地恢复冲压棱线的线形。

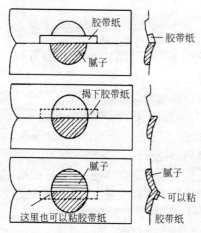

图9-19 冲压线部位的腻子修补

④ 冲压线部位的腻子修补严重,或原来的旧涂膜较厚,一次刮涂填不满时,可以像图9-20那样,分成2～3次刮涂。

小技巧

- ◆可以在前一层处于半干的状态下,刮上新的一层。
- ◆一次刮涂过厚,会形成气孔等问题。

⑤ 当旧涂膜油灰层很厚时,可以如图9-21所示,先在与旧涂膜的交接部位薄薄地涂上一层复合油灰,待其充分干燥之后,打磨表面,然后再填上腻子,这可以解决与旧涂膜附着不良问题。

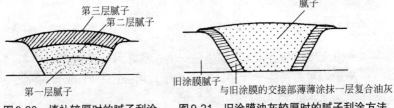

图9-20 填补较厚时的腻子刮涂　　图9-21 旧涂膜油灰较厚时的腻子刮涂方法

对于较大平面,可以按下述步骤进行腻子涂装。

小技巧

- ◆如图9-22(a)所示,涂施第一层腻子时,将腻子薄薄地施涂在整个表面上。
- ◆为了最大限度地减少在后续打磨工序中所需要的用力,施涂第二层腻子时,边缘不要厚。如果刮刀处于图9-22(b)所示的位置时,用食指向刮刀的顶部施力,以便在顶部涂一薄层。
- ◆在下一道施涂腻子时,如图9-22(c)所示,要与在第二层中覆盖的部分稍有重叠。为了在这一道开始时涂一薄层,要用一点力,将刮刀抵压在工件表面上,然后释放压力,同时滑动刮刀。此外,在施涂结束时,要向刮刀施一点力,以便涂一薄层。

◆重复第上步操作，如图9-22（d）所示，直到在整个表面上施涂的腻子达到要求。

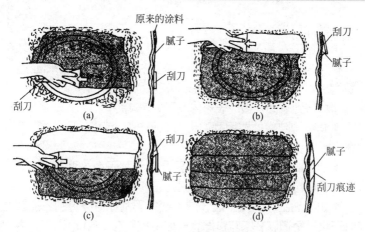

图9-22　平面施涂腻子步骤

向平面施涂腻子时，要注意以下事项。

小技巧

◆如果刮刀在各道施涂中，仅向一个方向移动，腻子高点的中心就有所移动。这种情况很难打磨，所以刮刀在最后一道中必须反向移动，以便将腻子高点移回中央。

◆腻子必须比原来的表面高。但是，最好只能略微高一点，因为如果太高了，在打磨过程中，就要花许多时间和力气来清除多余腻子。

◆腻子施涂在工件表面上的范围，必须以在磨缘过程中所留下的打磨划痕为限。如果没有打磨划痕，腻子就粘不牢，日后可能剥落。

◆施涂腻子要快，必须在混合以后大约3min以内施涂完。如果花费时间太长，腻子就可能在该道施涂完成前固化，影响施涂。

(5) 刮腻子时应注意的事项

> **小技巧**
>
> ◆刮涂前被涂装表面必须干透，以防产生气泡或龟裂，若被涂装表面过于光滑，可先用砂纸打磨，以使腻子与底面结合良好。
>
> ◆应在一两个来回中刮平，手法要快要稳，且不可来回拖拉。拖拉刮涂次数太多，腻子易于拖毛，表面不平不亮，还会将腻子里的涂料挤到表面，造成表干内不干，影响性能。
>
> ◆洞眼缝隙之处要用刮刀尖将腻子挤压填满，但一次不宜刮涂太多太厚，防止干不透。
>
> ◆刮涂时，四周的残余腻子要及时收刮干净，否则表面留下残余腻子块粒，干燥后会增加打磨的工作量。
>
> ◆如果需刮涂的腻子层较厚，要多层刮涂时，每刮一道都要充分干燥，每道腻子不宜过厚，一般要控制在0.5mm以下，否则容易收缩开裂或干不透。
>
> ◆自配的桐油厚漆石膏腻子不宜加水过多，加入的熟桐油不能过少，以防止腻子变粉，刮涂后易起泡和开裂脱落。
>
> ◆腻子刮涂工具用完后，要清洗干净再保存。刮刀口及平面应平整无缺口，以保障刮涂腻子的质量。
>
> ◆夏季天气炎热，温度较高，腻子容易干燥，成品腻子可用稀料盖在上面，自配的石膏腻子可用湿布或湿纸盖住。冬季放在暖处，以防结冻，用时可加些清漆和溶剂，但不宜久放。
>
> ◆腻子不能长期存放于敞口的容器中，以免黏合剂变质，溶剂挥发，造成粘挂不住，出现脱落或不易涂刮等问题。

第二节　腻子刮涂后的打磨与修整

腻子刮涂后，必须等其干燥后，进行全面打磨，以获得较为平滑的表面，为后续的喷涂二道浆和面漆奠定基础（打磨后的效果如图

9-23所示）。同时，腻子打磨后，可以发现腻子内部隐藏的缺陷，及时处理，以防为最终的面漆喷涂留下隐患。

一、腻子的干燥

新施涂的腻子会由于其自身的反应热而变热，从而加速固化反应。一般在施涂以后20~30min即可打磨。如果气温低或湿度高，腻子的内部反应速度降低，从而要较长的时间来使腻子固化。为了加快固化，可以用红外线灯或干燥机加热。

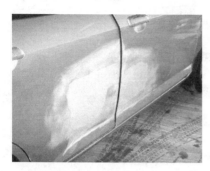

图9-23　打磨后的效果

小技巧

◆在使用红外线灯或干燥机来加热和干燥腻子时，一定要使腻子的表面温度控制在50℃以下，以防止腻子分离或龟裂。

◆如果表面热得不能触摸，则说明温度太高了。

涂层薄的地方的温度，往往比涂层厚的地方低。这种较低的温度会缓慢涂层薄的地方的固化反应。因此，一定要检查涂层薄的部分，以确保腻子的固化状况。

二、腻子的打磨

1　使用腻子锉刀粗锉削

腻子的粗锉削，要用专用的腻子锉刀进行（图9-24）。腻子层刮涂厚度一般都超过实际需要，所以应该先用锉刀初步锉削打磨后，再使用打磨机进一步打磨，以提高作业效率。

腻子锉刀有圆锉、半圆锉和平锉等多种，可根据腻子层和车身曲面的状态分别使用。锉刀使用的材料是经特殊淬火处理的钢。锉刀刃呈网状排列，通常是装上柄使用。但当用于锉削腻子时，将柄去掉似乎更为方便。

锉削时的施力方向,一种是往回拉,一种是向前推,可根据自己的喜好来选择。

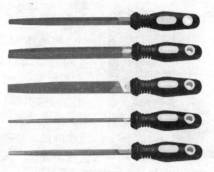

图9-24　腻子锉刀的种类

小技巧

◆半圆锉最适宜腻子的锉削,因为呈半圆状,锉刀口不易弯曲,容易形成平面。使用时倾斜30°~40°,这样锉削面比较大,锉削起来也不吃力,但不足之处是锉削痕较深。

◆平口锉只是为了修整半圆锉锉削后的平面,锉刀易弯曲,用力过大就会折断。优点是锉削痕不会变深,因此用于曲面锉削也比较方便。

◆圆锉刀主要用于半圆锉和平锉无法使用的部位,比如内凹的曲面和孔状部位等。

① 用半圆锉锉削。

小技巧

◆锉削中要注意不能施力过大,否则会在表面留下深深的锉痕。

◆另外锉削方向始终要保持平行，既可全部沿前后方向，也可倾斜或沿上下方向，总之要锉削出平整的表面。

② 用平锉进行第二次锉削，以消除半圆锉锉痕。如果最初腻子表面比较平整，可以开始就用平锉。

小技巧

◆如果腻子过于干燥，锉起来就很困难，应在刮腻子后 7~10min 内进行锉削作业，超过 20min，腻子就变硬了，应争取在这段时间内完成锉削作业。

◆如果锉削下来的腻子呈较长的粗线状，说明腻子质量好，锉削的时机也掌握得较适宜。

2 用砂纸打磨

在汽车涂装施工过程中，打磨操作通常采用手工打磨和机械打磨两种方式。手工打磨又分为手工干磨法和手工湿磨法两种。

小技巧

◆干磨法在打磨操作过程中粉尘飞扬严重，如果采用干磨法，需要有抽风措施，操作者需戴防尘呼吸保护器或防尘口罩、手套、风帽、穿工装等。

◆手工湿磨法也称水磨法，操作时无粉尘飞扬，生产效率高，打磨质量好，但水磨后的涂层上有水分，需经烘干后方可进行下道工序施工，故生产周期长。

① 打磨机打磨平面。腻子表面锉削完毕后，再用"直行式"或"往复式"气动打磨机进一步打磨，所用砂纸粒度一般为 $60^\#$。当腻子打磨性能差时，可先用 $40^\#$ 砂纸打磨，然后依次更换 $60^\#$ 和 $100^\#$ 砂纸打磨。

小技巧

◆打磨的要领是,将打磨机轻压在腻子层表面,左右轻轻移动打磨机,切忌使劲重压。

◆如果填补面积很宽,而且填补的是复合油灰,可以免去锉刀锉削工序,直接用打磨机打磨。这种情况下,应使用60#的砂纸。

小技巧

◆打磨时应注意,打磨头的工作面应保持与腻子表面平行,如图9-25所示。

◆打磨时不能施力过大,应将打磨机轻轻压住,靠旋转力进行打磨。若施力过大,就不能形成平整表面。

· 打磨机必须与涂膜表面相平行
· 不用过于加力

图9-25 打磨机的使用方法

打磨机的移动方向如图9-26所示。

小技巧

◆先沿①所示方向左右运动。

◆随后沿② 和③斜向运动。

◆然后沿④ 上下运动,这样可以基本消除变形。

◆如果最后再沿①左右运动一次,消除变形效果更好。

◆这之后,再换用80#~100#砂纸,重复上述作业。

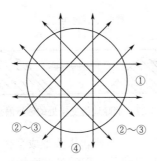

图9-26　打磨机的移动方法

② 使用手工打磨板和橡胶模块，由手工打磨修整，彻底清除细小的凹凸不平。手工打磨所用砂纸粒度为150#～180#。气动打磨机不可能完全消除变形，因而手工修整是必不可少的环节。

小技巧

◆复合型腻子层在进行湿打磨时，要使用180#耐水砂纸。
◆为形成完整的平面，一定要使用木制靠模块和橡胶制靠模块。

③ 使用双动式打磨机或小型往复式打磨机打磨修补腻子的边缘交接处及其周围的旧涂膜，如图9-27所示。砂纸粒度采用240#。如果是复合油灰进行湿打磨，可以用320#～400#砂纸以消除打磨痕。使用小型往复式打磨机的目的是能够单手操作，从而能运用手工打磨的要领进行作业，这对于消除打磨痕是很方便的。

小技巧

◆当修补面积不太宽时，使用磨头面积较小的打磨机比较方便。
◆尤其是小伤痕的修补，如果磨头面积过大，反而会在旧涂膜上留下划痕，导致不良效果。

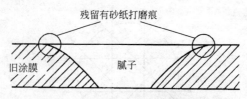

图9-27 消除边缘交接处的砂纸磨痕

④ 手工打磨修整。使用打磨机大致形成平整表面之后,必须进行手工打磨修整。手工打磨修整使用手工打磨板较为方便,其大小应与打磨作业面积相适宜。手工打磨板的移动方法和使用打磨机相同。另外,若能巧妙地使用木制靠模块和橡胶靠模块,可以很快修正变形。

三、腻子的修整

腻子打磨完成后,要检查腻子表面,若发现有气孔和小的伤痕,应马上修补。

1 填眼灰的施涂

① 搅拌填眼灰。填眼灰的盛装有两种形式:一种是盛装于软体金属或胶管内;另一种是盛装于金属罐内。

小技巧

◆对于盛装于软体金属或胶管内的填眼灰,搅拌时,用手反复捏揉管体即可。

◆对于盛装于金属罐内的填眼灰,可用专用工具打开盖后,用搅拌棒充分搅拌。

② 取填眼灰。用腻子刮刀取少量填眼灰,置于腻子托板上,也可以置于另一个刮刀刀片上。由于填眼灰一般不需要添加固化剂,取出后即可使用(有的填眼灰需按比例加入稀释剂混合后才能使用),而且其固化时间很短,用量也少,所以应少取,并且应在尽量短的时间内用完。

③ 施涂。气孔和伤痕的修补如图9-28所示，用小的腻子刮刀，以刀尖部取很少量的填眼灰，对准气孔及划痕部位，用力将填眼灰压入气孔或划痕内，必要时可填补多次。

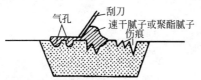

图9-28　气孔和伤痕的修补

2　填眼灰的干燥

一般填眼灰施涂后，在自然条件下5～10min即可完全干燥，无需烘烤。

3　填眼灰的打磨

填眼灰施涂后，会破坏原来打磨平整的腻子表面，另外，填眼灰的性能不如腻子，所以必须将多余的填眼灰完全打磨掉。

小技巧

◆干打磨采用粒度为150#～180#砂纸。
◆若湿打磨采用240#～320#砂纸。
◆打磨时要配合磨块，直到孔和划痕外的填眼灰完全被打磨掉为止。

第十章
二道浆的施工

第一节 二道浆的喷涂

一、二道浆的功用

对腻子层表面的气孔进行油灰填平后,由于油灰干燥后的收缩,会在表面留下凸凹不平点,如图10-1所示。尽管经过手工精打磨操作,但也不能满足喷涂面漆的需要。另外,腻子表面打磨后,仍会留下细小的划痕,也不适合直接喷涂面漆。此时一般需要喷涂二道浆。

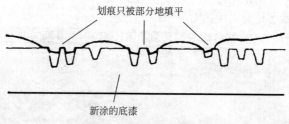

图10-1 油灰收缩时的情形

二道浆的主要作用:一是填补平整表面;二是防锈保护;三是覆盖作用。

二、喷涂二道浆前的准备工作

先用压缩空气清除表面粉尘。若进行过湿打磨，应做去湿处理，使被喷涂表面干燥。粉尘清除干净后，再用脱脂剂做脱脂处理。

> **小技巧**
>
> ◆对于不需喷涂的部位，可按图10-2所示的方式覆盖，重点应注意喷涂时可能产生飞溅的部位。另外腻子填补区的四周，要用320#～400#砂纸打磨旧涂膜，以提高二道浆层的黏着力。
>
> ◆湿度高的季节和雨天，即使底层未做湿打磨，亦应注意做去湿处理。

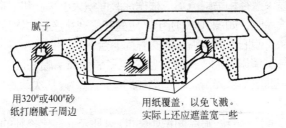

图10-2 喷涂二道浆前的遮盖与打磨

三、二道浆的喷涂

二道浆涂料种类的不同，其作业方式有一定差异。下面介绍常用的二道浆的喷涂操作方法。

1 硝基类和丙烯酸类二道浆（1K漆）

喷枪口径一般在1.3～1.8mm，采用上吸式和重力式都可以。

二道浆涂料装入喷枪罐之前，必须先充分搅拌。因为涂料中所含颜料沉淀于涂料容器底部，必须通过搅拌，使其均匀分布于涂料中才能使用。使用电动搅拌器搅拌涂料比较省事。

将搅拌好的二道浆涂料装入喷枪罐，再用厂家指定的稀释剂稀释到适合的黏度。一般的二道浆都可采用上等的硝基类用稀释剂，但丙烯酸类二道浆必须使用专用的稀释剂。加入稀释剂时，要用搅拌棍边搅边加。

二道浆的喷涂黏度随厂家而异。采用4号福特杯时，硝基类二道浆16～20s，丙烯酸类二道浆13～15s为宜，丙烯酸类黏度不宜过高。

小技巧

◆喷涂之前，应再度确认被涂装表面是否清洁，喷涂气压力以247kPa为宜，喷枪距离为15～25cm。

◆喷枪的移动应保持与涂装面相垂直，喷枪距离以20～25mm为最佳。过近则易引起垂挂，过远则喷涂后表面显得粗糙。

◆喷束直径和喷射流量应根据涂装面积大小来调整。

◆喷涂时，如图10-3所示，应先在修理补涂膜边缘接交部位薄薄喷涂，使旧涂膜与腻子的交界面溶合。

◆待其稍干之后，接着给整个腻子表面薄薄喷一层，喷涂后形成的表面应平整光滑，取适当的时间间隔，分几次薄薄地喷涂。一般要喷3～4次。

◆二道浆涂料的喷涂面积如图10-4所示，应比修补的腻子面积宽，而且要达到一定程度。喷第二遍比第一遍宽，第三遍比第二遍宽，逐渐加大喷涂面积。

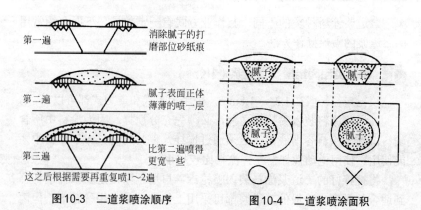

图10-3　二道浆喷涂顺序　　　　图10-4　二道浆喷涂面积

如图10-5所示，相邻的几小块油灰修补块，可先分别预喷两遍，然后再整体喷涂2～3次，连成一大块，这样处理，可以取得良好的效果。这种场合也不宜一次喷得过厚，而且应取适当的时间间隔，分几次喷涂。

小技巧

◆当旧涂膜是改性丙烯酸硝基漆等易溶性涂料时，对黏度和喷涂时间间隔应十分注意。

◆若采用硝基类二道浆涂料，黏度应取18～20s，要反复薄薄地喷涂，以免喷涂后表面显得粗糙。如果用丙烯酸类二道浆，黏度可取14～15s。

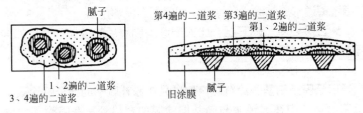

图10-5　相邻油灰修补块的二道浆喷涂

2　聚氨酯类二道浆

小技巧

◆在调制涂料之前，应先将主剂搅拌均匀，然后将主剂加入调漆罐中，再按规定加入专用固化剂，应使用计量工具按正确的比例调配。

◆不同的厂家配制比例有差异，注意不要弄混。

放主剂和固化剂的容器，使用之后一定要盖严实。若打开盖子敞放，就会与空气中的水发生反应，最终不能使用。

小技巧

◆主剂和固化剂混合后,用搅拌棒充分搅拌均匀,再加入聚氨酯二道浆专用稀释剂,调至适宜于喷涂的黏度,一般为16~18s。

◆随厂家不同有所差异,应注意使用说明书要求。

将调制好的聚氨酯二道浆用滤网过滤,加入喷枪罐,所用喷枪若是重力式,喷孔直径为1~3mm,若是上吸式则为1.5~1.8mm。

小技巧

◆聚氨酯二道浆的喷涂方法与硝基类二道浆一样,但聚氨酯二道浆每道形成的涂膜较厚,一般喷两遍就够了。

◆若需更厚可喷三遍,比如旧涂膜剥离后的金属表面,如果直接喷涂二道浆,就需喷涂3次。

当旧涂膜是硝基类涂料时,如果只在修补腻子的部分喷涂聚氨酯二道浆的话,则在二道浆与硝基旧涂膜的交界处,在喷涂了面漆之后,往往会起皱。为防止这一点,应在整块板上全部喷涂聚氨酯二道浆。如图10-6所示,旧涂膜为硝基漆时应整体喷涂二道浆,先在补腻子处薄薄地喷一层,然后整体喷涂两遍。

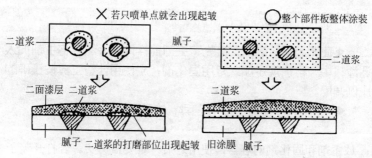

图10-6 旧涂膜为硝基漆时应整体喷涂二道浆

四、二道浆喷涂注意事项

1 聚氨酯二道浆涂料使用注意事项

小技巧

◆当面漆采用聚氨酯涂料时，二道浆也应采用聚氨酯类。
◆如图10-7所示，当面漆采用聚氨酯而二道浆采用硝基涂料时，涂膜形成就会不完全，引起起泡和开裂。
◆以双组分丙烯酸聚氨酯硝基漆作为面漆时，也以聚氨酯类二道浆为好。

下列场合尤其应用聚氨酯二道浆。首先是全涂装（尤其是静电涂装），除此之外，车顶和后备厢等大面积涂装，旧涂膜为硝基漆的涂装等。

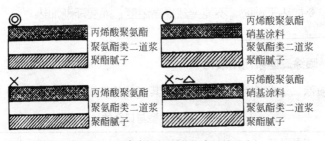

图10-7 面漆涂料与二道浆涂料的组合

2 二道浆一次不能喷涂太厚

分几次喷涂表面看起来更花时间，实际上，喷涂二道涂料时，边喷边用吹风机加快溶剂的挥发，比一次厚厚地喷涂干燥速度快，作业效率也高。其原因：若涂膜厚，溶剂会滞留在涂膜内难以挥发。如前所述，溶剂的挥发速度，与膜厚的二次方成反比。比如将分三次涂装的膜厚一次喷涂，则挥发速度反而大大减慢，则打磨和修补无法进行，最终结果是作业速度下降。

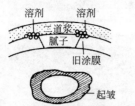

溶剂浸蚀旧涂膜，而腻子部位已经硬化，故在腻子边缘出现起皱

图10-8　腻子边缘起皱的原因

如果一次喷涂过厚，使溶剂残留在涂膜内难以挥发，如图10-8所示，腻子边缘的旧涂膜会被浸润膨胀，在喷涂了面漆之后就会起皱，所以二道浆涂料切忌一次喷涂过厚。就是所谓厚涂型二道浆，也并不是指一次喷涂就很厚，而是分几次喷涂，最终形成的二道浆涂层较厚。

3　寒冷季节和雨天喷涂二道浆的注意事项

小技巧

◆当气温低和湿度大的时候，应采用红外线灯管或热风加热器，将涂装面加热到人的体温温度，以除去湿气。

◆喷涂的二道浆黏度取18～20s为宜，其他做法基本不变。

◆加热干燥时，不能突然提高温度，而要渐渐加热。

4　喷涂二道浆所用喷枪

喷涂二道浆涂料时喷枪类型及其口径的选用，可参考表10-1。

表10-1　喷枪类型与口径的选用

喷枪类型	口径/mm	二道浆种类
重力式	1.2～1.3	丙烯酸二道浆
	1.5	聚氨酯二道浆 硝基二道浆
上吸式	1.5	丙烯酸二道浆 聚氨酯二道浆
	1.8	硝基二道浆 聚氨酯二道浆
压送式	1.2～1.5	硝基二道浆

第二节　二道浆的干燥与修整

一、二道浆的干燥

二道浆涂层在打磨前一定要充分干燥，各类二道浆涂料的平均干燥时间归纳于表10-2，供使用参考。

表10-2　二道浆涂料平均干燥时间

二道浆涂料种类	自然干燥（20℃）	强制干燥（60℃）
硝基类	30min 以上	10～15min
聚氨酯	6h 以上	20～30min
合成树脂	3h 以上	20min 以上

如果干燥不充分，不仅打磨时涂料会填满砂纸，使作业难以进行，而且喷涂面漆之后，往往出现涂膜缺陷。

小提示

气温寒冷的冬天，需采用红外线灯和热风加热器进行强制干燥。

这不仅能加速干燥，提高作业效率，还能提高涂膜质量。

小技巧

◆不能骤然提高温度，应逐渐加热到60℃左右。
◆如果旧涂膜有起皱现象时，加热到50℃左右。

二、二道浆涂层的修整

二道浆涂层的修整就是刮填眼灰，也称填麻眼、找毛病或找麻眼等。麻眼灰也叫填眼灰、精细灰、快干灰、毛病灰等，主要用于面漆前的涂层表面上的麻眼、针孔、砂痕等小毛病（小缺陷）的填平、刮平，所以操作时较省力、省料、省工。刮麻眼灰是一种非常细致的工作，麻眼灰刮涂的好坏，直接影响面漆的外观质量，因此一定要将麻眼灰刮好，以确保面漆涂后的外观质量。

小技巧

◆修补工作用木刮刀或塑料刮刀薄薄地刮涂，如图10-9所示，切忌一次填得过厚。

◆若一次填不满，间隔5min左右再填。

汽车的档次不同，质量要求也不同，如普通汽车、中档汽车、高档（豪华）汽车等，故在刮涂麻眼灰时的要求也不同。与其相对应的刮涂法是普通汽车麻眼刮涂法、中档汽车麻眼刮涂法、高档豪华汽车麻眼刮涂法，现分别介绍如下。

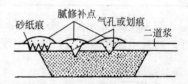

图10-9 用麻眼灰修补缺陷二道浆表面缺陷

1 普通汽车麻眼灰刮涂法

普通汽车如一般的货车、客车、公交车等，它们的麻眼刮涂是在面漆前的涂层，如中涂漆或第一道面漆干燥水磨后进行的一次细致的找麻眼，以此将水磨后漆膜表面上的小麻坑、粗砂痕、橘纹坑等小毛病找净刮平，使表面达到质量要求的平度，为喷面漆做好准备，打好基础。

（1）**普通汽车** 在普通汽车刮找麻眼的实际涂装操作中，漆工们喜欢在中涂漆喷好且干燥后进行一次全面找、刮麻眼灰，待找净刮光后，同中涂漆一起进行水磨，水磨合格后，洗净磨污并擦干水迹，待彻底晾干水分后，将局部（主要饰面）表面再找一次麻眼，即用快干的麻眼灰将表面上的砂纹、针孔等麻眼毛病顺光线找净刮光。

> **小技巧**
>
> ◆刮麻眼灰，顺麻眼部位快速涂刮1～2个来回，不能来回涂刮次数过多，因为麻眼灰多为硝基类快干腻子，在一个地方来回刮涂次数过多，易产生腻子疤。
> ◆每处的麻眼刮平填实后，应随手立即收净四周的残渣，以防干燥结疤，且刮刀面应始终保持清洁。
> ◆在刮涂中灰面出现干结时，可用香蕉水将其溶解并充分调和均匀，以防干皮混入灰中形成疙瘩，影响刮涂质量。

(2) 货车　在给货车驾驶室表面的麻眼刮灰时，要把其主要饰面（车门的外部、前风挡的下部、车门的后部及上顶的四周部位）顺光线反复将麻眼找刮干净，并把其他部位的表面明显的麻眼找光刮净即可。

(3) 普通客车　在给普通客车刮涂麻眼灰时，应把客车的前围面、车门外部、两侧大板面与后围的两角面作为重点，其他部位如车顶两侧的瓦棱铁（即两侧扁窗的上部）部位与两侧舱门面等，只要把明显的毛病找净刮平刮光即可。

2　中档汽车麻眼刮涂法

常见的中档汽车有普中轿车、中高档客车、进口货车等。对中档汽车车身上的麻眼常分2～3次来刮涂，才能把各种麻眼找净刮平。待中涂漆干燥后，先全面将漆膜表面的针孔、麻点坑、砂痕等毛病依次顺光线找净刮平，收净残渣，干燥1～2h后，全面水磨平滑并擦干水分，待彻底晾干水分后，再进行第二次找麻眼。

> **小技巧**
>
> 第二次找麻眼时，因表面光滑而有些细小麻眼不易看出，故应边刮麻眼边用手拭检查物面，遇有挡手感的细小毛病时，要随即刮平刮净。

各车的主要饰面部位,要再进行一次麻眼部位的局部细水磨,待合格后,擦干水迹、晾干水分后,再进行第三次找麻眼。其重点放在各车的主要饰面部位,要顺光线反复将各种细小毛病找净刮平,不得有遗漏现象。

> **小技巧**
>
> 对找刮轿车表面上的麻眼,每面要从左到右,从上到下,反复顺光线仔细找刮,直到找净刮平为止。

3 高档豪华汽车麻眼刮涂法

高档豪华汽车包括高档轿车、高档豪华客车等。通常是在最末道面漆喷涂之前,进行3～4次或4～5次的麻眼找平,才能达到质量要求的平滑度。

对高档轿车中涂漆的涂装通常喷涂两道,每喷涂一道就要找两次麻眼(即中涂漆干后找一次麻眼,全面水磨后再找一次麻眼),喷两道就需要找平四次麻眼,这样,基层的平度才能基本达到质量要求,再经过一道面漆两次麻眼的找平,就完全达到要求的平度,这样就可喷涂末道面漆了。

对高档豪华客车的麻眼刮涂法,通常可分四次进行,也就是在中涂漆干后全面找刮一次,水磨后再细找刮一次。在第一道面漆后细找一次,水磨后再作一次更细致的全面找平即可。如涂金属漆(铝粉漆、珠光漆),可在灰色中涂漆干后找一次,水磨后再细找一次,而后待金属色漆喷好干后,找一次麻眼,水磨后再细找一次,再喷涂一次金属色浆,干燥后,即可用清漆罩光。

第三节 二道浆的打磨

一、二道浆的干打磨

若采用双动式打磨器进行打磨,所用砂纸粒度以240#～280#为宜。若采用往复式打磨机，砂纸粒度以280#～320#为宜。往复式打磨机打磨，比双动式速度慢，但操作比较简单。

不论使用哪种打磨机打磨，都不用太大的力压在涂膜上，只能稍用点力沿车身表面移动。用力过大，砂纸磨痕就会过深。

> **小技巧**
>
> 打磨时应注意不能只打磨喷涂了二道浆料的部位，旧涂层与二道浆的交界区域也应进行打磨。

用手工打磨板干打磨时，也应使用软磨头或橡胶块，砂纸粒度为280#～400#，均匀地横向打磨，如图10-10所示。

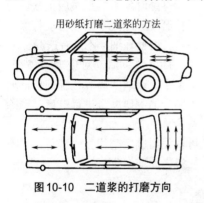

图10-10　二道浆的打磨方向

干打磨结束后，拆去遮盖，用吹风机进行清洁。也可用黏性抹布擦拭打磨表面。黏性抹布是粗棉布经某种不干的黏性清漆处理而成，最通常的尺寸为30cm×30cm。这种黏性抹布能有效地从金属、塑料、旧涂层表面清除掉尘埃、污垢、锈渣、打磨时产生的粉尘以及过喷流在表面的漆渣等。

> **小技巧**
>
> 在喷漆前用黏性抹布擦拭表面速度要快，力量要轻，否则就有可能将黏性抹布上的清漆遗留在待涂装表面，造成如缩孔、针孔以及附着力、耐介质性下降等。

二、二道浆的湿打磨

湿打磨一般采用320#～600#耐水砂纸。

小技巧

◆当面漆为金属闪光涂料时,可以用400#砂纸;如果面漆是硝基涂料时,要用600#砂纸,若用400#,涂膜表面往往会有砂纸磨痕。

◆当面漆为单色时,可以用320#砂纸,但如果是单色的硝基涂料,应用400#以上砂纸打磨。

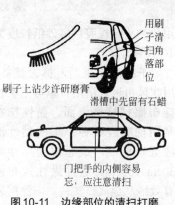

图10-11 边缘部位的清扫打磨

打磨方向见图10-10,按此方向打磨,砂纸磨痕和表面不平不易显现到涂膜表面。

打磨时使用的垫块应柔软。手工打磨时应避免手指接触被打磨表面。打磨要仔细,不能有遗漏。

打磨结束后,对玻璃滑槽缝、门把手、玻璃四周等边缘部位,要用刷子沾上研磨膏进行打磨,清除残余的污物,如图10-11所示。也可以使用脱脂剂代替研磨膏,但不能省去此项作业。

三、麻眼灰修补部位的打磨

对于用麻眼灰修补部位,二道浆层的表面打磨要特别注意。

小技巧

◆如图10-12所示,先以修补部位为中心,用320#～400#耐水砂纸,将凸出部分磨平,然后用400#或600#耐水砂纸将整个表面打磨平整。

◆干打磨时使用往复式打磨机,先用240#砂纸将凸起部位打磨平,随后用320#砂纸整体打磨。

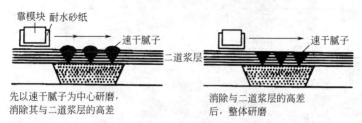

图10-12　麻眼灰修补部位的打磨

四、二道浆打磨的收尾工作

小技巧

◆若采用的是湿打磨，就要用清水冲洗干净打磨部位，然后用红外线灯泡和热风加热器等将表面除湿干燥。

◆若采用的是干打磨，应用吸尘器将打磨粉尘彻底清除干净。如果是局部补修涂装，周围的旧涂膜，要用粗颗粒的研磨膏进行研磨，以彻底清除污物和油分。

◆最后应仔细检查涂膜表面，不能遗漏未经打磨的部位，如果有遗遗失漏的部位，再用$400^{\#}$～$600^{\#}$砂纸打磨。

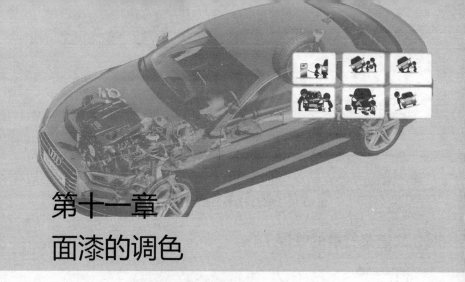

第十一章
面漆的调色

第一节 色卡调色

一、色卡调色工艺流程

色卡调色的工艺流程如图11-1所示。

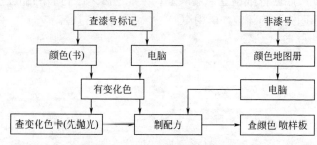

图11-1 色卡调色工艺流程

二、查找汽车涂层颜色资料

不同汽车车身上使用的涂层是不相同的,即使同一辆汽车,车身各部位的涂层也可能存在差异。为了使修补层能与原涂层完全一样,涂层性质和结构的确定就显得特别重要,这不仅涉及涂装工艺,而且也是选择涂料的依据。

对于部分车型,可以通过原厂提供的涂装资料,来确定涂料的品种、涂层层次关系,确定相配套的修补所需涂料及涂装工艺等;但对于部分车型尤其是大部分进口车型,由于品种复杂,车身涂层资料往往很难获得。

对于大部分车型,特别是进口车型,车身铭牌上都标有涂层的代码。涂层代码标明了该车车身及其某些部位的涂层代码。根据这一代号通过胶片、色卡或电脑资料即可找到涂层信息。所以通常在进行调漆之前,都要在车中找到所需颜色的编号。

各汽车公司生产的不同型号汽车,其油漆代码标志的位置也不相同。图11-2所示为美国福特公司和克莱斯勒公司生产车型的油漆代码

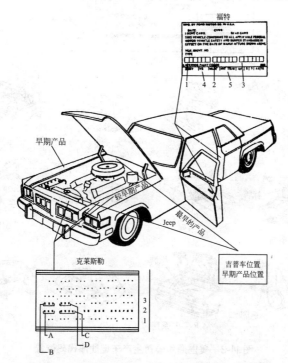

图11-2 福特和克莱斯勒公司生产车型油漆代码位置
1～3—车身外部涂层代码;4—车顶涂层代码;5—车垛涂层代码;
A—车身下部油漆代码;B—车身上部油漆代码;C—车内装饰代码;
D—车顶装饰代码

标志位置。图 11-3 所示为美国通用汽车公司生产车型油漆代码的标志位置。图 11-4 所示为欧洲各汽车公司生产车型油漆代码的标志位置。图 11-5 所示为日本汽车公司生产车型油漆代码标志的位置。

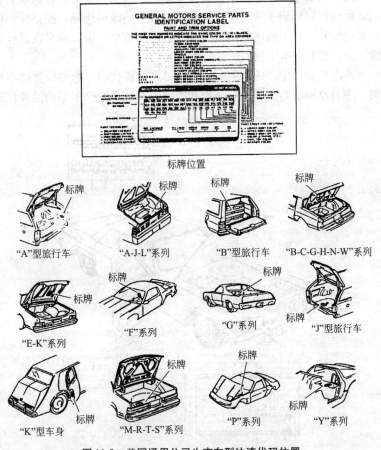

图 11-3　美国通用公司生产车型油漆代码位置

注:"G"型工具车在发动机盖下面。"M"型工具车、"C、K、S"型货车在仪表板上的小工具箱里。

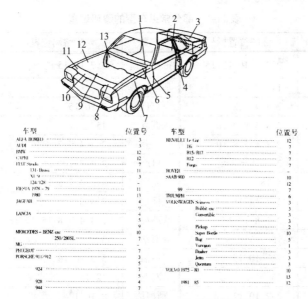

图11-4 欧洲各汽车公司生产车型油漆代码位置

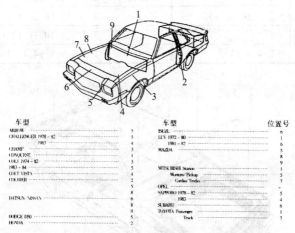

图11-5 日本各汽车公司生产车型油漆代码位置

各汽车公司生产的不同型号汽车,其油漆代码标志的位置也不相同。表11-1列出了部分常见车型的漆码位置,以供查阅方便。表中的漆码位置标号对应图11-6所示位置。

表 11-1 部分常见车型的漆码位置

车型	漆码位置标号	车型	漆码位置标号
奔驰	2 3 8 10 12 15	雷克萨斯	3 7 10 15
奥迪	14 17 18	马莎拉蒂	5
宝马	2 3 4 7 8	马自达	7 10 15
克莱斯勒	2 4 5 8 9 10	讴歌	15
雪铁龙	2 3 4 7 8 10	三菱	2 3 4 5 7 8 10 15
大宇	2	日产	2 4 7 10
法拉利	5 18	欧宝	2 3 4 7 8 10
菲亚特	4 5 14 18	标致	2 3 8
雷诺	3 7 8 10 15	欧洲福特	2 3 4 7 8 15 17 18
福特	15	劳斯莱斯	3 5
通用	2 7 10 15	萨伯	3 8 10 15 17
本田	15	双龙	12 15
现代	2 7 10 12	斯柯达	8 10 17
英菲尼迪	7 10	斯巴鲁	2 7 8 10 11 15
五十铃	2 7 10 16 15	铃木	7 10 11 18 20 13 14
依维柯	5	丰田	3 4 7 8 10 11 12 15 17
美洲豹	2 4 5 15	大众	1 2 3 7 8 14 17 18 19

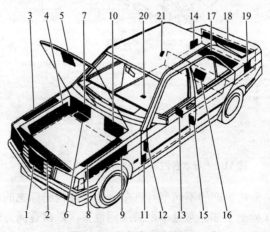

图 11-6 汽车漆码位置标号

三、有涂层颜色代码（原厂编号）时的调色

如果能够找到涂层颜色代码（原厂编号），则按下述程序进行调色。

1 查阅配方

① 找到汽车制造商色卡扇（图11-7）。
② 按所查得的油漆代码找到相应的色卡（或色卡组）。
③ 将车身某处（如车门立柱）用抛光蜡抛光。
④ 如图11-8所示，将所选的色卡与车身颜色相对比，找到最接近的色卡（从色卡组中）。
⑤ 在色卡的背面读取配方（图11-9）。

图11-7 色卡扇

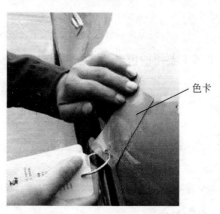

图11-8 色卡与车身颜色对比

一汽大众汽车

色号:LB5N		
车色:珠光靛蓝(偏浅红)		
车型:捷达/宝来		
色 母	1升单量	1升累积
35-M00	267.6	267.6
35-M1510	331.1	598.7
35-M351	172.1	770.8
35-M1910	61.0	831.8
35-M1540	45.9	877.7
35-M1920	33.3	911.0
35-M1120	9.8	920.8
35-M1010	1.0	921.8

页数11

图11-9 从色卡背面读取配方

参考色卡时需要注意:

> **小技巧**
>
> ◆所有色卡的配方在颜色调配时,试板都是用自动喷涂机喷涂的,喷涂的效果与手工喷涂的效果肯定不同。但由于手工喷涂的灵活性,有时可以通过施工者改变喷涂的方式,就能得到色卡所显示的颜色。
> ◆在比较色卡和车身颜色时要考虑到所有造成误差的因素,因为一个色卡与车身完全相符的情况发生的概率非常低。

> **小技巧**
>
> ◆调配素色漆时,选择色度和明度比车身颜色高的色卡,在这个色卡的配方基础上调色,因为素色漆很容易从鲜艳、明亮向灰暗方向调整。
> ◆调配金属(珍珠)漆时,找一个侧面稍暗的色卡或一个正面偏亮、侧视偏暗的色卡,在这个色卡的配方基础上调色,很容易通过加大控色剂或白色把颜色校正过来。

2 准备色母

根据选好的色卡和配方,准备需要用的色母。准备色母时需要确认以下几个方面。

① 色母已经搅拌均匀。
② 色母的数量足够。
③ 调配涂料的罐是干净的。
④ 搅拌尺已准备好。

3 计量添加色母

① 将电子秤预热并调校好(图11-10)。

② 最好是在秤座上垫上一张纸,将调漆杯放于纸上。

③ 将电子秤归零。

④ 按配方所列色母的顺序添加色母。

在调色过程中,应根据各种色漆的颜色,先确定出主色(基色或原色)、次色(间色)与补色,然后,按此顺序先放主色,后加次色,最后加补色。

在汽车涂装的现场调色过程中,汽车涂装施工人员往往将调色用量多的那种色漆称为主色,用量少的色漆称为次色,用量极少的称为补色。如调豆绿色,则是以白色漆为主色,黄色漆为次色,蓝色漆为补色。其调色顺序是先加白色漆,再加黄色漆,最后加蓝色漆。根据这种习惯顺序,可在每次涂装前调色时,先将用量大的色漆,加入调色容器中;然后逐次计算出其他色漆的用量,逐次调加至调出与标准色卡一致,或用户满意的颜色为止。

图 11-10 电子秤

小技巧

为确保调色顺序,避免一次性调量过多,或颜色过深,操作时可先将用量最多的某种色漆留出一部分,而后逐次加次色、补色。调加次色与补色时,要少而多次的调加,不能一次性加得过多,以防颜色过头(过深)。

在调色中,每次加色母后要充分搅拌均匀,并边加色母、边搅拌、边对照样板。若调配的颜色接近样板颜色,或用户要求的颜色时,应先喷涂或刷涂小样板,待样板上漆膜达到表干时,与标准样板对照,根据对照的色差情况,再确定是加主色、次色或补色,直到与标准样板颜色一致或用户指定的颜色为止。

小技巧

◆ 在添加色母时,最好首先倾斜漆罐,然后逐渐拉操纵杆,让色母慢慢倒出。

◆ 如果先拉操纵杆,那么当漆罐倾斜时,可能有大量色母立即倒出。

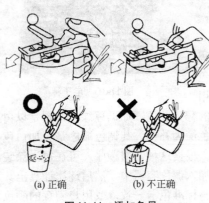

(a) 正确　　(b) 不正确

图 11-11　添加色母

为了在倾斜末尾进行精细调整,也必须小心操作操纵杆,以控制色母流量,如图 11-11 所示。虽然各种色母的质量因颜色而异,但是通常情况下,一滴色母的质量大约为 0.03g,三滴的质量在 0.1g 左右。根据这一情况,我们在添加用量较少的色母时一定要仔细称重。通过表 11-2,不难发现色母的添加误差对颜色的影响。

在添加完所有色母后,要用搅拌杆或比例尺混合涂料,以产生均匀的颜色。如果涂料粘到容器的内壁,要用搅拌杆刮下涂料,以防产生色差。

表 11-2　色母添加误差对颜色的影响

色母	配方	添加质量/g	误差/g	所占比例/%
M0	198.0	198.0	+0.1	0.050
M60	1230.1	1032.1	+0.1	0.009
A105	1275.6	45.5	+0.2	0.439
M26	1302.2	26.6	+0.1	0.380
M27	1306.7	1.5	+0.2	13.33

小技巧

注意：如果配方中各色母给出的质量值不是累加值，则每次添加一种色母后，应将电子秤归零。除了第一个添加的色母外，如果添加了过多的色母，则需要重新调配，否则应进行麻烦的配方计算。

计量添加色母时应注意以下几点。

小技巧

◆有把握时可以一次调够数量，没有把握时先根据配方调出小样。

◆对某个色母数量没有完全把握，可以先少加点，即采用"宁少勿多"的原则。

◆应该把电子秤放在稳定的桌面上，可以减少因为振动引起的误差。

◆尽力减少空气对流而影响电子秤的准确，例如风、人员走动、门窗开关等。

◆现在修补涂装用的电子秤精度都是0.1g，第二位的小数部分看不到，需要在心里估算。电子秤是不具备四舍五入的功能的，如0.17g，电子秤显示0.1 g，所以实际的质量一般比显示的质量大。因此，在理论上要准确调配一个配方，每个色母的最小加入量应该在0.5 g以上，当配方量放大到1L的配方时，颜色也是准确的。

◆注意使用累计质量和单独质量的区别。很多调漆人员习惯使用每次加完色母后电子秤不归零的方式。正如上面所讲那样，每次的误差不断积累起来后，后面所加的色母会偏少。如涂料的质量为8.19g，显示是8.1g，这时只要滴加一滴色母，电子秤立即显示8.2g。这种差量虽然不大，但在加入少量对颜色影响较大的色母时，误差就会很大。实际选择使用哪种称量方式要灵活掌握，重要的是要知道哪些误差会影响调色精度。

4 对比颜色

添加并搅拌均匀后的涂料,从色相、明度、彩度三方面与待调配的标准色板进行比对,以保证调配良好。

比对方法有比较法、点漆法、涂抹法和喷涂法。

> **小技巧**
>
> ◆比较法是用调漆棒与车身颜色直接比对。
> ◆点漆法是将漆点在车身上,待干燥后进行比对。
> ◆涂抹法是将涂料均匀涂布在车身上,待干燥后进行比对。
> ◆喷涂法是将漆喷涂在试板上,待干燥后与车身进行比对,如图11-12所示。

图11-12 用试样与车身颜色对比

前三种方法速度快,但不准确;喷涂法虽然速度较慢,但准确度高。

> **小技巧**
>
> ◆注意喷涂样板时,所选用的喷涂参数(喷涂气压、漆流量等)应严格按照涂料使用说明书的建议调整,以保证与正式喷涂时的参数一致。

◆在用试样板与车身颜色进行对比时，一定要认真仔细，并最好在自然光下进行。

维修厂施工中，由于考虑施工进度，往往在样板还没有干燥好就进行对比，由于样板上实际为湿色，而车身上为干色，以此对比的结果是不准确的。

小技巧

样板最好采用车身用铁板，某些喷漆师用硬纸片（扑克牌）做样板浸涂漆进行对比调色会有很大的误差。

检查试板颜色需要注意以下几点。

小技巧

◆在光线充足的地方，最好在室外不受日光灯、装饰物、树木的反射光影响的地方。
◆不要在阳光直射或光线不足时检查颜色。
◆当不得不在日光灯或烤房内检查颜色时，注意分辨色差和颜色异构之间的区别。
◆存在微小色差时，正确判断哪些是不得不微调的，哪些是可以利用喷涂方式解决的。
◆充分考虑周围的影响因素，如墙壁、车辆；还要考虑车身修补区域的影响因素，如遮盖膜、氧化、老化、失光等。
◆以第一次印象为准，盯视时间越长，越难以判断。

5 微调颜色

如果颜色的比对结果表明，所调颜色与汽车的颜色不一样，则必须鉴定出应添加哪一种色母，继而添加该色母以获得理想结果，这个过程就是"精细配色"或"人工微调"。这是一个比较和添加涂料的循环，此循环一而再、再而三的重复，直至获得理想的汽车颜色。

小技巧

◆将选择好的色母计量加入配色涂料，并用搅拌杆进行颜色比较，利用试杆施涂法，使新涂层重叠部分以前的涂层，这样可以显示出变化的程度，或者添加色母的效果。

◆如果还没有获得理想的颜色，再一点儿一点儿地添加选择的色母，然后进行试杆施涂和颜色比较。

◆在用该种色母进行的精细配色完成后，再找出涂料所缺的另一种颜色。

确定颜色调得多么接近，是一项困难而重要的决定。虽然涂料的颜色越接近汽车的颜色越好，但是在实践中有一个点，达到此点我们便可认为颜色已经够接近了，不会有问题了。最好用比色计，用数字表示颜色相差的程度，但是如果没有比色计，那么就必须靠我们的双眼，最好让尽可能多的人来帮助进行鉴定，做出结论。

小技巧

注意：在进行颜色微调时，所加的每一种色母及质量均应详细记录。当微调完成后，你便获得了一个新的配方。在正式喷涂需大量调漆时，按此配方调色即可。

四、没有涂层颜色代码（原厂编号）时的调色

如未能找到颜色原厂编号，可按下述程序进行。

① 选出有关的汽车制造商色卡盒（图11-13）。

② 选出合适的颜色色卡组（图11-14）。

③ 用颜色近似的色卡逐一与车身对照，选出最吻合的颜色（图11-15）。

第十一章　面漆的调色

图 11-13　选出汽车制造商色卡盒

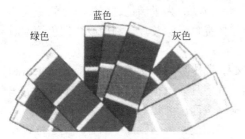

图 11-14　选出合适的颜色组别

图 11-15　对照车身选出最吻合的颜色

④ 从色卡背面读取配方。
⑤ 按配方指示进行调色。
调色时还应注意以下几点。

小技巧

◆不同的汽车制造商或涂料制造商所提供的色卡有所不同，有的色卡背面有配方，有的无配方。对于没有配方的色卡，其背面上往往标有特定的字符代号或条形码，可通过代号或条码阅读器，在调色电脑上读取配方。

◆调色过程中所用的工具和盛具，必须保持干燥清洁，不得带有杂漆、水分、灰尘等杂质。

◆调配双组分色漆时，应根据涂装用量，现用现配，用多少配多少。调色后的涂料，按产品规定的时间内用完，以防胶化报废。

◆调配双组分色漆时严禁接触水分、酸碱、油污等物质。

第二节 胶片调色

一、胶片内容

利用胶片调色,是早期的汽车修理厂较为广泛使用的一种方法,虽然随着色卡及电脑(网络)的普及,利用胶片调色的越来越少,但部分汽车维修企业仍在使用这种方法。为了满足这些汽车维修企业的需要,汽车涂料制造商仍然需要提供调漆胶片。利用胶片调色的本质就是利用胶片查阅颜色配方。

胶片,即微缩胶片,又称菲林片,按大小可分18cm×24cm和10.5cm×14.7cm两种。微缩胶片中列有汽车生产厂商、生产厂颜色编号、颜色、配方等,用户可根据生产厂商提供的颜色编号找到相应的配方,查找容易,使用方便。德国鹦鹉系列胶片中的各种文字位置和图标如图11-16所示。

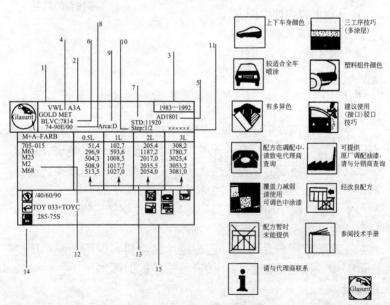

图11-16 胶片内容实例

二、胶片阅读机的使用

为了获取胶片上的配方,需要用到胶片阅读机,如图11-17所示。胶片阅读机的操作程序如下。

① 打开阅读机电源总开关。
② 拉开置片板,将微缩胶片依正确方向置入置片板上。
③ 推回置片板,打开机座底部电源开关。
④ 检视微缩胶片,查出颜色配方。
⑤ 使用完成后,关闭机座底部白色开关,拉出置片板,取出微缩胶片,推回置片板。
⑥ 关闭阅读机总电源开关。

图11-17　胶片阅读机

三、胶片调色方法

① 查阅汽车(或车辆维修手册)上的颜色代号。
② 如果能够找到颜色代号,按下述程序进行调色。
a. 在汽车颜料箱中找到相关汽车制造商的色卡盒。
b. 直接查阅色卡盒首页的编号目录,找出所需颜色。
c. 按照页数指示找到所需色卡。
d. 对照色卡与车身颜色,选出最合适的颜色。
e. 根据色卡上的提示,找到对应的胶片。
f. 利用胶片阅读机,从微缩胶片上读取配方。
g. 按照配方指示进行调色。
③ 如果未能找到汽车颜色代码,则按下述程序调色。
a. 在汽车颜料箱中找到相关汽车制造商的色卡盒。

b. 从色卡盒中找出与车身颜色相近的色卡组。
c. 对照色卡与车身颜色,选出最合适的颜色。
d. 根据色卡上的提示,找到对应的胶片。
e. 利用胶片阅读机,从微缩胶片上读取配方。
f. 按照配方指示进行调色。

第三节　电脑调色

一、电脑调色简介

电脑调色,即微机调色,它是近几年发展起来的一类高科技自动化调色工艺,是一种先进的调色(调漆)方法。

在电脑调漆的工作中,微机就像一个大型的色漆配方资料库,库中储存有所有色卡配方,用户只需要将所需要的漆号和分量输入微机中,就可以直接查阅计算好的配方数据。复色漆和单色漆都由数码标记。各类色漆品种数量达数千种规格,完全能满足汽车制造业和维修行业的使用。目前各大涂料生产厂家都具有完善的微机调色系统,并在各地设有电脑调色中心。

> **小提示**
>
> 使用电脑调漆颜色,能把复杂烦琐的调色工作,改变为一种快速、方便又准确的调色方式,工作起来极容易,且数据易更新,大大方便了汽车修补涂装的调色工作。

电脑调色的设备是由可见光分光光度仪、电子计算机、配色软件等部分组成。

1　可见光分光光度仪

它是由光源、单色器、积分球、光电桥检测器、数据处理系统等部件组成。它可以将测得涂成层的光谱反射率曲线,通过库贝尔卡、芒克配色理论计算出涂层颜色的准确数据，测出颜色，再通过电脑配色软件进行调色。

2 配色软件

它是由色质检测软件、调色软件等部分组成，主要作用是建立储存基础颜色（颜料种类与用量）数据库。使用时先确定基础颜色和色母，而后输入每种色母的光谱反射率曲线（即不同波长的吸收系数和散射系数），再根据输入的数据进行调色，也就是说，新购置的配色软件是不会配色的，必须先将该漆的色号输入配色系统，配色软件才能用输入的色号数据进行配色。因而，使用电脑调色的准确性不仅取决于配色软件的质量，更重要的是所输入的资料数据是否准确可靠。

电脑调色设备如图11-18所示。

图11-18　电脑调色设备

在电脑调色过程中，电脑就像一个大型的色漆配方资料数据库，它能够储存数千种色漆标准配方和标准色漆颜色的数码（色号或代号）。不论单色漆数码或复色漆数码，都可输入电脑，以备使用者调色时查找使用。

小技巧

如需要调配某一种汽车面漆颜色时，可先将色号输入电脑，从荧光屏上就可显示出该色号的面漆配方与各种颜料的用量比，再按此数据进行调色，就可获得所用的面漆颜色。

3 电脑调色的特点

① 调色标准、速度快、效率高，为汽车修补涂装调色节约了时间，有利于提高修补漆颜色的均匀度。

② 采用电脑调色时，必须储备有一定量的各种品种的色漆配方与色号，如果储备的数量和品种规格不足，就很难按要求准确地配出所需要的该种颜色。

③ 采购的各种色漆必须严格保证质量。如质量不佳，用电脑肯定调不出理想的颜色。

④ 对单色漆的储存应按色号数码的规律放置，使其标准化、定制化，以防出错。

⑤ 无标准色号的色漆不适于用电脑调色。

⑥ 目前市场上使用的电脑调色软件较多，其基本功能差别不大，使用时可就地购买。

另外，目前世界各大微机配色仪生产厂都有适合汽车修补漆调色使用的便携式微机测色仪供应市场。这些仪器的探头均可直接在汽车上需修补漆膜的部位，测出最可靠的数据，该数据经配色软件系统处理后，就可获得准确的配方调色。

二、电脑调色流程

① 查阅汽车车身上的颜色代码（或利用色卡获得代码）。

② 启动电脑中的调色软件。

③ 根据显示屏幕界面提示输入颜色代码。

④ 根据屏幕界面提示的配方进行调色。

小技巧

◆如果将电子秤与电脑连接，则在计量添加色母时，如果某一色母添加过量，则电脑会自动重新计算配方中各色母比例，即会重新生成新的配方，因而可避免由于添加过量使调色失败而造成的涂料浪费。

◆如果无法获得颜色代码，可利用配套的测色仪，将探头插入待修复车身漆膜内，电脑就会自动生成配方。

下面以Basf（巴斯夫）公司鹦鹉牌汽车低温修补漆为例，介绍利用CPS全能色卡系统及电脑调漆的详细操作过程。

① 从汽车或随车手册中找出制造商的色码（如MB9197 Obsidian black met，曜石黑色）。

② 用CPS参考目录寻找合适的CPS色卡，请考虑可能的变化色，如MB9197/00（CPS编号为MA940.50）和MB9197/60（CPS编号为MA946.50）。

③ 将所选的CPS色卡与汽车颜色进行比较，从中选出最佳匹配者，如MA946.50。

④ 在电脑（或与电子秤组合）上，于"Manufacturer"栏中输入"CP/CPS Ⅱ"，然后在"Colour code"栏中输入选定的CPS编号（MA946.50），然后选择合适的色漆系列。

⑤ 点击"开始搜寻"，将显示配方，如图11-19所示。

⑥ 根据所示的调漆配方进行调色。

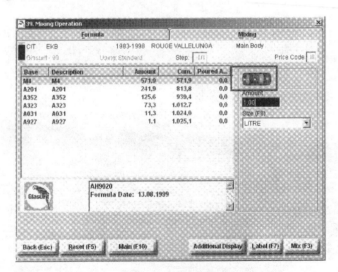

图11-19　配方显示

> **小技巧**
>
> ◆如果选中某个偏差色，双击就会显示偏差配方。如果查阅的是除主车身外的某一个件的配方（如保险杠），只需点击"按型号相关的颜色"（F6）即可获得配方。
> ◆如果点击"调漆（F3）"，可在"用量"中输入所需值，还可以点击西方显示中小红车的车辆尺寸大小以及不同部位会获得建议油漆使用量，点击"OK"即可。
> ◆如果点击"调漆"，出现模拟称量界面，相当于电子秤使用。

如果某个色母不慎加入过多，可通过模拟称量界面来重新计算：按F3键，根据系统提示输入每个色母的实际称量值，如果某个色母加过量了，系统会提示用户如何操作。点击"重新计算混合"，系统将逐个显示配方各色母的新称量值，写下第一个称量值，按回车键后就会显示下一个色母的称量值。这样就可按重新计算的配方进行调色。

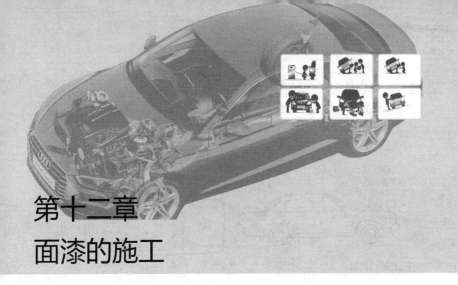

第十二章
面漆的施工

第一节 面漆的喷涂

一、素色面漆喷涂

1 喷涂面漆前的准备

〖1〗粉尘的清除 打磨工作结束以后，使用气枪，用压缩空气彻底清除打磨粉尘。

> **小技巧**
>
> 清除工作应按顺序进行，不能有遗漏。

以全涂装为例，粉尘清除工作可以先从车顶开始，然后是发动机罩、后备厢盖等。接下来是车门和翼子板的间隙、后备厢盖和发动机罩的边缘等。内侧的灰尘也要清除，图12-1所示的部位要特别注意清除。

黏附在车身表面的沥青等要用脱脂剂或清洗用汽油彻底进行清洗，这种清扫工作（尤其是在全涂装时）是决定施工质量的优劣的关键。无论底层表面打磨质量多么高,只要粘上粉尘就失去了意义。当然具体做法并不一定非此不行,可以采取自己认为合理的办法,但必须保证表面清洁。

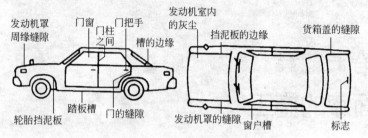

图12-1 清扫粉尘的部位

(2) 覆盖工作 对于局部修补涂装和全涂装,那些不需要喷涂的部位都应覆盖起来。具体遮盖方法请参阅"底漆喷涂"中的相应内容。

(3) 脱脂与最后一道去粉尘 清扫和覆盖结束后,用干净布沾上脱脂剂,擦拭被涂装表面,除去油分、污物和石蜡等。在进行遮盖作业时,不管怎样注意,也难免有粘贴带纸、手上的污物等黏附到被涂装表面。用研磨膏打磨后也会留下粉屑和油,这些都必须清除干净。

小技巧

◆先用干净布浸透脱脂剂,仔细无遗漏地擦拭被涂装表面。可以一块一块地擦,擦拭完后一定要用干净布再擦拭一遍。

◆门把手和滑槽附近、门的内侧和后备厢盖、发动机罩四周内侧应仔细清洁,去除石蜡和硅酸,挡风条和挡泥板的安装螺钉附近也要仔细清洁。

◆操作时,一只手拿沾了脱脂剂的布,另一只手拿干布,交替进行,以提高速度,如图12-2所示。

图12-2 脱脂处理

局部修补涂装时的晕色部位,要采用研磨膏或 $1000^{\#} \sim 2000^{\#}$ 砂纸湿打磨。对于打磨的残留物,要用脱脂剂清除干净。脱脂剂不单是清洁表面,还具有提高黏着力的作用。

小技巧

打了蜡的旧涂膜,在进行提高黏附力的打磨时,往往打滑,难以进行,此时也可以用脱脂剂先去掉蜡,再进行打磨。

脱脂结束以后,再一次用压缩空气吹去残留的粉尘,最后用粘胶布擦去粘在涂层面上的线头和灰尘。最后一次用压缩空气吹拂时,对发动机机罩的内侧、门的内侧、滑槽的角落应特别仔细清除。如果清除不彻底,喷涂面漆时,喷气的气压力会将粉尘等带到涂层面上,无论喷涂得怎样好也无济于事。

【4】喷涂前的再检查与涂料准备

① 喷涂前的检查作业。在开始喷涂作业之前,一定要做下列工作。

小技巧

◆检查全身车身外表有无覆盖遗漏之处。
◆检查有无打磨作业和清扫作业没有进行完备之处。
◆检查喷枪和干燥设备有无异常。

检查完毕之后，用肥皂清洗手上的油，穿上防尘服，再用压缩空气清除黏附在衣服上的灰尘。

② 涂料的准备。这里以丙烯酸聚氨酯面漆为例进行介绍。将调好色的涂料按所需要的量取出，加入固化剂，调整好黏度。通常的做法是：将主剂和固化剂调配好之后，再加入稀释剂调整黏度。但用习惯之后，也可以先用稀释剂稀释主剂，过滤好，注入喷枪的喷漆罐中，再加入适量的固化剂搅拌均匀。这种情况下，只要记住主剂的用量，然后按 1∶4 的比例加入固化剂即可，如图 12-3 所示。

丙烯酸聚氨酯涂料所加入的固化剂比例，可以容许有一定的偏差，稍多点比少一点好。这样做的好处是，可以真正做到用多少调多少，避免浪费。

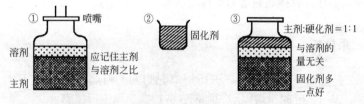

图 12-3　适用双组分型涂料避免浪费的方法

③ 黏度的调整。涂料黏度并非常量，它是随温度而发生变化的。即同一种涂料，冬季比夏季显得稠。

小技巧

黏度越高的涂料，随温度而变化的特征越明显，因此，即使加入相同量的稀释剂，夏季的黏度为 13~14s，冬季黏度就为 20s 左右。

从根本上讲，同一种涂料应以相同的稀释率涂装，比如夏季气温为 30℃，以黏度 14s 进行涂装，到了冬季，气温为 5℃ 时，就应以黏度 20s 进行涂装，所以应养成根据气温改变喷涂黏度的习惯。

用稀释剂稀释好的涂料，其黏度随气温的变化规律如图 12-4 所示。

④ 涂料的过滤。调好色的涂料，难免混有灰尘和杂质，必须过滤

之后才能使用。

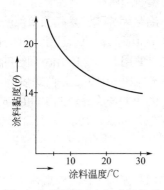

图12-4 涂料黏度与温度的关系

（5）喷枪的选择 用于喷涂面漆的喷枪，应根据使用目的和涂料的种类区分使用。用于汽车涂装的喷枪大致可分为重力式、上吸式、压送式三种，前两种较为常用。喷枪的用途分类如表12-1所示。

表12-1 喷枪的用途分类

项目	局部涂装用		全涂装用	
	口径/mm	喷枪罐容量/cm³	口径/mm	喷枪罐容量/cm³
重力式	1.0～1.5	350～400	—	—
上吸式	1.2～1.5	500～1000	1.2～1.8	1.0～1.51
压送式	—	—	1.3～1.5	2.0～4.01

喷枪的喷嘴直径应随涂料的种类而改变。

小技巧

◆ 对于酸性丙烯酸硝基漆，全涂装时用1.5～1.8mm口径的喷枪较为适宜。而对于合成纤维素丙烯酸硝基漆则以1.0～1.3mm为宜，超过1.5mm时，则会造成漆膜表面粗糙，打磨十分费力。

◆对于丙烯酸聚氨酯涂料,全涂装时应选用1.3～1.5mm口径的上吸式喷枪。涂装丙烯酸聚氨酯的单色涂料时,也有人采用1.8mm口径的喷枪,但比较起来,还是1.5mm的好用。

◆烤漆涂料可以使用1.3～1.5mm口径的上吸式喷枪;丙烯酸瓷漆可以用1.5～1.8mm口径上吸式喷枪。烤漆涂料也可以使用重力式喷枪;丙烯酸瓷漆涂料如果使用重力式喷枪,口径选1.3mm能获得高的喷涂质量。在喷涂金属闪光色时,为防止金属雾斑,喷嘴直径应为1.3～1.4mm。

除此之外,随制造厂家的不同,喷射流量和空气用量、喷束形状都有差异,应从中选择与所喷涂料相适应的喷枪。

压送式喷枪喷吐流量大,可以缩短喷涂时间,喷罐容量可加入2～4L涂料,以节省涂料添加时间。

2 素色漆的喷涂

对于素色漆,不同的种类需要的喷涂方法也不一样。现列举其中一例作为参考,涂料黏度用4号福特杯量。

① 第一次喷涂——预喷涂。

黏度	16～20s(20℃)
空气压力	343kPa
喷束直径	全开
喷吐流量	1/2～2/3开度
喷枪距离	25～30cm
喷枪运行速度	快

以车身整体喷上一层雾的感觉,薄薄的预喷一层。

小技巧

喷这一层的目的,是提高涂料与旧涂膜的亲和力,同时确认有无排斥涂料的部位,如果有就在该部位稍加大气压喷涂,覆盖住涂料排斥部位。

② 第二次喷涂——形成涂膜层。

黏度　　　　　　16～20s（20℃）
气压力　　　　　343kPa
喷束开度　　　　全开
喷吐流量　　　　2/3～3/4开度
喷枪距离　　　　20～25cm
喷枪运行速度　　适当

在该工序基本形成涂膜层，要达到一定的膜厚。

小技巧

◆该工序要注意尽可能喷厚一些，这是最终获得良好表面质量的基础，但同时要注意不能产生垂挂和流动，以此作为标准。

③ 第三次喷涂——表面色调和平整度的调整。

黏度　　　　　　14～18s（20℃）
气压力　　　　　294～343kPa
喷束开度　　　　全开
喷吐流量　　　　全开
喷枪距离　　　　20～25cm
喷枪运行速度　　适当（同第二次）

第二次喷涂已形成了一定膜厚，第三次喷主要目的是调整涂膜色调，同时要形成光泽，有时要加入透明涂料，有时为调整色调，要加入干燥速度慢的稀释剂。

小技巧

◆素色漆一般喷涂三次，就能形成所需膜厚、光泽和色调。
◆如果色调还不满意的话，可将涂料稀释到14s，再喷涂修正一次。

喷涂作业的先后顺序往往随操作者的习惯而定。按图12-5所示的数字操作顺序比较方便,同时能够使操作者尽量避免置身于所喷射的雾滴之中。

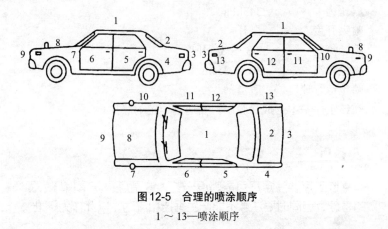

图12-5　合理的喷涂顺序

1～13—喷涂顺序

3　面漆喷涂的手法

(1) 干喷　干喷是指喷涂时选择的溶剂要快干,气压较大,漆量较小,温度较高,喷涂后漆面较干。

(2) 湿喷　湿喷是指喷涂时选择的溶剂要慢干,气压较小,漆量较大,温度较低,喷涂后漆面较湿。

(3) 湿碰湿　一般来讲,湿碰湿同上面讲的湿喷有相似一面,都是不等上道漆中溶剂挥发继续喷涂下一道漆。

(4) 虚枪喷涂　在喷涂色漆后,将大量溶剂或固体分调整得极低的涂料喷涂在面漆上的操作称为虚枪喷涂。在汽车修补中有两种类型虚枪喷涂法。

> **小技巧**
>
> ◆在热塑性丙烯酸面漆上喷虚枪,用来使新喷的修补漆与原来的旧漆之间润色,使汽车表面经过修补后看不出修补的痕迹。

◆在新喷涂的丙烯酸或醇酸磁漆上喷虚枪,用来提高其光泽,有时也用来在斑点修补时润色。

(5) **雾化喷涂** 俗称飞雾法喷涂,又叫飞漆,一般用于金属漆的施工。金属漆与色漆喷涂方法大不相同,金属漆由于漆中有金属颗粒,有的为云母、珍珠等物制成,相对密度大,所以喷金属漆时一般用飞雾法像散花状喷涂,同虚枪喷涂有些相似。

(6) **带状涂装** 当喷涂某个基材表面的边缘时采用此法。此时应将喷枪扇辐调得相对窄一些,一般调整到大约10cm宽。此时喷出的雾束比较集中,呈带状覆盖。这样可以达到减少过喷、节约原材料的目的。

二、金属色面漆喷涂

1 用三层法喷涂金属闪光色面漆

① 第一次喷涂——预喷涂(金属闪光瓷漆)。

黏度	14～16s(20℃)
气压力	393～490kPa
喷束直径	全开
喷吐流量	1/2～2/3开度
喷枪距离	25～30cm
喷枪运行速度	快

小技巧

◆以喷雾感沿车身表面整体薄薄喷洒,既提高涂料与底层或旧涂膜的亲和力,同时确认有无排斥涂料现象。

◆如果出现排斥现象,就在有排斥现象的部位,提高喷射气压(637kPa左右)喷涂。

② 第二次喷涂——决定色调(金属闪光瓷漆)。

黏度	14～16s（20℃）
气压力	393～490kPa
喷束直径	全开
喷吐流量	2/3～3/4开度
喷枪距离	25～30cm
喷枪运行速度	稍快

> **小技巧**
>
> ◆第二次喷涂决定涂膜颜色，喷涂时不必在意出现的喷涂斑纹和金属斑纹，单层喷涂，喷枪移动速度稍快一点为好。
> ◆丙烯酸聚氨酯涂料遮盖力较强，一般喷两次就行了，但有的色调需按第二次喷涂方法再喷涂一次。

③ 第三次喷涂——消除斑纹（过渡层喷涂）喷涂，取金属闪光瓷漆50%，透明漆50%相混合。

黏度	11～13s（20℃）
气压力	393～490kPa
喷束直径	全开
喷吐流量	1/2～2/3开度
喷枪距离	25～30cm
喷枪运行速度	快

> **小技巧**
>
> ◆第三次喷涂是修正第二次喷涂形成的喷涂斑纹和金属斑纹止喷涂透明层时引起金属斑纹的作用。
> ◆目的是形成金属感。也有防止喷涂透明层时引起金属斑纹的作用。

原则上透明涂料和金属闪光瓷漆各占50%，但随颜色不同多少有些变化。例如浅色彩时，透明涂料多一些，金属闪光瓷漆占20%～30%，透明涂料占70%～80%；银灰色和中等浓度色调，两种各占50%，或者透明涂料稍多一些占60%。黏度为12s左右。

小技巧

喷涂时，喷枪运行速度要快，与涂装表面保持25～30mm的距离，薄薄地喷涂一层，要完全消除金属斑纹。

中间间隔时间：

小技巧

◆在消除斑纹喷涂结束之后，要设置10～15min的中间间隔时间，使涂膜中的溶剂挥发。

◆若用指尖轻轻触摸涂面，沾不上颜色，就可以进入透明层喷涂。

◆设置中间间隔时间，是使金属闪光瓷漆涂料的溶剂尽可能挥发。

④ 第四次喷涂——透明涂料的预喷涂。

黏度	12～14s（20℃）
气压力	294～343kPa
喷束直径	全开
喷吐流量	2/3开度
喷枪距离	20～25cm
喷枪运行速度	稍快

小技巧

第一次透明层喷涂不能太厚，一次喷涂太厚会引起金属颗粒排列被打乱，所以要喷得薄。

⑤ 第五次喷涂——精加工喷涂（透明涂料）。
产生金属斑纹，涂料黏度　　11～13s（20℃）
气压力　　　　　　294～343kPa
喷束直径　　　　　全开
喷吐流量　　　　　全开或3/4开度
喷枪距离　　　　　20～25cm
喷枪运行速度　　　普通或稍慢

小技巧

◆以第二次透明层的喷涂结束涂膜工作，要边观察涂膜平整度边仔细喷涂。

◆如果采用快速移动喷枪，往返两次覆盖，能得到很理想的表面色泽。尤其是在车顶、后备厢盖、发动机罩等，覆盖两次为好。

◆当表面平整度不好时，可以加入干燥速度慢的稀释剂进行修正，能获得好的加工质量。

2　双层金属闪光涂料的喷涂

① 第一次喷涂——预喷涂（金属闪光瓷漆）。
黏度　　　　　　　14～18s（20℃）
气压力　　　　　　393～490kPa
喷束直径　　　　　全开
喷吐流量　　　　　1/2～2/3开度
喷枪距离　　　　　25～30cm
喷枪运行速度　　　快

小技巧

整体平均薄薄地喷涂，以提高涂料与旧涂膜的亲和力。同时检查有无排斥涂料现象，应提高气压喷涂。

② 第二次喷涂——决定涂膜色彩（金属闪光瓷漆）。

黏度　　　　　　14～18s（20℃）
气压力　　　　　393～490kPa
喷束直径　　　　全开
喷吐流量　　　　3/4～全开
喷枪距离　　　　25～30cm
喷枪运行速度　　稍快

小技巧

◆第二次喷涂决定涂膜色彩，要注意不要出现喷涂斑纹和金属斑纹。

◆如果出现金属斑纹，将喷枪距离加大到30～35mm，以喷雾的方法喷射进行修正。

◆丙烯酸聚氨酯覆盖力强，喷涂两次就能确定好色彩。如果色彩不好，可间隔10～15min，再按第二次喷涂的方法，喷第三到第四次。

中间间隔时间：

小技巧

金属闪光瓷漆涂料喷完后，在喷透明涂料之前，间隔10～15min（20℃），使溶剂挥发。

③ 第三次喷涂——透明层涂料预喷涂。

黏度　　　　　　11～12s（20℃）
气压力　　　　　294～343kPa
喷束直径　　　　全开
喷吐流量　　　　2/3～3/4开度
喷枪距离　　　　20～25cm
喷枪运行速度　　稍快

④ 第四次喷涂——精加工喷涂（透明涂料）。

黏度	11～12s（20℃）
气压力	294～343kPa
喷束直径	全开
喷吐流量	3/4～全开
喷枪距离	20～25cm
喷枪运行速度	普通或稍慢

小技巧

◆第二次透明层喷涂是精加工喷涂，要边观察涂膜的平整度边仔细喷涂，习惯了快速移动喷枪的，可以往返覆盖两层，以获得高质量的表面层。

◆反过来，若移动速度过慢，就会产生垂挂现象。如果涂膜起皱，要加入干燥速度慢的稀释剂进行修正。

第二节　面漆的局部修补涂装

一、素色面漆的局部修补涂装

1　准备工作

(1) 局部涂装的遮盖。涂装硝基涂料时，遮盖面积小一点也没有多大关系，但聚氨酯涂料一定要遮盖宽一些。为提高局部涂装速度，可采用各种方法。例如可以采用市面上出售的车身覆盖板，或用大的包装纸将大面积盖住，再用20～30cm宽的纸覆盖修补处的四周。

如果事先用厚纸做成长5～7m、宽2m左右的覆盖罩，用起来就很方便，如图12-6所示。当要对侧门和挡泥板等部位进行涂装时，从发动机罩、车顶到后备厢罩，一下子就能盖住，然后用磁铁压住几个主要部位，再局部用粘贴带粘住就可以了，如图12-7所示。当然，要修补部位的四周，必须用纸仔细盖住，这种罩子可以折叠起来放好，反复使用。

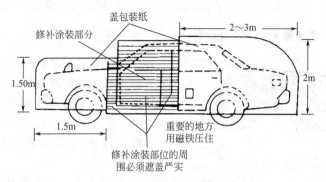

图 12-6 制作大型覆盖罩

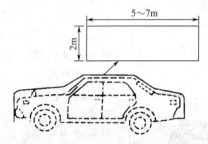

图 12-7 利用车身罩或包装纸遮盖

② 脱脂与最后一道去粉尘。操作方法参考全车涂装。
③ 选择喷枪。

小技巧

◆对于酸性丙烯酸硝基漆，局部涂装时用1.2～1.3mm，而对于合成纤维素丙烯酸硝基漆，则以1.0～1.3mm为宜。

◆对于丙烯酸聚氨酯涂料，局部涂装时用口径1.2～1.3mm重力式喷枪为好。

◆烤漆涂料可以使用1.3～1.5mm口径的上吸式喷枪。

◆丙烯酸瓷漆可以用1.5～1.8mm口径上吸式喷枪。

关于喷枪的类型和口径的选择，应根据涂料制造商的建议。

④ 按涂料的规定加入固化剂和稀释剂，将黏度调整至合适。

2 素色漆的局部修补涂装

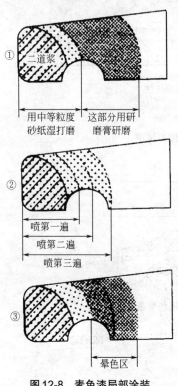

图12-8 素色漆局部涂装

丙烯酸聚氨酯涂料的局部修补涂装技术被认为很难掌握，但实际上只要掌握了作业方法和要点，也就不难，而且作业速度快，效率高。

素色漆的局部涂装可参照图12-8所示。

① 对喷涂了二道浆的表面及边缘部位进行湿打磨，相邻部位用研磨膏打磨。打磨工作可以手工进行，也可以用打磨机，装上毛巾毡垫打磨头，使用粗颗粒的研磨膏仔细打磨。打磨的目的是除去喷二道浆时粘上的涂料和污物，清洁涂装表面。打磨后要用脱脂剂清除油分和污垢，最后使用带黏性的布，仔细除去细小的粉尘。

② 在调好颜色的涂料内，按1：4的比例加入固化剂，加入30%～40%的稀释剂，并将黏度调至14～16s。

小技巧

◆第一次喷涂薄薄的一层，以提高底层和旧涂膜与涂料的亲和力。

◆第二次喷涂比第一次喷涂稍宽一些，并在湿的状态下定出色彩。

◆第三次喷涂比第二次要喷得更宽些。要稍加一些稀释剂,将黏度降低到13～14s,以获得高质量的表层。

小技巧

要注意色调应与旧涂膜相吻合。

③ 晕色处理:用30%聚氨酯磁漆,加入70%稀释剂,薄薄喷涂一层,此时如果喷得过多就会出现垂挂。

小技巧

◆修补涂装的气压力一般为245～294kPa,喷束开度和流量应根据修补面积大小调整。
◆如果面积小,喷束开度应减小,流量也应减少,气压力以196～245kPa为宜。

二、金属色面漆的局部修补涂装

1 金属闪光色的普通法局部涂装

在准备好金属闪光涂料和透明涂料后,先将调好色的金属闪光涂料,以1:4的比例加入固化剂调和好,然后加入50%～70%的稀释剂,黏度调整到14～16s。透明涂料也按同样比例加入固化剂,并加入10%～20%的稀释剂,黏度调为12～13s,完成上述准备工作之后,就可以开始喷涂,喷涂方法参照图12-9所示。

① 二道浆涂层的附近用$400^{\#}$～$600^{\#}$的水砂纸进行湿打磨。晕色部位用研磨膏打磨,然后用脱脂剂清洁,用带黏性的布擦拭,最后用压缩空气吹拂。

② 先在二道浆层四周喷一层透明涂料,以使所喷的金属闪光磁漆更光滑。

小技巧

◆第一次先薄薄喷一层金属闪光磁漆，以提高与二道浆和旧涂膜的亲和力。

◆第二次喷涂确定涂层的颜色，一般喷2～3遍，如果着色不好，则需要喷3～4次。第二次不要喷得过厚，要均匀的薄薄地喷。

③ 将50%的金属闪光磁漆涂料与50%的透明涂料相混合，黏度调至11～12s，喷涂时比图12-9中所示的喷得更宽一些，喷涂时应使涂料呈雾状，薄薄地喷涂，以消除斑纹，调整金属感，同时兼有晕色处理作用。每次喷涂之间，需设置10～15min（20℃）的间隔时间。

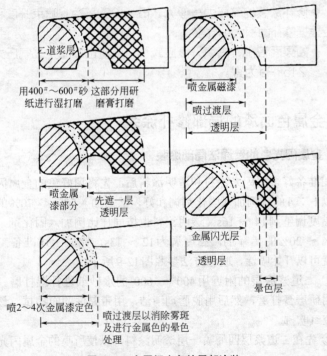

图12-9　金属闪光色的局部涂装

④ 透明涂料喷涂面积可扩大一些。第一次薄薄地喷一层,间隔大约5min再喷第二次。喷涂时要边观察色调边喷,以形成光泽。

⑤ 晕色处理是以20%的透明涂料、80%的稀释剂相混合喷在透明层区域周围,以掩盖其由于喷涂雾滴带来的影响。注意喷得要薄。

2 双层金属闪光涂膜的局部修补涂装

双层金属闪光涂膜的局部修补涂装方法如图12-10所示。

① 金属闪光层的喷涂。第一次喷涂以能遮盖住二道浆涂层为准,在较宽的范围内薄薄地喷涂一层;第二次喷得稍厚一些,以决定涂膜色调;第三次薄薄地喷涂,以消除金属斑纹,调整金属感,同时进行与旧涂层的晕色处理。

② 透明涂料喷涂。第一次喷涂以有光泽为准,喷得要薄,第二次稍厚一些,以形成光泽。透明层也应进行晕色处理,方法与金属闪光涂料相同。

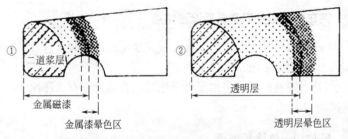

图12-10 双层金属闪光涂膜的局部修补涂装

3 丙烯酸聚氨酯局部修补涂装注意事项

小技巧

◆用丙烯酸聚氨酯涂料进行金属闪光涂膜的局部修补涂装时,喷枪的选择很关键,其中以1.2～1.3mm喷嘴直径的重力式喷枪效果较好。因为金属颗粒的分散和立体感显得很重要,应使用微粒化作用好的喷枪。

◆喷涂的关键是正确调整流量、喷束开度、气压力和黏度。局部修补涂装时,气压力调得过高,喷射雾滴则向四周飞溅,通常调到245~294kPa为好。喷涂距离以25cm为标准,局部修补涂装时以15~20cm为基准。

◆进行晕色处理之后,一定要强制干燥,需在60℃条件下加热30min左右。若干燥不充分,打磨时往往出现泛白现象。

另外,可使用市面上出售的晕色剂进行晕色处理,通过加热,聚氨酯的喷射雾滴会被晕色剂所溶解,能使其很好地溶和。

第三节 塑料件的涂装

一、汽车用塑料件的涂装特点

1 汽车内用和外用塑料件涂装特点

① 内用塑料件一般采用半光泽或完全无光泽涂装,方法是将涂料中加入一定比例的平光剂。

② 外用塑料件有的采用无光泽涂装,有的采用有光泽涂装,视具体情况而定。

2 软性塑料件涂装特点

由于软性塑料本身具有柔韧性,它所用的涂料基本上都是烘烤型弹性磁漆,所谓"弹性",是指涂层具有较人的柔韧型,类似弹性体、橡胶,也可以弯曲、折叠、拉伸,然后还可以回复到原来的尺寸和形状而不会被破坏的意思。其方法就是用专用的涂料,该涂料中加入柔软剂。

二、塑料件涂装用材料与鉴别

1 塑料件涂装用材料

(1) 塑料表面清洁剂 塑料表面清洁剂的作用是清除塑料件表面的脱膜剂,增强对油漆的附着力。其使用方法如下。

> **小技巧**
>
> ◆先用灰色打磨布彻底清洁塑料件的表面，再用以1份清洁剂与2～4份清水混合后的混合液清洁整个工件。
> ◆然后用清水清洗干净，待工件完全干燥后，才可喷涂塑料底漆。

塑料表面清洁剂的溶解性应适中，不会损伤塑料表面，而且抗静电，所以塑料工件不会因摩擦而产生静电，影响涂装。

【(2)】**塑料平光剂** 为消除汽车内部塑料件一定比例的光泽而使其半光泽或完全无光泽，一般都采用不同光泽的涂料装饰。平光剂有聚氨酯用和非聚氨酯用两大类，选用时务必小心。其使用方法如下。

> **小技巧**
>
> ◆将喷涂面漆后的塑料件的光泽与原车的光泽作比较，以决定是否需要用平光剂。
> ◆如果需要的话，先在面漆中加入平光剂，然后搅拌均匀，并作喷涂样板对比试验，在认为光泽达到一致时可正式喷涂施工。
> ◆单层涂装消光，直接将平光剂加入漆中即可，而双层涂装的消光，平光剂不要加在色漆内，要加在清漆内。

【(3)】**PVC表面调整剂** PVC表面调整剂的作用是对PVC表面进行处理，使其有利于重涂。它由强溶剂配制而成，具有强烈的渗透性，而且能够软化PVC表面并产生轻微的溶胀。这样，涂装时修补涂料就能很容易地渗透进入塑料表面，这就是人们所说的"锚链效应"。它可以大大提高涂料对基材的附着力。

【(4)】**汽车塑料件用底漆**

① 软塑料件。大多数都要求在底漆中加入柔软剂（各生产厂均有与塑料面漆的配套产品），可使漆膜柔软、有韧性、不开裂。聚丙烯塑料件是一种难粘、难涂的材料，要使用专用底漆，以增加它的附着

力,同时面漆中也要加入柔软剂,否则很容易脱皮。

② 硬塑料件。通常不需要底漆,因为油漆在塑料制品上的附着力很好。但有些油漆生产厂仍然建议在涂面漆前使用推荐的溶剂彻底清洗塑料件,并对要涂装部位用400#砂纸打磨,再喷涂合适的丙烯酸喷漆、丙烯酸磁漆、聚氨酯漆,或底色漆加透明清漆。喷涂模压塑料板材时,需要使用底漆和二道底漆。

(5) 涂料 汽车外部零部件如保险杠、挡泥板以及车门的镶边等所选择的涂料,最突出的要求是耐候性,另外也要求能够有较好的耐介质性和耐磨性。这类涂料多为丙烯酸聚氨酯涂料、聚酯-聚氨酯涂料、热塑性丙烯酸涂料等;汽车内部用塑料如仪表盘、控制手柄、冷藏箱、各种把手、工具箱等,常用涂料为热塑性丙烯酸、改性环氧树脂、聚氨酯以及有机硅涂料等。

2 常见塑料件的鉴别

维修涂装塑料件时,首先必须要弄清塑料件的种类,以便确定维修方法和使用的涂料。常见的塑料件鉴别方法有以下几种。

(1) 查找塑料件的标识 采用ISO识别码确认。在正规的塑料件制造厂生产的塑料件上(一般在背面),用ISO国际鉴别符号标识塑料件的品种。

(2) 手册查找法 无ISO标识时,可找车身维修手册,手册中一般列出专用塑料的品种,手册资料要与车相符。

(3) 焊接确认法 一般塑料焊条有六种左右,每种焊条均有标识塑料品种。用试焊法,凡能与塑料件相焊接的那种焊条的塑料,就是该查找塑料件的品种。

(4) 燃烧鉴别法 在允许明火燃烧处,在塑料件上取下一小块,用镊子夹住它在火上燃烧,观看火焰状态而确定塑料品种。例如PVC,受热易熔,且火焰呈绿—青绿色,有盐酸气味;聚烯烃类燃烧时,火焰没有明显烟雾,且有蜡样气味;取醋酸纤维,燃烧后有醋酸酸味;ABS燃烧时,随即产生黑色烟雾。但是,对于复合材料制造的塑料件,此法不能确定。同时,还受禁止使用明火的限制。

(5) 特殊简易鉴别法

> **小技巧**
>
> ◆用手敲击保险杠内侧，PU塑料发出较微弱的声音，PP塑料则发出较清脆的声音。
> ◆用白粉笔写在塑料件内侧，PU塑料上的字迹30s后不掉色，PP塑料件上的字迹30s后可擦掉。
> ◆用砂纸打磨塑料件内侧，PU塑料没有粉末，PP塑料有粉末。

三、塑料件的喷涂

1 车内用硬性塑料件的喷涂

硬性塑料件（如硬性或刚性ABS塑料件）通常不需要用底漆、底漆二道浆或封闭底漆，喷涂热塑性丙烯酸漆就可获得满意的效果，其具体涂装工艺如下。

> **小技巧**
>
> ◆表面处理。先用面漆的稀释剂或推荐的溶剂彻底清洗塑料件，要用中性洗涤剂，并将零件用清水冲洗，清洁擦干。对需要喷涂底色漆的部位用400#砂纸打磨，要喷涂透明清漆的混涂区域用600#或更细的砂纸打磨，并用表面清洁剂擦净。
> ◆漆料的选配和调漆。参照油漆供应商供应的色卡以及汽车厂的颜色标号选定丙烯酸面漆、清漆，进行调色，然后按说明书介绍的稀释比稀释涂料。
> ◆喷涂施工。按施工要求进行喷涂，用漆量以达到遮盖效果为度，不要太多，以防失去纹理效果。经干燥后将塑料件重新装到汽车上。

2 车外用硬性塑料件的喷涂

大多数外用硬性塑料件不需要用底漆,有些油漆生产厂仍然建议在涂色漆前使用底漆,但不应用磷化底漆、金属处理剂和柔软剂等。具体涂装工艺如下。

> **小技巧**
>
> ◆表面处理。用肥皂水清洗待修补区域,用清水清洗干净,再用面漆的稀释剂或推荐的溶剂彻底清洗塑料件。对要涂底色漆的部位用400#砂纸打磨,要喷涂透明清漆的混涂区域用600#或更细的砂纸打磨。
>
> ◆漆料的选配与调漆。按油漆供应商提供的色卡以及汽车的颜色标号选择丙烯酸或聚氨酯面漆、清漆,进行调色,然后按说明书介绍的稀释比稀释涂料。
>
> ◆喷涂施工。按施工要求进行喷涂,用漆量以完全遮盖为宜,不要太多,一般有2~3层中厚湿涂层即可。等底色漆干透后再涂透明清漆。

3 汽车外用软塑料件的喷涂施工

对于软性塑料的修补施工最好采用全修补的办法,这是因为整板进行打磨、清洗后对涂料的附着力极为有利。

保险杠用塑料一般分为两大类:第一类是聚氨酯和其他类似塑料;第二类是聚丙烯、乙丙酸橡胶或其他塑料。

修整保险杠之前,首先根据前述简易鉴定法鉴别保险杠覆盖层的材料是由哪一类塑料制成,然后采用不同的方法和涂料进行施工。

(1)聚氨酯(PU)和其他类似塑料的修补施工 对于聚氨酯(PU)和其他类似塑料,按下述程序进行修补施工(以3M公司的产品为例)。

① 用肥皂水清洗待修补区域,再用清水清洗干净。采用涂料稀释剂清洗表面。

② 打磨待修补的区域，形成斜面的收边。采用电动打磨机进行打磨施工时，首先采用36#粗砂轮，最后进行精加工时采用180#较细的砂轮。

③ 按产品说明书的要求，将3M公司的No 05900或No 05901A和B等量混合。

④ 用橡皮刮板将上述材料刮涂到待修补区域，先薄薄地刮涂一层，然后再刮至比未损坏部位稍稍高一点。允许涂层在室温下干燥30min。

⑤ 待涂层固化后，用180#的砂轮打磨收边。

⑥ 刮涂柔性腻子No 05903，应将针孔和凹陷填平，使其干燥15～30 min。

⑦ 用240#砂纸垫上软的打磨块打磨腻子，然后再用320#（机械）或400#（手工）砂纸进行打磨，直到原装涂层的光泽被打掉80%～90%。

⑧ 擦拭和吹净待修补区域，在不打算涂漆的部位用胶带粘贴保护。

⑨ 用3M公司的No 05905或BASF公司的HP-100柔性涂料喷涂两道湿的涂层到待修补区域，干燥10～15min，再喷涂第二道，干燥45～60min后，用320#或400#砂纸将涂层砂平。

⑩ 施工完成后及时清洗喷枪，先用水洗，后用涂料的稀释剂清洗。

⑪ 面漆的配置。

小技巧

◆将柔韧性添加剂与常用挥发型丙烯酸涂料或交联型丙烯酸涂料混合。

◆在正式喷涂汽车之前，应该先喷涂样板进行比色。

◆如果是底色漆+清漆系统，则可在清漆中加柔韧剂。

⑫ 待全部修补工作完成后，应该清洗喷枪去掉胶带。

（2）聚烯烃塑料件 对于聚烯烃塑料件，按下述程序进行涂装。

① 按与PU塑料相同的办法进行表面处理。

② 在清洗、打磨、贴胶带后，喷涂聚烯烃增黏剂（如3M公司的

No 05907），使其干燥10min。

③ 在聚烯烃增黏剂上喷涂中间涂料（3M公司的No 05900），干燥，再用180#砂纸打磨抛光。

④ 再次喷涂聚烯烃增黏剂到打磨过的修补区域，干燥。

⑤ 再次喷涂中间涂料以填平小的凹陷、针孔及打磨痕迹等。

⑥ 用240#砂纸打磨平整，然后用320#或400#砂纸彻底打磨塑料件上面的原装涂层，去掉其光泽的80%～90%。

⑦ 第三次喷涂增黏剂，干燥。

⑧ 喷涂中间涂料，闪干10～15min，再喷涂一层中间涂料，干燥45～60min，用400#砂纸砂平表面。

⑨ 喷涂结束后应及时清洗喷枪，先用水洗，再用稀释剂清洗。

⑩ 面漆的配置。

小技巧

◆将柔韧性添加剂与标准丙烯酸涂料混合。
◆在正式喷涂汽车之前，应该先喷涂样板进行比色。
◆如果是底色漆＋清漆系统，则可在清漆中加柔韧剂。

⑪ 待全部修补工作完成后，清洗喷枪，去掉胶带。待新喷涂层彻底干燥后，再投入使用。

4 聚氯乙烯（PVC）塑料顶棚的涂装

软质聚氯乙烯塑料的涂装比硬质聚氯乙烯要困难得多，因为在软质聚氯乙烯中加有大量的增塑剂，这些增塑剂在涂料成膜后逐渐向表面迁移至底漆与聚氯乙烯塑料的界面，造成层间附着力下降。因此应有专用的底漆与之配套。

以德国巴斯夫公司的产品为例，它把聚氨酯柔韧性添加剂（No 891）加到热塑性丙烯酸涂料或M-2涂料中构成最佳搭配，配制出聚氯乙烯专用的最理想涂料系统。这种涂料系统具有突出的物理机械性能，不仅柔韧，而且硬度也高，耐候性优良，施工方便。

涂装工艺如下。

① 用刷子或其他适当的工具彻底清洗旧的顶棚，先用水，后用清洗溶剂。

② 将涂料混合均匀，倒入喷杯。

以 BASFR-M 产品为例进行配漆。

R-M 热塑性丙烯酸涂料或交联型丙烯酸涂料　　1 份
No891 柔韧剂　　　　　　　　　　　　　　　1 份
PNT90 稀释剂　　　　　　　　　　　　　　　0.5 份

③ 用压缩空气吹干净孔隙或裂缝中的赃物，然后用黏性抹布擦拭干净。

④ 仔细遮盖整个发动机罩和后备厢盖，以免喷漆时飞漆溅入。

⑤ 将喷枪的雾束调窄，采用带状喷涂法，沿着待修补表面的边缘喷涂一道。

⑥ 加大气压，把雾型调整到正常状态。喷涂时沿着最近的一边开始喷涂，逐渐向中心移动，一直到接近顶棚中心时停止。转到汽车的另一边，从中心开始喷涂，逐渐向边缘移动。

> **小技巧**
>
> 注意两次喷涂的接口处要喷得湿一些。每道枪之间覆盖 50% ~ 75%。

⑦ 稍后再喷涂第二遍全湿的涂层，以达到全遮盖和均一的湿度为限。

⑧ 再用稀释 200% 的乙烯基喷漆（1 份乙烯基色漆用 2 份硝基稀释剂稀释）在整个车顶喷一湿涂层。干燥 1h 后，除去保护胶带，最后用乙烯防护剂来保护车顶和其他乙烯基材料的表面。

⑨ 新喷涂层至少干燥 4h 后才能使用。

5 车内用塑料件表面起纹的涂装方法

一般汽车的内表面上有许多不同的纹理结构，在修复的塑料件上做出纹理时，新纹理不一定要与原来的一模一样，只有纹理的粗细程度必须与原来的一样。

喷涂时用喷雾器代替油漆喷枪，采用较低的气压以免涂料雾化。如果要得到较粗的纹理，则不要稀释起纹涂料；如果想纹理细致一些，则加入少许硝基漆稀释剂。

典型的重起纹工艺如下。

小技巧

◆按油漆供应商的资料调和起纹涂料。

◆第一层只涂在修整区内，喷嘴与表面距离45～60cm，始终用干喷（湿喷会破坏纹理），每层留出闪干时间，喷涂8～10薄层才能达到要求。

◆随后把纹理向整修区外扩展，这与底色漆混涂一样。

◆表面干燥后用220#砂纸打磨，使新形成的纹理与原纹理相配，如果对纹理不满意，就再用涂料薄薄喷一层，再打磨。

◆重起纹后应把塑料件表面吹干净以备重喷面漆。由于起纹涂料一般都是硝基漆，所以常规内饰件用丙烯酸喷漆最为适宜。

第四节 面漆层的干燥

面漆喷涂结束后，就应进入干燥工序。对于溶剂挥发型涂料及氧化成膜型涂料，面漆喷涂完成后，自然干燥即可，但如果采用低温烘烤干燥，则可提高作业效率。丙烯酸聚氨酯、丙烯酸磁漆间隔一定时间之后，必须以80℃强制干燥20～40min，或以60℃强制干燥30～50min（各涂料制造商的规定会稍有差异）。

一、清除贴护

喷涂工作完毕之后，封闭不喷涂部位的胶带和贴护纸的作用就已经完成，可以清除掉了。

清除贴护的工作不要等到加温烘干以后进行，因为加温后胶带上的胶质会溶解，与被粘贴表面结合得非常牢固，很难清除，而且会在被粘贴物上留下黏性的杂质。如果被贴护表面是良好的旧漆层，由于胶中溶剂的作用还会留下永久性的痕迹，除非进行抛光处理，否则将去除不掉；涂膜完全干燥后，清除胶带还会引起胶带周围涂膜的剥落，造成不必要的修饰工作等。

贴护的清除工作应在喷涂完毕之后，静置20min左右的时间，待涂膜稍稍干燥后即可。静置20min左右的时间也有利于涂膜中溶剂的挥发，避免喷涂完毕后直接加温烘烤所造成的涂膜热痱等故障。

清除工作应从涂层的边缘部位开始，决不能从胶带中央穿过涂层揭开胶带。揭除动作应仔细缓慢，并且使胶带呈锐角均匀地离开表面。

小技巧

清除时要注意不要碰到刚刚喷涂过的地方，还应防止宽松的衣服蹭伤喷涂表面，因为这些表面尚未干透，碰到后会引起损伤，造成额外的工作。

二、干燥

1 喷烤漆房的使用

干燥设备有多种类型，如红外线、远红外线、热风等。不同设备干燥方式也有所不同。因此干燥作业的关键，就是如何根据干燥设备的特点，在不致产生气孔的前提下提高干燥速度。使用喷烤两用房进行强制干燥操作方法如下。喷烤漆房实物如图12-11所示。

图12-11　喷烤漆房实物

① 打开电锁开关，电源指示灯亮（即红色）。
② 打开照明开关，使烤房内得到照明。
③ 电压表指示380V处即表示正常送电，可以进行喷烤工作。
④ 使用控制箱上的时间设定旋钮设定延时时间（如果需要）。
⑤ 使用温度调节旋钮，设定烘烤温度。
⑥ 当喷烤升温时，首先进行引风，将喷烤开关置于喷烤位置，即喷烤开关往右扭转。然后再往左扭，使其进入喷烤状态。
⑦ 当需要烤漆升温时，将升温开关往左扭，如果升温度已达到设定的温度，开关将自行关闭，即可以烤漆。如果喷漆过程中，温度下降，可按一下绿色按键，即接通升温控制。

小技巧

如果喷烤房出现故障和其他问题，或升温烤漆过程中出现不良现象，必须按红色圆键，使控制箱完全断电，防止不良状态继续进行。经检查处理后方可使用。

2 干燥时应注意的问题

① 注意面漆喷涂后的闪干时间。

小技巧

面漆喷涂后，不能立即加热干燥，必须间隔一定时间，待溶剂挥发到一定程度之后再加热强制干燥，否则不可避免地要出现气孔。

显然间隔时间的长短，对涂膜质量和作业速度都会有影响。间隔时间的设置，应在不产生气孔的前提下越短越好。

图12-12说明了间隔时间与产生气孔的关系。此图是在升温曲线和其他涂装条件完全相同的条件下，只改变间隔时间得出的结果。从图中可以看出，当间隔时间为5min时，即使薄涂膜也出现很多气孔；

当间隔时间为10min～1h之间时，气孔的产生情况几乎没什么差异；但若喷涂后放置一夜，间隔时间长达16h，在这种情况下，即使涂膜很厚，也不易出现气孔。

上述现象主要与涂膜中所含的溶剂量有关。图12-13表示了涂装后溶剂的挥发量与时间的关系，在最初的10min，有近90%的溶剂很快挥发到空气中。若继续保持自然挥发干燥状态，则挥发速度将非常缓慢。经过16h左右，溶剂挥发量达99%，而涂装后10min与涂装后1h比较，溶剂挥发量没多大差异。当然，若采用干燥速度慢的稀释剂，涂装后10min与涂装后1h相比较，溶剂挥发量将有较大差异。但在这种情况下，前者的涂膜表面还处于湿润状态，残留溶剂可以毫无阻碍地向外蒸发；而后者涂膜表面已经干燥，正处于残留溶剂向外蒸发时易形成气孔的状态。两者相抵消，出现气孔的可能性处于大体相同的水平。

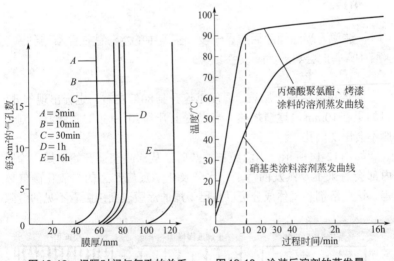

图12-12　间隔时间与气孔的关系　　图12-13　涂装后溶剂的蒸发量

实际上只有涂料状态时分子团小的涂料，比如烤漆、丙烯酸聚氨酯等，才具有上述溶剂蒸发速度特性。这种特性对硝基类涂料不适用。硝基类涂料在涂料状态时分子团大，若涂膜厚则溶剂难挥发，蒸发特性可用图中下面的一条曲线表示。

总之，对于丙烯酸聚氨酯涂料和烤漆涂料，面漆喷涂后间隔10min，就可以加热强制干燥，间隔时间没有必要再延长。

> **小技巧**
>
> ◆加热过程中关键是要注意控制升温速度不能太快。要追求干燥作业的合理化，应着重于升温曲线和干燥温度与气温的关系。
> ◆另外还应注意随着季节的变化，应使用不同的稀释剂。

如图12-12中的曲线E所示，若面漆喷涂在傍晚进行，第二天早晨再强制干燥（放置16h左右），即使涂膜较厚，也不易出现气孔，这也可以说是一种实用的方法。

> **小技巧**
>
> 注意，喷涂面漆后放置一夜，空气中的水分往往会凝结到涂膜中，有时会导致涂膜改色。

如果涂装后马上加热，温度迅速升到80℃左右，定会出现气孔。但如果在10min内逐渐加热，当温度上升到20～50℃时保温，则一般不会出现气孔。

如图12-14所示，当涂膜被加热时，从涂膜表面开始干燥，涂膜内部会有来不及蒸发的溶剂、水分及化学反应产生的二氧化碳气体等。这些溶剂和气体成分可以从已干燥的涂膜表面肉眼看不见的缝隙

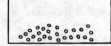
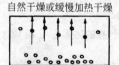
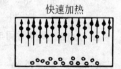

图12-14　气孔产生的原因

逐渐蒸发出去。但若急剧加热，蒸发的气体量多，涂膜的缝隙就来不及将溶剂和气体完全排出，这些气体就会冲破涂膜表面逸出。如果涂膜表面还没有干燥，如图12-15中①所示，气体逸出时形成的孔，通过涂料流动还能填平还原；但如果周围的涂膜已经干燥，如图12-15中的②所示，就会残留而形成气孔。

② 用远红外线加热器加热不易产生气孔。若采用加热距离较近的红外线灯泡进行加热，发动机罩、车顶、后备厢盖等涂膜较厚处往往会产生气孔。采用性能较好的远红外线加热器，以同样条件加热，则不易出现气孔。这是因为远红外线加热器具有使涂料从内部开始干燥的性质。热风式干燥机和红外线干燥机是从涂膜表面开始干燥，而远红外线干燥器是从表面和内部干燥同步进行，如图12-16所示。即使产生溶剂气体，由于表面具有流动性，也不会由此引起气孔。不过这只是从理论上判断，实际上还不能断定远红外线比热风式和红外线式性能更好。

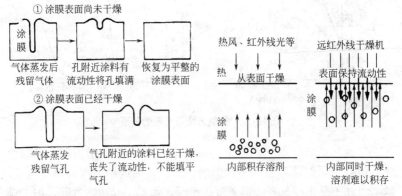

图12-15 涂膜干燥程度与气孔　　图12-16 干燥方式对产生气孔的影响

③ 干燥温度的控制。涂膜表面即使已经干燥，也存在肉眼看不见的缝隙。如果控制溶剂蒸汽的产生量，使其能达到恰好通过上述缝隙向外蒸发的程度，就不会出现气孔。为此，在进行干燥作业时，不能急剧加热。只要做到了这一点，产生的溶剂蒸汽少，渐渐蒸发，就能通过肉眼看不见的小缝隙逐渐排出。

加热干燥方法随喷漆间的结构和干燥机的种类不同而有差异,不存在所谓最佳方法。

小技巧

可以通过测量车体温度进行比较,找出既不会产生气孔,干燥速度又较快的条件。

如图12-17所示,A曲线是急剧加热,B曲线是逐渐加热。两者相比较,A是在10min内将温度提高50℃,60μm厚(丙烯酸磁漆涂膜,喷漆2～3次)的涂膜,整个表面都出现了气孔。B是在10min内使温度升高20～25℃,120μm厚的涂层,没有出现气孔。

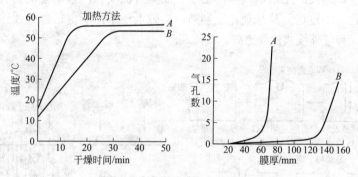

图12-17 加热方法与气孔的关系

这种加热方法对气孔产生的影响最大。曲线A、B被称为升温曲线,该曲线对烤漆和强制干燥影响很大。该曲线越陡越易出现气孔,越平缓越不易出现气孔。但若过于平缓,虽然不易出现气孔,但干燥速度过慢。如图12-18所示,在图示范围内寻找合理的升温曲线是提高干燥速度的关键。

所谓干燥温度的测定,应以车体温度为准。红外线和远红外线干燥的喷漆间内空气的温度没什么意义。因为这种干燥机发出的辐射热是在射线碰到车体才开始产生,因此即使空气温度还低,车体却已达到较高的温度。

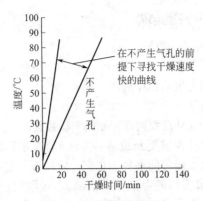

图 12-18 合理的升温曲线

> **小技巧**
>
> 应注意车顶、发动机罩等上部与车体的下裙部的温度不相同。

图 12-19 所示是对喷漆间内空气温度、车顶部位的温度、车体的温度测定实例。因此，为准确控制干燥温度，应事先弄清楚干燥机与车体之间的距离变化，以及随红外线加热器部分灯泡的通断，车体各部分的温度将如何变化。

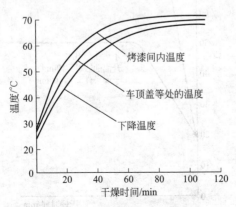

图 12-19 车体各部分温度差异

3 确定高效率的干燥条件

① 实用的气孔防治方法。

a. 升温曲线要平缓。

b. 采用干燥速度慢的稀释剂。

c. 适当控制膜厚。

d. 采用能使干燥从涂膜内部开始的干燥装置。

其中方法d往往需要更新设备；方法c要减小膜厚，会影响表面质量；方法b采用干燥慢的稀释剂也有一定限度，超过限度就会出现垂挂现象。结果最实用的办法就是措施a，采取较平缓的升温曲线。显然这种方法也会带来使干燥时间加长、喷漆间周转率降低的问题。

目前没有既能提高喷漆间的周转率，又不产生气孔的现成办法。不同的厂家，设备条件和工作方法都存在差异，只有通过反复试验，才能寻找出适宜于该厂设备特点的干燥方法。

图12-20比较了由于升温曲线和干燥温度的不同，对干燥时间和气孔的影响。按曲线B从加温到干燥结束需90min；按曲线A只需35min。产生差异的原因：曲线A是在最初的15min，温度由20℃上

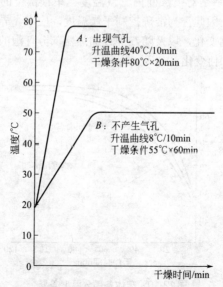

图12-20 升温曲线与干燥时间的关系

升到80℃，然后保温20min完成干燥。曲线B从20℃上升到55℃用了30min，然后保温60min完成干燥。即曲线A温度升高60℃，用了15min，平均每10min升温40℃；而曲线B是每10min上升8℃的比例升温，是前者的1/5。保温干燥时间也由于80℃和55℃这种温度的差异，而出现40min的时间差。如果其他条件完全相同，由于上述差异，沿曲线A加热干燥，比沿曲线B加热干燥容易产生气孔。

② 没有必要一直加热到完全干燥。

小技巧

涂料的完全干燥时间是指该涂料能充分发挥其本来的性能所需要的干燥时间。它是由涂料自身的性质所决定的。

例如，图12-21所示为某种丙烯酸聚氨酯涂料完全干燥所需时间和温度。在图中曲线X和曲线Y之间的范围内，被干燥部件能从干燥炉中取出直接装车，即使被雨淋也不会产生白斑点和起泡。但是，像丙烯酸聚氨酯等在常温下也能不断固化的涂料，常常达不到这种干燥程度，也就是在X曲线和Z曲线之间时，就从喷漆间内取出。在这种情况下，由于固化还不充分，只能进行部件组装，不能立即装车在雨中行走。因此，对于像丙烯酸聚氨酯这类涂料，干燥时间应以能进行下一项作业为准，取最短加热时间，然后可以在常温状态下放置，直到完全干燥，这样做可以合理地缩短加热时间。这种做法只要是使用聚氨酯涂料的修理厂都能采用。强制干燥时间究竟多少为宜，随厂家的作业方法和交货期的限制，不可能确定不变。但应根据本厂的具体

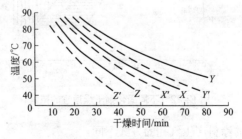

图12-21　合理干燥适宜范围

条件，确立对涂膜是否完全干燥，后续作业能否进行的判断标准。这可以根据涂膜硬度以及图示的合理干燥适宜范围进行判断。这样做既可以避免汽车留在喷漆间的时间过长，降低喷漆间的使用率；又可以避免没有完全干燥就交车使用，引起质量事故。

> **小技巧**
>
> 干燥适宜范围随涂料而异，即使同一个厂家的产品，若固化剂的品种不同，也会出现差异。

图12-22是一种聚氨酯涂料当改变固化剂的组合后干燥适宜范围的差异。像这一类图表数据，各涂料生产厂家都有，使用者平时应注意收集，并正确合理地运用，才能使涂装作业更加合理、高效。

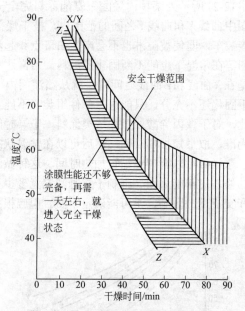

图12-22　不同固化剂干燥适宜的范围

③ 不同的涂料产生气孔的方式不同。

> **小技巧**
>
> 气孔的产生方式要受干燥升温曲线和干燥温度的影响。

一般说来，升温曲线以10min升温20～30℃为安全范围，但干燥温度却随涂料的品种不同而异。例如丙烯酸磁漆，即使升温到80℃也不易出现气孔，而同样以80℃温度干燥，丙烯酸聚氨酯就会出现气孔。

出现这种差异，主要与涂料的表面干燥难易程度有关，因此，应随涂料的品种不同，采取不同的干燥温度，表面容易干燥的涂料，干燥温度应低一些，以避免出现气孔。

④ 如何确定不产生气孔的干燥条件。前面讲了气孔产生的机理，根据这些机理，下面归纳如何确定合理的干燥条件。

> **小技巧**
>
> ◆ 首先是选择不易产生气孔的温度。一般说来，醇酸磁漆为70～90℃，丙烯酸聚氨酯漆为50～70℃。但当旧涂膜是硝基漆时，若干燥温度过高，就会因热胀冷缩的差异产生裂纹，在这种情况下，干燥温度以50℃左右为宜。
>
> ◆ 其次是升温曲线。丙烯酸聚氨酯涂料以10min升温20～30℃为宜，醇酸磁漆有的以10min升温30～50℃为宜，有的10min可以升温50～80℃。总之，应事先弄清所用涂料的特点，确定升温速度。

决定升温曲线时还应注意，同样的升温时间范围，随季节不同，实际的升温曲线也有差异。

其原因在于环境温度不同，使升温的起始温度不同。比如冬季喷漆间内温度为10℃左右，夏季为30℃左右，如图12-23所示，随起始温度的不同，要在同样的时间范围内达到同样的干燥温度，升温曲线也就出现了差异。若10min内要升温到50℃，夏季为50–30=20℃，只升高20℃，冬季为50–10=40℃，要升高40℃，显然冬季易出现气孔。

小技巧

◆关于干燥条件，应随旧涂膜的状态和所用涂料的干燥适宜条件不同而不同。

◆旧车更换漆膜时，最好选择在低温条件下也能尽快干燥的涂料。

◆低温干燥性能好的涂料，可以缩短干燥时间，提高喷漆间的周转率。

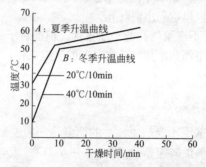

图12-23 季节不同引起的升温曲线差异

以上是在不产生气孔的前提下要加快作业速度所需注意要点。这些都必须付诸实践，尽可能多地收集成功和失败的数据，才能找出真正合理、实用的作业方法。

如图12-24所示，温度按曲线A升高没有出现气孔，但需占用喷漆间90min；按曲线B升高只需35min，但气孔很多。有了这两种极端的数据，就可以进行下列试验。

先按曲线C稍微加快温度上升速度，能缩短干燥时间10min。若按曲线C加热没有出现气孔的话，再按曲线D稍微加快温度上升速度。要注意一旦失败，修整工作很费事，所以只能一点点改变条件。如果按曲线D也成功，又可以缩短10min干燥时间。

接下来可以将加热方式稍作改动。如曲线E所示，先稍微提高温度上升速度，在干燥过程中的后半期，再提高一定温度，这样做又能缩短15～20min时间。

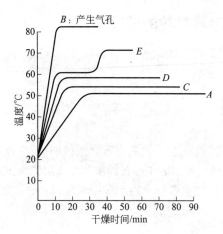

图12-24 合理干燥条件的确定方法

通过这种不断试验，修正错误，就能寻找出最快，又不出现气孔的干燥条件。这种试验中的温度测试，应以车体温度为准。采用量程为100℃的温度计，边检查气孔的产生情况，边提高温度。

小技巧

应注意，随着季节的变化，环境条件的改变，干燥条件也应作出相应调整。

第五节 面漆喷涂后涂膜的修整

面漆的涂布结束以后，涂装的工作已经大部分完成，但还需要进行最后的修整工作。涂膜的修整主要包括清除贴护、修理小范围内的故障和表面抛光等。

喷涂过程中常常会由于种种原因在面漆表面造成一些微小的故障，例如流挂、个别的涂膜颗粒（脏点）微小划擦痕迹和凹坑等，影响装饰性，因此必须进行修理。

一、流挂和涂膜颗粒的处理

在喷涂当中造成流挂是常见的故障,由于喷涂环境的影响,在涂膜表面有颗粒也是不可避免的。

> **小技巧**
>
> ◆若流挂的面积很小,涂膜表面颗粒很少,可以用单独修理的方法进行处理,修理必须是在涂膜完全干燥的情况下进行。
>
> ◆处理过程为:首先平整流挂或颗粒部位,然后用抛光的方法使修理部位与其他部位光泽一致,消除修理痕迹。

1 平整修理

平整流挂和小颗粒多采用打磨的方法,但对于流痕或颗粒比较大的情况下,往往先用刮刀将流痕或大颗粒削平,然后再用较细的砂纸打磨来加快工作的速度。打磨流挂部位一般使用 $1200^{\#} \sim 2000^{\#}$ 水磨砂纸配合硬质打磨垫块(不可使用软打磨垫)来进行,因为较细的砂纸产生的打磨痕迹比较容易抛光,但有时需要打磨的区域比较大,为提高效率,可以先用较粗的砂纸(如 $800^{\#} \sim 1000^{\#}$)打磨一遍,待基本完成后,再逐级用细一级的砂纸打磨,直到打磨痕迹可用抛光的方法消除为止。

> **小技巧**
>
> 注意不要跨级使用砂纸。

打磨时为防止磨到周围不须打磨的部位,可以用贴护胶带对不须打磨的区域进行贴护。打磨的手法应使打磨垫块尽量平行于面漆涂膜,要轻一些,用水先将水砂纸润湿,然后在打磨区域上洒一些肥皂水,这样可以充分润滑打磨表面,且不至于产生太大的砂纸痕迹。打磨时要非常仔细,经常用胶质刮水片刮除打磨区域的水渍来观察打磨的程度,只要流挂部位消除并与周围涂膜齐平即可。

> **小技巧**
>
> 千万不要磨穿或使漆膜过薄,要给抛光留出余量,并保证抛光后仍有足够的膜厚。对于边角等涂膜比较薄且极易磨穿的地方尤其要小心。

对于颗粒等小范围的打磨,一般使用小型打磨块配合$1500^{\#} \sim 2000^{\#}$水磨砂纸来进行。国外有些涂装工具公司一般专门为这项工作配有小磨头及其配套砂纸,如德国费斯拖工具公司即专门配有这种小型设备,国内的涂装工作人员一般使用砂纸包裹麻将牌来进行,效果也很好。打磨时同打磨流挂一样,须沿涂膜水平运动并用肥皂水润滑,如图12-25所示。如果颗粒过大或流痕突出部位非常明显,可以先用刮刀刮除,然后再用上述的打磨方法进行打磨。用刮刀刮除工作效率比较高,但操作上要求一定的技巧,刮削时刀刃应略向上方倾斜,不可切削过量,如图12-26所示。

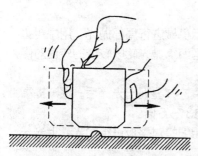

图12-25 用小磨头打磨颗粒

图12-26 用刮刀修整表面

2 局部抛光

经过平整修理和打磨的区域必须进行抛光,对小范围修补区域一般使用手抛的方法即可,也可用机械抛光来提高效率。

手工抛光的材料一般使用法兰绒,因法兰绒质地较厚,且多为毛或棉质,非常适合抛光用。

小技巧

◆抛光时用法兰绒布蘸上少许抛光粗蜡或中粗蜡,用力对打磨区域擦拭以消除打磨痕迹,运动轨迹以无序为好,尽量不要留下磨削的痕迹。

◆待砂纸痕迹基本消除并具有一定的光泽后,将抛光区域和抛光布清理干净,不要留下粗蜡痕迹,然后换用细抛光蜡再次进行细致的抛光。

对于新漆面而言,未抛光的区域即具备耀眼的光泽,经过抛光的部位光泽度虽然没有降低,但已经变得比较柔和,像珠光一样悦目,所以往往会造成两个区域有明显的差异甚至有色差。所以,用细蜡抛光的面积要大于修理区域3~5倍,使修补区域与未修补区域无明显的差异,最后,用上光蜡对整板进行上光即可。

用抛光机进行局部抛光同上述用手工抛光的基本步骤相同。

小技巧

◆首先将中粗抛光蜡(由于用机械进行局部抛光,用中粗蜡即可)涂抹于修理区域,选用小型海绵抛光轮以较低的转速对修理区域进行研磨抛光。

◆待修理区域基本消除打磨痕迹并显现出光泽后,逐渐提高转速并扩大抛光区域到修理区域的3~5倍。

◆然后换用较大的抛光轮,用细蜡对整板进行抛光、上光一体操作,消除光泽和颜色的差异。

二、涂膜凹陷的修理

在面漆喷涂完毕后,涂膜上常常会有个别因喷涂表面清洁不净,留有油渍、汗渍等造成涂膜张力变化而形成的小凹坑(鱼眼),或是清除贴护时造成的小范围涂膜剥落等现象。对这些地方进行补漆操作时,若缺陷位置不明显，一般不需要用喷枪，使用小毛笔或牙签等对凹陷部位进行填补就可以了。但如果缺陷部位非常明显或所处位置是车辆极需要涂膜完美的地方，如小轿车的发动机罩或翼子板等，一般需要采用点修补的方法（使用小型修补喷枪进行小局部喷涂）来修理。

> **小技巧**
>
> 用牙签或小毛笔填补凹陷最好在涂膜未干时操作，如果涂膜已经干燥，将会造成填补部位附着不良和颜色的差异。

具体操作步骤如下。

① 若面漆漆膜已经基本干燥，则用清洁剂对需要填补的区域进行清洁。如有必要，可用800#以上的细砂纸进行简单打磨，但打磨区域切忌不可过大，只起提高附着能力的作用即可，然后用清洁剂清洁干净。

② 用牙签或小毛笔蘸上少许面漆（为保证没有色差，最好用剩余的面漆。若为双组分涂料，则必须添加固化剂），并迅速地滴到故障部位（鱼眼）或描绘在需要填补的部位（剥落漏白），如图12-27所示。

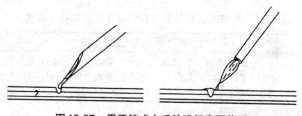

图12-27　用牙签或小毛笔进行表面修理

③ 用另一支小毛笔蘸取少许面漆稀释剂涂抹在修饰部位，以使修饰部位变得较为平整，并利用稀释剂的晕开和溶解作用使修补部位与其周围相融合。

④ 待完全干燥后可以稍稍进行打磨并进行抛光处理，方法同流挂及颗粒的修理。

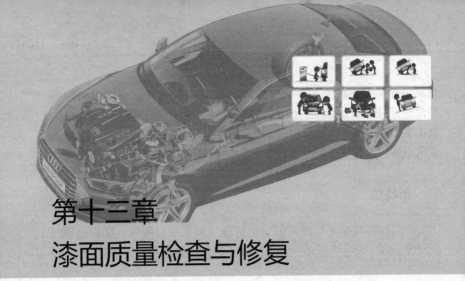

第十三章
漆面质量检查与修复

第一节 漆面质量检查

一、漆面质量检验项目

汽车漆面质量的检验项目（质量指标）与含义如表 13-1 所示。

表 13-1 汽车漆面质量的检验项目（质量指标）与含义

检验项目	含义
光泽	是鉴别漆面外观质量的一个主要项目。它不仅关系到漆面的光亮程度，同时，光泽较强的漆膜对大气的抵抗作用比光泽差的要好。漆膜的光泽会随时间延长而逐渐消失
颜色及外观	是鉴别漆面外观质量的一个主要项目
漆膜的硬度	漆膜的硬度是表示漆面机械强度的重要性能之一，是测试漆膜表面对作用其上的另一硬度较大的物体所表现的阻力。漆膜的硬度与其干燥程度有关。一般来说，干燥得越彻底，硬度就越高
耐磨性	耐磨性是漆面的重要特性之一。它不仅与漆膜硬度和附着力有密切关系，而且与底材种类、底材表面处理、漆膜在干燥过程中的温度、湿度及漆膜表面的粗糙度也有关系
附着力	附着力是指漆面与被涂的物体表面牢固结合的性能，是考核漆膜最重要的性能之一

续表

检验项目	含义
冲击强度	冲击强度是测试漆膜承受高速负荷作用的变形程度，反映漆膜的弹性和对底板的附着力。它是用1kg重的重锤落在漆膜上而不引起漆膜破坏的最大高度来表示
厚度	厚度是涂料检验过程中的一项重要的质量指标。若漆膜厚薄不匀，或涂装时的层数没有达到一定厚度，均对漆面性能产生不良的影响
柔韧性	柔韧性是指漆膜经过一定幅度的弯曲后不发生破裂的性能，也叫涂膜的弹性或弯曲性
耐候性	耐候性是考核漆膜抵抗大自然中的阳光、雨雪、风沙等破坏的能力
耐水性	耐水性主要测定漆膜耐水锈蚀作用的能力
耐腐蚀性	耐腐蚀性是指测定漆膜耐腐蚀的性能
耐光性	耐光性是指漆膜抗紫外线照射的性能
耐汽油、机油性	耐汽油、机油性是指漆膜抵抗汽油、机油作用的性能
干燥性能	干燥性能是指涂料涂在物体表面上形成固体薄膜所需的时间

二、漆面的质量检查

根据涂料技术条件和试验方法要求，将涂料在规定底材上制成固体漆膜。然后对其物理和机械性能进行检测。

〖1〗**光泽的检验** 先在玻璃上制备漆膜，然后用入射角为45°的光投射在平面放置的漆膜上，再用光电光泽计，即可测定出漆膜的光泽。目前，常用DFH-66光电光泽计。

〖2〗**颜色及外观的检验** 采用目测法，与标准样板比较。按《漆膜一般制备法》，将测定样品与标准样品分别在马口铁板上制备漆膜，待漆膜实干后，将两板重叠1/4面积，在天然散射光线下检查，根据产品标准检查颜色和外观。

〖3〗**硬度的检验** 目前，测试硬度的方法是摆杆硬度计测试法，这是涂料国标采用的方法，如图13-1所示。

> **小提示**
>
> 硬度的测量,是以一定重量的摆杆在漆膜上摆动一定的振幅衰减(从5°减少至2°)所需的时间与摆杆在未涂漆膜的玻璃板上摆动同样的振幅衰减所需时间的比值。

使用前,要校正玻璃值从5°摆动衰减2°所需时间为(440±6)s,以此数除以漆膜时的摆动值,来表示其硬度。

(4) 耐磨性的检验 利用强磨损材料(石英砂)在一定速度及一定压力下落在漆膜上而使其磨损,即用一定大小的砂粒由180cm高度落下时,将漆膜破坏所需之砂粒的重量,来表示其耐磨的程度。

耐磨仪外形如图13-2所示。它是由垂直固定着的内径为4～6cm、长为180cm的玻璃管组成。试验时,把涂有漆膜的试件置于玻璃管下的倾斜面上,砂粒经漏斗管向下流,落在漆膜上,直到漆膜被磨破为止,称取收集的砂粒重量,即为耐磨程度。

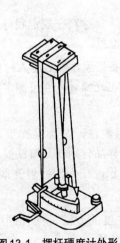

图13-1 摆杆硬度计外形

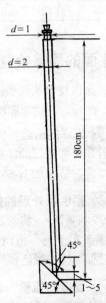

图13-2 耐磨仪外形

(5) 附着力的检验 我国国标采用画圈法，即以留声机唱针作针头，把样板固定在能移动的试验台上，在移动的同时以作画圈运动的钢针刺穿漆膜，并刻画出重叠圆滚线的纹路，从圆滚线的纹路中观察漆膜破坏的位置，来确定漆膜的附着力。钢针对漆膜的破坏作用，除垂直的压力外，还有钢针的运动而发生的剥离作用。附着力测定仪如图13-3所示。漆膜附着力的等级共分7级，1级最好，如图13-4所示。

图13-3　附着力测定仪外形

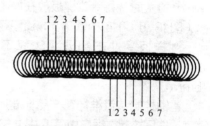

图13-4　漆膜附着力等级

1～7—漆膜附着力的等级

测定时，将样板放在试验台2上并固定，在荷重盘上酌加砝码，使转针的尖端接触到漆膜，并能划至金属层。按顺时针方向，均匀转动摇柄8，转速以80～100r/min为宜，圆滚线划痕标准周长为（7.5±0.5）cm，取出样板，用漆刷除去划痕上的漆屑，以四倍放大镜检查划痕并评级。

以样板上划痕的上侧为检查目标，依次标出1、2、3、4、5、6、7七个部位，相应分为七个等级，按顺序检查各部位的漆膜完整程度，如某一部位的格子有70%以上完好，则定为该部位是完好的，否则应认为损坏。

例如，部位1漆膜完好，附着力最佳，评为1级；部位1漆膜损坏。而部位2完好，附着力次之，评为2级。依此类推，7级为附着力最差。

采用画圈法来测定附着力，虽然包括漆膜的变形和破坏时的抵抗力，但由于仪器结构的限制，不能用在现场。因此，使用单位一般是采用画格法。即采用单面刀片，在平整的漆膜上横竖垂直切割4条划痕至底金属，形成9个小方格，每个方格长为1mm，然后在划格板上再贴一种很粘的胶纸或胶布，随后用力拉开，观察漆膜是否拉掉，以测定其附着力。

(6) 冲击强度的检验 根据《漆膜耐冲击测定法》，漆膜的耐冲击强度是以重锤重量与其落于漆膜样板上而不引起漆膜破坏的最大高度的乘积（1kgf·cm）来表示。

> **小技巧**
>
> ◆检验时，将涂漆样板放在冲击试验器（图13-5）下部的铁砧上，漆膜朝上。
> ◆样板受冲击部分距边缘不少于15mm。每个冲击点的边缘相距不得少于15mm。
> 重锤控制装置维持在产品标准规定的高度，按压控制重锤自由落下并冲击冲头，冲头冲击漆膜样板。
> ◆提起重锤，取出样板，用4倍放大镜观察，判断漆膜有无裂纹、皱纹及剥落等现象。
> ◆试验应在恒温、恒湿的条件下进行。

(7) 厚度的检验 根据《漆膜厚度测定法》的规定，漆膜厚度的测定采用杠杆千分尺或磁性测厚仪测定。

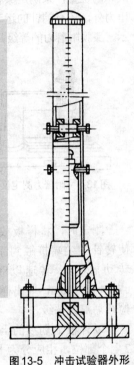

图13-5 冲击试验器外形

> **小技巧**
>
> ◆采用杠杆千分尺测定时，首先应校正杠杆千分尺的"0"位，然后取距样板边缘不小于1cm的上、中、下三个位置进行测量。
> ◆将没有涂漆的底板放于微动测杆与活动测杆之间，慢慢旋转微分筒，使指针在两公差带指针之间，再调整微分筒上的某一条线与固定套筒上的轴向刻线重合。

◆为了消除测量误差,可在原处多测几次。读数时,把固定套筒、微分筒和表盘上所读得的数字加起来,即为所测厚度值。

◆然后涂上漆样,按规定时间干燥后,再用此法在相同位置测量,两者之差即为漆膜厚度。

◆取各点厚度的算术平均值,即为漆膜的平均厚度值。

采用磁性测厚仪,仅适用于钢铁工件的涂膜厚度的测定。

(8)柔韧性的检验 测定柔韧性,是将涂漆的金属板在一定直径的轴棒上弯曲,轴棒的直径有1mm、2mm、3mm、4mm、5mm、10mm 6种,弯曲的直径越小,则漆膜的柔韧性越大,所以通过1mm的柔韧性最好,一般要求涂料的柔韧性为1~3mm。

测定时,常采用柔韧性测定器,如图13-6所示。

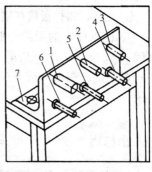

图13-6 柔韧性测定器外形
1~6—轴棒;7—板台

小技巧

◆先按《漆膜一般制备法》在马口铁板(或按产品规定标准)上制备漆膜。

◆待漆膜实干后,在恒温、恒湿条件下,漆膜朝上,用双手将涂漆样板紧压于按产品标准规定直径的轴棒上,绕棒弯曲,弯曲后用双手拇指对称于轴棒中心线,弯曲动作必须在2~3s内完成。

◆漆膜弯曲后,用4倍放大镜观察,如有网纹、裂纹及剥落等破坏现象,即为不合格。

(9)耐候性的检验 主要采用大气曝晒试验法,将样板置于大自然曝晒之中,定期检查漆膜有无失光、变色、粉化、起泡、干裂及脱落等现象。

① 试验时，应先做两块样板，一块叫曝晒样板，尺寸为150 mm×250 mm×（0.8～1.5）mm，用来进行试验；另一块叫标准样板，尺寸为70 mm×150 mm×（0.8～1.5）mm，作为标准板，妥善保存于室内，以备对比时使用。

② 样板应在室内维护5～7天后再进行投试。

③ 样板投试前，应预先观察漆膜外观状态和物理力学性能，并做记录。

④ 此后，将样板放在钢铁或木材制的暴晒架上。

⑤ 检查样板的周期一般规定为：在暴晒的第一至第三个月内，每隔15天检查一次。从第四个月起，每月检查一次，一年以后每季检查一次。在雨天或天气骤变时应随时检查，如有异常现象应做记录。

小技巧

◆检查时，将样板拿到室内，首先用软毛刷将样板表面灰尘扫掉，检查粉化。

◆然后将样板用软布或海绵在水中擦洗干净，待晾干后再检查失光、变色等项目。

[10] 耐水性的检验　进行耐水性检验时，可视情况分别进行冷水试验和沸水试验。

① 冷水试验。将已实干的涂漆样板用蜡和松香（1∶1）的混合物封边，并在背面涂1层石蜡，将涂漆样板的2/3面积放入温度为（25±1）℃的蒸馏水中浸泡24h（或按产品标准规定），然后将样板自水中取出，用滤纸吸干水珠，在（25±1）℃、相对湿度（65±5）%的条件下观察，如漆膜有剥落、起皱等现象，视为不合格；如有起泡、失光、变色、生锈等现象，记录其现象及恢复时间，合格与否按产品标准规定。

检验时，以两块样板均能符合产品标准规定为合格。

② 沸水试验。需在沸水中做试验时，按《漆膜一般制备法》，在

3块马口铁板（或按产品标准规定）上制备漆膜。将涂漆样板的2/3面积浸挂在沸腾的蒸馏水中，按产品标准规定时间后取出，按上述规定检查。

(11) 耐腐蚀性的检验 检验漆面的耐腐蚀性有以下两种方法。

> **小技巧**
>
> ◆耐3%的食盐水。将制好的样板浸泡在温度为20～25℃的3%的食盐水中，浸泡一定时间（h），检测漆膜的破坏和腐蚀情况。
>
> ◆耐盐雾：在温度为（30±1）℃及相对湿度为95%的条件下，每隔15min喷人造海水雾一次（30s）（人造海水雾成分：$NaCl_2$ 7g/L、KCl 1g/L、$MgCl_2$ 6g/L、$CaCl_2$ 1g/L、pH值6.5～7.2之间）。

(12) 耐光性的检验 将试验样板放在距水银石英灯180mm处，水银石英灯功率为500W。照晒一定时间（h）后，检查漆膜失光、变色等破坏情况。

(13) 耐汽油性的检验

① 在（25±1）℃温度下，将已实干的涂漆样板一半悬露在空气中，另一半浸入同温度的汽油中，浸泡时间按产品标准规定。

② 在试验过程中，汽油槽应加盖，如图13-7所示。

③ 经过规定的浸泡时间后，取出涂漆样板，用滤纸吸干油珠，进行检查。

④ 漆膜表面不允许有起层、皱皮、鼓泡、剥落等现象。

⑤ 如有变软、变色、失光现象，则放置1h后，观察漆膜恢复程度，用1cm宽的白纸条遮住浸泡界线，当浸泡部分与未浸泡部分基本看不出差别，即认为是恢复（如产品标准另有规定，则按产

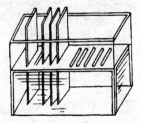

图13-7 装汽油的玻璃槽

品标准规定检查)。

⑥ 检查时,以两块样板均能符合产品标准规定为合格。

(14) 干燥性能的检验　先制备好漆膜,然后按产品标准规定的干燥条件进行干燥,每隔若干时间或达到产品标准规定时间,在距膜面边缘不小于1cm的范围内,选用下列方法检验漆膜是否表面干燥或实际干燥。

① 表面干燥时间测定法。

> **小技巧**
>
> ◆吹棉球法。在漆膜表面上轻轻放上一个脱脂棉球,用嘴距棉球10~15cm,沿水平方向轻吹棉球,如能吹走,漆膜面不留有棉丝,即认为表面干燥。
>
> ◆触指法。以手指轻触漆膜表面,如感到有些发粘,但无漆粘在手指上,即认为表面干燥。

② 实际干燥时间测定法。

> **小技巧**
>
> ◆压滤纸法。在漆膜上放一片定性滤纸(光滑面接触漆膜),滤纸上再轻轻放置干燥试验器,同时开动秒表,经30s,移去干燥试验器,将压板漆膜朝下,滤纸能自由落下,或在背面用握板之手的食指轻敲几下,滤纸能自由落下而滤纸纤维不被粘在漆膜上,即认为漆膜实际干燥。
>
> ◆压棉球法。在漆膜表面放一个脱脂棉球,于棉球上再轻轻放置干燥试验器,同时开动秒表,经30s,将干燥试验器和棉球拿掉,放置5min,观察漆膜无棉球的痕迹及失光现象,漆膜上若留有1~2根棉丝,用棉球能轻轻地掸掉,均认为漆膜实际干燥。

第二节 漆面的修复

1 酸溶剂侵蚀

(1) 现象 涂膜表面出现一片片不规则的粗糙、褪色、局部剥落或破裂的区域,有时受侵蚀区域会出现龟裂或裂缝,涂膜表面可以看到侵蚀物质的痕迹,如图13-8所示。

图 13-8 酸溶剂侵蚀

(2) 主要原因

① 制动液、过氧化物(原子灰的固化剂)、蓄电池溶液等腐蚀性物质洒落在涂膜上。
② 酸雨。
③ 对新涂膜使用了洗涤剂。
④ 涂膜固化不良。

(3) 预防措施

① 注意保持涂膜表面的清洁卫生,保护好涂膜。
② 新涂膜避免使用洗涤剂。
③ 保证涂膜充分固化。

(4) 修补方法 对于损伤轻微的涂膜,可采用砂纸研磨、抛光的方法加以修复。对于受到严重侵蚀的涂膜,应将被侵蚀的涂膜彻底除掉,然后重新喷上涂装。

2 褪色

(1) 现象 基材上有原子灰的表面,涂膜的颜色变黄,如图13-9所示。

图 13-9 褪色

【2】主要原因　原子灰中使用了过量的过氧化物。

【3】预防措施　充分搅拌均匀原子灰，认真计算并精确称量原子灰中过氧化物的用量。

【4】修补方法　打磨掉褪色的涂膜，直至露出原子灰表面，然后用环氧底漆封闭原子灰表面，重新喷上涂料。

3 渗色、底层染污

【1】现象　在一种涂膜上涂另一种颜色的涂料时，底层涂膜部分渗入面层涂膜中而使面层涂膜表面变色，变色一般呈晕圈形式，严重时涂膜颜色完全改变，通常在红色、褐色漆表面喷涂时会发现此现象，如图13-10所示。

图13-10　渗色、底层染污

【2】主要原因　底层涂料中的颜料被新涂层中的溶剂溶解并吸收。

【3】预防措施　使用防渗色封闭底漆。喷涂之前清除原涂膜上黏附的漆雾。试喷试验原涂膜是否有渗色现象。

【4】修补方法　打磨到原涂膜。喷涂封闭底漆将原涂膜封闭。然后重新喷涂涂料。

4 起痱子

【1】现象　涂膜表面呈现成片的大小不等、密度不同的气泡。大气泡直径大于1.5mm，一般成片出现，有时也会单独出现。小气泡直径一般为0.5mm，其分布蜿蜒曲折或状似指纹，如图13-11所示。

图13-11　起痱子

【2】主要原因　涂膜下陷入了水汽或污物。

① 表面不清洁，残留了水、油、油脂等污染物。

② 材料不配套，或未按规定使用稀释剂。
③ 涂膜厚度不够，从而增大了透气性。
④ 水分渗入新喷涂的和旧的涂膜内。

(3) 预防措施

① 注意保护好涂膜表面，涂装前的表面处理工作要彻底。
② 按规定使用配套涂料。
③ 按正确的喷涂工艺进行操作。
④ 在涂膜完全固化之前，避免使其暴露在湿度太大和温度变化剧烈的环境中。

(4) 修补方法　用一根针挑破气泡，以确定气泡的深度，并用低倍放大镜查出气泡产生的原因。当气泡发生在涂层之间时，可将缺陷区域打磨掉，露出完好的涂层后，再重新喷漆。若缺陷严重，或气泡发生在底漆与基材之间时，则应将基材之上的涂层全部除掉，然后重新涂装。

5 鼓泡

(1) 现象　涂膜表面出现较大的圆形鼓泡或气泡，通常出现在接缝区域或死角处，或在原子灰较厚的表面，如图13-12所示。

(2) 主要原因　陷在涂膜下的空气发生膨胀，造成涂膜与基材分离。

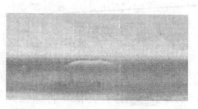

图13-12　鼓泡

① 底漆、原子灰施工不当。
② 涂膜连接处的羽状边（薄边）处理不当。
③ 用劣质稀释剂或稀释剂不足、压缩空气的压力太高。
④ 涂膜盖在缝隙或死角上，使涂膜下面形成空隙。
⑤ 没能正确地处理及封闭基材。

(3) 预防措施

① 正确使用底漆、原子灰。

② 正确制作羽状边。
③ 避免涂料一次性喷涂过厚，以保证涂料渗入缝隙和死角。
④ 使用推荐的稀释剂，并按正确的喷涂工艺操作，喷涂底漆时要喷得薄而湿。
⑤ 检查基材有无气孔，仔细清理并封闭基材。
⑥ 烘干涂膜时防止温度太高。

【4】**修补方法**　根据气泡的深度，将相应的涂膜全部磨掉，修补好下层缺陷后，重新补喷涂料。

6　粉化

【1】**现象**　涂膜表面出现白垩状的尘土或粉末，通常发生在老化、旧涂膜表面，如图13-13所示。

【2】**主要原因**　涂料中某些成分析出。
① 涂料中含有不匹配或不合格的材料。
② 涂料中的树脂或颜料老化。

图13-13　粉化

【3】**预防措施**
① 使用推荐涂料。
② 避免紫外线（强光）照射涂膜，不用强力洗涤剂清洗涂膜。

【4】**修补方法**　将涂膜磨平并抛光，即可恢复光泽。严重时，应重新涂装。

7　缩水、鱼眼

【1】**现象**　涂膜表面出现大量的从针孔到直径1cm的火山口状空洞或凹痕。通常大尺寸的凹痕单独出现，而小凹痕则以较小密度成片出现。在凹痕的中心一般可发现小的杂质颗粒，如图13-14所示。

图13-14　缩水、鱼眼

（2）**主要原因**　涂料表面张力发生变化。
① 涂装环境中或基材表面上存在含硅的有机化合物。
② 有其他污染源，如油脂、洗涤剂、尘土、蜡等。
③ 底漆中含有不匹配的成分。
④ 涂装室内蒸气饱和。

（3）**预防措施**
① 用除蜡脱脂剂彻底清除基材表面，禁止在涂装室内使用含硅类的抛光剂。
② 底漆一定要匹配。
③ 注意涂装室的蒸汽饱和程度。

（4）**修补方法**　将缺陷区域的涂膜彻底清除，按要求处理基材表面，重新涂装。必要时，在涂料中使用抗鱼眼添加剂。

8　起云、起斑

（1）**现象**　常发生于金属色漆涂膜上。在喷涂后，涂膜颜色变得较白并成云团状，如图13-15所示。

（2）**主要原因**
① 采用不匹配的催干剂或稀释剂，混合不均匀。
② 喷枪的扇形不对。
③ 喷涂方法不对，涂膜太厚，涂装后挥发时间不足。
④ 基材表面温度太高或太低。

图13-15　起云、起斑

（3）**预防措施**
① 采用正确的喷涂方法。
② 开始喷涂前，将喷枪的扇形调整好。
③ 使用推荐的稀释剂和催干剂，并充分混合好。
④ 保证基材表面的温度处于推荐的范围之内。

（4）**修补方法**　若还没有喷涂清漆层，可再喷一层银粉漆盖住起云的部位。否则应将涂膜磨平，然后重新喷涂。

9 污物污染

(1) 现象 涂膜表面呈现污点、斑点、溅斑或变色，有油腻或黏的感觉，或摸上去有砂粒的感觉，如图13-16所示。

图13-16 污物污染

(2) 主要原因 异物粘在或被嵌入涂膜表面。

① 异物，如果汁、树脂、鸟粪、水泥等落入涂料中。
② 金属微粒被嵌入涂膜表面并发生氧化。

(3) 预防措施

① 不要让任何污物留在涂膜中。
② 确保涂膜完全固化。
③ 特别注意不要让新涂膜暴露在任何可以导致脏污的环境中。
④ 使用涂装室，确保室内空气的清洁度。

(4) 修补方法 对于轻微的污点，先用柔和的洗涤剂溶液冲洗涂膜表面，再用质量分数为10%的草酸溶液冲洗，以防掉铁类杂质微粒，最后用清水漂洗、打磨、抛光，使涂膜表面恢复光泽。若用上述方法去除不掉，则应将涂膜除去，然后重新涂装。

10 腐蚀、生锈

(1) 现象 涂膜（尤其是车身连接件周围、板的边缘或缝隙处）脱落、起泡或变色，如图13-17所示。

图13-17 腐蚀、生锈

(2) 主要原因 金属基材遭受腐蚀，造成涂膜的附着力下降。

① 意外事故造成金属基材裸露，或钻孔后未及时处理裸露的金属表面。
② 污染物破坏了涂膜使金属基材裸露出来。

(3) 预防措施

① 保证所有裸露的金属表面都用金属处理液及底漆处理后才进行喷涂。

② 涂膜损坏后要尽快将其修补好,特别是边角处新裸露出来的金属要立即进行处理。

(4) 修补方法

将缺陷区域的涂膜磨掉,露出金属基材,除掉基材表面的锈迹,然后用正确的金属处理液及底漆处理基材表面,最后重新涂装。

11 开裂

(1) 现象 涂膜发生无规则的断裂或裂缝,通常发生在基材上被填补的缝隙或板的边缘附近。涂膜裂缝常形成三角形或星形。涂膜裂缝的深度不等,较严重的裂缝可直达基材。局部修补时,在羽状边刚刚喷上涂料后,可能会出现轻微裂纹,如图13-18所示。

图13-18 开裂

(2) 主要原因 涂膜中的气泡由于气候原因膨胀或涂膜中的内应力增大使得涂膜失效。

① 涂料混合不均匀,稀释剂不足或型号不对。
② 基材表面处理不好,砂纸太粗,清洗不净或缝隙填补不当。
③ 压缩空气管中有油或水。
④ 涂膜太厚,各道涂膜之间的流平时间不够。
⑤ 涂装时,基材的温度太高或太低。
⑥ 在未充分固化或热塑性丙烯酸涂膜上喷涂了热固性涂料。

(3) 预防措施

① 涂料一定要混合均匀,按规定的比例和型号使用稀释剂。
② 严格将基材表面处理好,特别要注意羽状边周围的处理。
③ 正确维护压缩空气设备。

④ 使用正确的喷涂方法，每道喷涂的涂膜要薄而湿，保证各道涂膜之间的流平时间。喷涂时，基材表面的温度要合适。

⑤ 喷一层环氧树脂漆，将热塑性丙烯酸涂层封闭。

（4）修补方法 若裂缝较轻微只影响面涂层时，可用砂纸打磨裂纹，直到露出完整表面，然后重新喷涂。若裂缝穿透到底漆时，则将缺陷区域的涂膜全部除去，将基材缺陷彻底修复，然后重新喷涂。

12 龟裂、裂纹

（1）现象 肉眼看上去涂膜表面失去光泽，用低倍放大镜观察时，可发现大量细微裂纹，如图13-19所示。

图13-19 龟裂、裂纹

（2）主要原因 涂膜内应力太大。

① 涂料混合不均匀、稀释剂不足或所使用的稀释剂型号不对。

② 涂膜太厚、或在未完全固化或过厚的底漆上喷涂色漆。

（3）预防措施

① 将涂料混合均匀，按规定的比例和型号使用稀释剂。

② 使用正确的喷涂方法，每层涂膜要薄而湿，要保证各层之间的流平时间。

（4）修补方法 打磨产生裂纹区域的涂膜直至露出完整、平滑的表面，然后重新喷涂。

13 灰尘、颗粒、麻点

（1）现象 用手摸上去感觉涂膜表面粗糙不平，像有许多杂质微粒陷在涂膜表面或被涂膜覆盖，如图13-20所示。

图13-20 灰尘、颗粒、麻点

（2）**主要原因**　涂膜中混入杂质微粒。

① 基材表面处理不好。
② 喷涂时或喷涂后不久，空气中飘浮的微粒落在并陷入涂膜中。
③ 盛涂料或稀释剂的容器敞口或生锈导致灰尘混入涂料中。

（3）**预防措施**

① 喷涂之前，彻底将被喷表面处理干净。
② 要保证涂装室干净无尘。
③ 保证所有材料清洁，容器密封，涂料使用前要过滤。

（4）**修补方法**　先让涂膜完全固化，对于其中轻微的脏粒，可用砂纸磨平，然后抛光。如果杂质颗粒陷得较深，需要将涂膜磨平，然后重新喷涂。

14 干喷

（1）**现象**　涂膜表面呈颗粒状粗糙结构、无光泽，如图13-21所示。

（2）**主要原因**　涂料以粉末状的形式落在表面上。

图13-21　干喷

① 涂料黏度太高、稀释剂不足或型号不对。
② 喷涂方法不当，压缩空气压力过高、喷枪不清洁、喷涂时喷枪离工件表面太远。
③ 喷涂时有穿堂风或空气流动速度太快。

（3）**预防措施**

① 按比例使用推荐的稀释剂。
② 使用正确的喷涂方法，保持喷枪清洁，在保证涂料充分雾化的前提下，尽量将压缩空气的压力调低，喷枪与工件表面的距离要适当。
③ 在涂装室内喷涂，涂装室内的空气流动速度应适当。

【4】修补方法　将缺陷区域打磨平，然后抛光。若涂膜表面太粗糙，用上述方法不能修复时，应磨平缺陷表面，重新喷涂。

15 表面无光、异常失光

【1】现象　涂膜表面平整光滑，但缺少光泽，在显微镜下观察涂膜表面粗糙，如图13-22所示。

图13-22　表面无光、异常失光

【2】主要原因

① 底漆附着力差，或底漆未彻底固化就在其上喷涂了面漆。

② 使用的稀释剂质量太差、型号不对，或使用不配套的添加剂。

③ 涂料调配或喷涂方法不当。

④ 基材表面质量太差。

⑤ 由于湿度太大或温度太低，涂层干燥速度太慢。

⑥ 溶剂蒸汽或汽车尾气侵入涂膜表面。

⑦ 涂膜表面受到蜡、油脂、水等的污染。

⑧ 在新喷涂的涂膜上使用了太强的洗涤剂或清洁剂，或喷完面漆后过早地进行抛光，或使用的抛光膏太粗。

【3】预防措施

① 应使用合格的底漆，要等底漆充分干燥后再在上面喷面漆。

② 应使用推荐的稀释剂和添加剂。

③ 要充分搅拌涂料，保证涂装环境符合要求，按正确的方法进行喷涂。

④ 彻底清理基材表面。

⑤ 保证涂膜在温暖干燥的条件下进行干燥。

⑥ 禁止在新喷涂的涂膜表面使用强力洗涤剂，在涂膜未充分固化之前，不得对其进行抛光，抛光时一定要使用正确规格的抛光膏。

【4】修补方法　通常先用粗蜡研磨表面，然后进行抛光，即可恢复正常的光泽。如果失光严重，用以上方法仍得不到满意的效果，应将面漆层磨平，然后重新喷涂。

16 剥落、起皮

【1】**现象** 涂膜表面出现鳞片状脱落。这些脱落的漆片易碎，其边缘呈上卷状脱离基材表面，如图13-23所示。

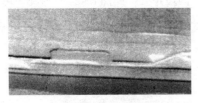

图13-23 剥落、起皮

【2】**主要原因** 面漆层与其下层表面失去结合力。

① 下层表面处理不好，受到蜡、油脂、水、铁锈等的污染。

② 在钢或铝材表面未使用金属表面处理剂，或使用的处理剂型号不对。

③ 喷涂时，基材表面温度太高或太低。

④ 喷涂底漆的方法不当，底漆层未充分干燥。

⑤ 涂料的黏度不当，使用的稀释剂型号不对或质量差。

⑥ 压缩空气的压力太高。

【3】**预防措施**

① 彻底处理好准备喷涂的基材表面。

② 在钢或铝材表面一定要用正确的金属表面处理剂，处理好后30min内应开始喷涂，以防基材表面生锈。

③ 喷涂和干燥时，要保证在推荐的温度范围内。

④ 使用正确的工艺喷涂底漆，保证底漆层充分固化后再喷涂面漆。

⑤ 使用推荐的稀释剂将涂料稀释到要求的黏度范围。

⑥ 每次喷涂的涂层要薄而湿。

⑦ 使用同一涂料生产商生产的配套产品。

⑧ 正确调整喷涂压力。

【4】**修补方法** 将剥落的涂膜清除，按要求的涂装方法和材料重新涂装。

17 遮盖力差

【1】**现象** 透过涂膜可以看见下层表面的颜色，常常发生在难

以喷涂的区域、车身下护板或尖锐的边角处,如图13-24所示。

(2) 主要原因 色漆层的厚度不够,遮盖力差。

① 喷涂方法不当。
② 涂料混合不均匀。
③ 由于研磨、抛光过度,减少了色漆层的厚度。

图13-24 遮盖力差

(3) 预防措施

① 使用正确的喷涂方法,保证涂膜的厚度。
② 将涂料彻底混合均匀。
③ 严禁对涂膜抛光过度,要特别注意边角区域。

(4) 修补方法 将缺陷区域打磨平,然后重新喷涂。

18 咬起、起皱

(1) 现象 涂膜上出现程度不同的隆起、起皱,如图13-25所示。

(2) 主要原因 涂膜内部固化不均匀。

图13-25 咬起、起皱

① 涂膜太厚。
② 各道涂层间流平时间不足,强制性干燥时,温度不均匀。
③ 涂料中使用的稀释剂型号不对或质量太差。

(3) 预防措施

① 每次喷涂的涂层要薄而均匀。
② 各层之间的流平时间要充足,干燥温度要适当和均匀。
③ 使用推荐的稀释剂。

(4) 修补方法 首先让涂膜充分固化。对于轻微缺陷,将其磨平,抛光即可。若缺陷严重,则需将涂膜打磨到基材,然后重新喷涂。

19 灰印

【1】现象　涂膜上出现一片外观、光泽不同、有清晰的边界或轮廓线的地图状区域,如图13-26所示。

【2】主要原因　原子灰或填眼灰调配不均匀、打磨不平滑,没有喷底漆或封闭底漆。

图13-26　灰印

【3】预防措施　正确调配原子灰或填眼灰,正确施工并将其表面打磨平滑。

【4】修补方法　将缺陷区域的涂膜打磨至完整平滑,必要时重新刮涂原子灰或填眼灰,喷底漆进行封闭。

20 橘皮

【1】现象　涂膜表面会呈疙瘩状,不平整,类似橘皮的外观,如图13-27所示。

【2】主要原因　涂料在涂膜表面凝结不当。

图13-27　橘皮

① 喷涂方法不当,喷枪离基材表面太远,压缩空气的压力不当,喷嘴调节不当。
② 涂膜太厚或太薄。
③ 涂料混合不均匀,黏度不适当,稀释剂型号不对或质量太差。
④ 各涂层间的流平时间不足。
⑤ 环境温度或基材表面温度不适当。

【3】预防措施

① 采用正确的喷涂方法,保证设备调节适当。
② 每次喷涂的涂膜要薄而均匀,使用推荐型号的稀释剂。

③ 各涂层间要有足够的流平时间。
④ 在推荐温度范围内喷涂，并保证通风适当。

【4】**修补方法** 将橘皮缺陷打磨平，然后抛光。情况严重时，应将缺陷部位打磨平后，重新喷涂。

21 漆雾

【1】**现象** 涂膜出现一片片粘在或部分陷入涂膜的团粒状涂料微粒。如图13-28所示。

【2】**主要原因** 喷涂时多余的涂料微粒落在涂膜表面。

图13-28 漆雾

① 遮盖不严。
② 压缩空气的压力太高。
③ 排风和通风不畅。

【3】**预防措施**

① 认真做好遮盖工作。
② 将喷枪调整到最佳喷雾压力。
③ 使用涂装室，保证涂装室排风和通风良好。

【4】**修补方法** 将涂膜打磨平后，抛光处理。

22 咬底

【1】**现象** 涂膜表面会隆起或起皱，严重程度不同，常见于羽状边缘周围，下面的涂层可能破裂至最外层，如图13-29所示。

【2】**主要原因** 在热塑性丙烯酸漆或白干型合成树脂漆上喷涂

图13-29 咬底

了硝基磁漆或热固性漆，使得面漆与底漆发生了化学反应。

【3】**预防措施** 要保证所使用的材料具有相容性，或将底漆封闭。

（4）修补方法 将缺陷区域的涂膜打磨掉，打磨时注意不要露出可以引起同样问题的涂膜，将打磨后的表面封闭后重新喷涂。缺陷特别严重时，需将涂膜打磨至基材，然后重新喷涂。

23 钣金缺陷

（1）现象 涂膜表面不平整，出现许多波纹或直的、弯的、十字交叉的沟槽，或球状凸起，如图13-30所示。

图13-30 钣金缺陷

（2）主要原因
① 基材表面粗糙不平。
② 原子灰用量不足或质量太差，施工方法不正确或表面打磨不平。
③ 底漆厚度不够。
④ 底漆过厚并没有完全固化时，就在上面喷涂了色漆。

（3）预防措施
① 喷漆之前要认真检查基材表面，修整所有缺陷。选用适当的砂轮、砂纸、锉刀，清除表面的焊渣。
② 用正确方法进行原子灰的施工和打磨工作。
③ 底漆厚度要适当，并要充分固化。

（4）修补方法 将缺陷部位的涂膜清除至基材，修补基材表面的所有缺陷，正确清理基材表面后，重新喷涂。

24 针孔

（1）现象 涂膜上出现众多细小孔洞，其直径通常小于1mm，常见于填眼灰、原子灰或玻璃钢表面，如图13-31所示。

（2）主要原因 涂料被吸入基材上的孔洞内。
① 玻璃钢表面有气孔。
② 基材表面处理或封闭不当。

图13-31 针孔

③ 原子灰或填眼灰质量太差。
④ 原子灰混合不均匀，原子灰或填眼灰的施工方法不正确。

【3】预防措施

① 喷涂前将基材的温度升高至高于喷涂温度，以排除基材气孔中的空气。为了防止发生变形，基材表面的温度不得超出80℃。
② 仔细检查玻璃钢表面，用原子灰或填眼灰填补基材表面上的针孔，局部喷上底漆并打磨平滑，然后再将基材表面全部喷上底漆。
③ 使用推荐的材料。
④ 原子灰调配要均匀，分多次施工，每层要薄而均匀。每次要充分硬化后，再涂新的一层或进行最后的打磨处理。

【4】修补方法 将涂膜磨至底漆层，填补针孔，局部喷涂底漆，打磨平滑后，重新喷涂。

25 抛光痕迹

【1】现象 涂膜表面有可以看到的微细的条纹或划痕，有时缺陷部位会露出基材，如图13-32所示。

【2】主要原因 涂膜受到研磨损伤。

图13-32 抛光痕迹

① 涂膜未充分固化时就进行抛光处理。
② 抛光机的压力太大或转速太快。
③ 使用的研磨膏太粗或有碱性，抛光布轮太脏、太粗糙。

【3】预防措施

① 涂膜充分硬化后再抛光。
② 抛光机的压力、转速要适当。
③ 使用正确型号、细度的研磨抛光膏，保证抛光布轮柔软、清洁。

【4】修补方法 磨平涂膜，重新抛光。缺陷严重时，将涂膜磨平后，重新喷涂。

26 流淌、流挂

【1】现象 涂膜局部变厚，形状如同波浪线、浅滩或圆形的山脊，通常出现在倾斜角度大或竖直的表面上，如图13-33所示。

图13-33 流淌、流挂

【2】主要原因 涂膜发生流挂。

① 涂膜太厚，压缩空气的压力太低，喷枪的扇面太窄，喷枪移动速度太慢，喷枪离基材表面太近。
② 使用的稀释剂型号不对或质量太差。
③ 涂料的黏度不适当。
④ 空气或基材表面温度太低。
⑤ 底漆层表面有杂质。

【3】预防措施

① 采用正确的喷涂方法，将喷枪调节适当。
② 使用推荐型号的稀释剂。
③ 保证涂料充分混合，黏度适当。
④ 在推荐温度范围内喷涂。
⑤ 保证喷涂表面清洁。

【4】修补方法 等涂膜完全硬化后，除掉多余的涂料，将表面磨平，然后抛光。情况严重时，应将表面磨平后重新喷涂。

27 砂纸痕迹

【1】现象 透过面漆会出现打磨的痕迹，如图13-34所示。

【2】主要原因 在干燥过程中，由于涂膜收缩，表面呈现出底漆表面的打磨或其他处理的痕迹。

① 底漆表面的处理不当。
② 底漆没有充分硬化就喷涂了色漆层。

图13-34 砂纸痕迹

③ 涂膜厚度不够，或干燥速度太慢。

④ 涂料混合不均匀，使用的稀释剂型号不对或质量太差。

(3) 预防措施

① 采用适当细度的砂纸，用填眼灰填补表面较深的擦痕，表面要磨平。

② 要等前一道漆完全硬化后，再喷涂色漆。

③ 漆膜厚度要适当，干燥条件要正确。

④ 将涂料混合均匀，应使用推荐型号的稀释剂。

(4) 修补方法 若砂纸痕较轻微，可将缺陷区域磨平，然后抛光即可。若砂纸痕较严重，则应打磨涂膜，直至除掉原有的砂纸痕，然后重新喷涂。

28 划痕

(1) 现象 涂膜损伤或破裂、损伤深度和面积不一，如图13-35所示。

(2) 主要原因 由于路面蹦起的石子砸在涂膜上所致，或者是被尖锐物体划伤。

图13-35 划痕

(3) 预防措施 在车库、涂装室、运输过程中注意保护涂膜免受损伤。

(4) 修补方法 磨掉修补区域的涂膜，在接口处制作羽状边，用填眼灰填平，然后重新喷涂。

29 溶剂泡

(1) 现象 在刚刚喷涂的涂膜表面会呈现出很多直径在1mm以下的顶部裂开的小气泡，如图13-36所示。

图13-36 溶剂泡

【2】**主要原因**　由于涂膜表面的迅速干燥，使得空气或溶剂蒸汽不能及时排出。

① 使用的稀释剂质量太差，挥发速度太快。
② 涂膜太厚，或各道涂料的流平时间不足。
③ 压缩空气的压力太低。
④ 干燥温度太高，加热热源离涂膜太近、过热或过早加热。

【3】**预防措施**

① 要保证喷涂表面绝对清洁。
② 使用推荐型号的稀释剂。
③ 每道喷涂的涂膜要薄而湿，每道涂层之间要有足够的流平时间。
④ 压缩空气的压力要调节到规定值。
⑤ 加热烘烤前，要保证有足够的流平时间，以便让涂膜中的空气或溶剂充分挥发，按规定温度烘烤，加热源不得距涂膜表面太近。

【4】**修补方法**　将涂膜磨平，然后重新喷涂。

30 水渍

【1】**现象**　涂膜上出现一片片直径在6mm以下的圆形印记，通常印记内的颜色比周围涂膜的颜色稍淡，如图13-37所示。

图13-37　水渍

【2】**主要原因**

① 涂膜未完全硬化前，受雨淋或溅上水滴。
② 雨水或水滴溅落在过厚的抛光蜡膜上。

【3】**预防措施**

① 在涂膜完全硬化前，要防止水滴落其在表面上。
② 涂膜表面的保护蜡膜不得过厚。

【4】**修补方法**　将缺陷区域的蜡膜去掉，轻轻磨平，然后抛光。必要时重复以上步骤。情况严重时，可重新喷涂。

参考文献

[1] 刘森. 汽车表面修复技术. 北京：金盾出版社，2002.
[2] 吴兴敏. 汽车涂装与修复技术. 北京：中国人民大学出版社，2009.
[3] 沈沉. 汽车涂装与修复技术. 北京：中国人民大学出版社，2009.
[4] 杨智勇. 机动车机修人员从业资格考试必读. 北京：金盾出版社，2008.
[5] 侯建党. 汽车钣金与涂装修补图表解. 沈阳：辽宁科学技术出版社，1999.
[6] 余云龙. 汽车拆卸与装配. 北京：机械工业出版社，2001.
[7] 杨智勇. 机动车涂装人员从业资格考试必读. 北京：金盾出版社，2008.
[8] 林晨. 桑塔纳2000轿车维修手册. 北京：机械工业出版社，2002.
[9] 吴兴敏. 汽车涂装技术. 北京：人民邮电出版社，2009.
[10] 叶菁银. 汽车拆装实习. 北京：中国劳动出版社，1999.